新时代
中国青年的
榜样

孙运德 刘平 唐音 主编

人民日报出版社

北 京

图书在版编目（CIP）数据

新时代中国青年的榜样 / 孙运德，刘平，唐音主编
.—北京：人民日报出版社，2019.8
ISBN 978-7-5115-6170-1

Ⅰ．①新… Ⅱ．①孙… ②刘… ③唐… Ⅲ．①青年先进人物－先进事迹－中国－现代 Ⅳ．① D432.62

中国版本图书馆CIP数据核字（2019）第188515号

书　　名：	新时代中国青年的榜样 XINSHIDAI ZHONGGUO QINGNIAN DE BANGYANG
编　　者：	孙运德　刘平　唐音
出 版 人：	刘华新
责任编辑：	谢广灼
封面设计：	秦志超
版式设计：	刘龄蔓
出版发行：	人民日报出版社
社　　址：	北京金台西路2号
邮政编码：	100733
发行热线：	（010）65369509　65369512　65363531　65363528
邮购热线：	（010）65369530　65363527
编辑热线：	（010）65369533
网　　址：	www.peopledailypress.com
经　　销：	新华书店
印　　刷：	大厂回族自治县彩虹印刷有限公司
开　　本：	710mm×1000mm　1/16
字　　数：	261千字
印　　张：	19
版次印次：	2019年9月第1版　2025年10月第13次印刷
书　　号：	ISBN 978-7-5115-6170-1
定　　价：	46.00元

目 录

在纪念五四运动 100 周年大会上的讲话 / 1

第一章　新时代青年要树立远大理想 / 001

第一节　理想远大，信念坚定，树立对马克思主义的信仰 / 003

　　1. 李大钊：心怀天下，铁肩担道义 / 003

　　　　——为苦难中国寻求出路的青年先驱

　　2. 夏明翰：砍头不要紧，只要主义真 / 008

　　　　——誓死捍卫理想的共产主义战士

　　3. 江竹筠：三九严寒何所惧，一片丹心向阳开 / 012

　　　　——为了崇高信仰铸就不朽丰碑的英烈

第二节　树立对中国特色社会主义的信念、对中华民族伟大复兴中国梦的信心 / 017

　　1. 杜润生：以毕生精力推动农村改革破局 / 017

　　　　——中国特色社会主义的"农村改革之父"

2. 方永刚：与真理同行，与群众同心 / 023
　　——忠诚党的创新理论的模范教员
3. 林鸣：40年焊接大江瀚海，一辈子逐梦天堑通衢 / 027
　　——一心中国梦、海底造大桥的绝对灵魂

第三节　与时代同步伐、与人民共命运；实现人生价值、升华人生境界 / 033

1. 毛岸英：用年轻的生命保卫新生共和国 / 033
　　——领袖之子，普通一兵
2. 雷锋：把有限的生命投入到无限的为人民服务中去 / 037
　　——把小我融入大我的平凡人生
3. 宋鱼水：辨法析理守护公平正义 / 042
　　——把公正视为生命的优秀人民法官

· 青春宣言 / 047

第二章　新时代中国青年要热爱伟大祖国 / 049

第一节　热爱祖国是立身之本、成才之基 / 051

1. 钱学森：系统工程才是我一生追求的 / 051
　　——学成必归、报效祖国的人民科学家
2. 黄大年：以身许国，甘于奉献 / 056
　　——不忘初心、至诚报国的殷殷志士
3. 景海鹏：矢志报国，逐梦太空 / 060
　　——三巡苍穹的英雄航天员

目 录

第二节 胸怀忧国忧民之心、爱国爱民之情 / 065

1. 袁隆平:一颗稻谷里的爱国情怀 / 065
   ——让所有的人远离饥饿的杂交水稻之父

2. 钟南山:"把重病人都送到我这里来" / 069
   ——把防治疾病工作看作最大政治的"医学权威"

3. 黄大发:绝壁凿"天渠",壮志凌山河 / 075
   ——奋进在脱贫攻坚路上的当代愚公

第三节 奉献祖国,奉献人民 / 080

1. 焦裕禄:生也沙丘,死也沙丘,父老生死系 / 080
   ——与人民共命运的人民好公仆

2. 孔繁森:是七尺男儿生能舍己,做千秋鬼雄死不还乡 / 084
   ——以人民为中心的领导干部的楷模

3. 苏鸿熙:一生追随党 / 088
   ——一生赤子,一代名医

· 青春宣言 / 093

第三章 新时代中国青年要担当时代责任 / 095

第一节 在担当中历练,在尽责中成长 / 097

1. 王继才:一朝上岛,一生卫国 / 097
   ——开山岛上不灭的灯塔

2. 曹彦生:为导弹"雕刻"翅膀 / 102
   ——以匠心报国的大国工匠

3. 卓嘎、央宗姐妹:守望国土,建设家园 / 106
   ——扎根雪域边陲的最美格桑花

第二节　培育迎难而上、挺身而出的担当精神 / 111

　　1. 王进喜：天南海北来会战，誓夺头号大油田 / 111

　　　　——"拼命也要拿下大油田"的铁人

　　2. 刘传健：传奇背后都隐藏着坚守和执着 / 115

　　　　——完成"史诗级"备降的中国民航英雄机长

　　3. 杜富国："你退后，让我来！" / 120

　　　　——冲锋在强军路上的扫雷英雄

第三节　勇立时代潮头，争做时代先锋 / 125

　　1. 罗阳：用生命托起祖国战机 / 125

　　　　——用生命诠释报国情怀的国防科技工作者

　　2. 邓中翰：腾飞的"中国芯" / 130

　　　　——矢志创新的中国芯片之父

　　3. 赵志全：直面挑战，改革潮头写担当 / 135

　　　　——不惧风浪急的沂蒙赤子

· 青春宣言 / 140

第四章　新时代中国青年要勇于砥砺奋斗 / 143

第一节　继承和发扬永久奋斗的好传统 / 145

　　1. 王进：行走在云端，守护着岁月通明、灯火万家 / 145

　　　　——在"刀锋"上起舞的人

　　2. 秦文贵：青春与奋斗是永远的关键词 / 150

　　　　——戈壁荒漠上的石油之子

　　3. 王顺友：山路上的"流动邮局" / 154

　　　　——马班邮路上的忠诚信使

第二节　奋斗是青春最亮丽的底色 / 159

　　1. 甘远志：用生命书写新闻 / 159

　　　　——汗水铺就光明路的记者

　　2. 李春燕：守护乡村的"白衣天使" / 163

　　　　——感动中国的"赤脚"医生

　　3. 青春"天团"：助力"嫦娥"、强壮"北斗"、照亮"神舟"回家路 / 168

　　　　——航天报国的青年英杰

第三节　勇做走在时代前列的奋进者、开拓者、奉献者 / 173

　　1. 胡福明：以真理的精神追求真理 / 173

　　　　——勇开思想先河、勇立时代潮头的改革先锋

　　2. 吴仁宝：生命不息，服务不止 / 177

　　　　——华西村改革发展的带头人

　　3. 袁庚：时间就是金钱，效率就是生命 / 182

　　　　——改革开放试验田"蛇口模式"的探索创立者

· 青春宣言 / 187

第五章　新时代中国青年要练就过硬本领 / 189

第一节　珍惜韶华，不负青春 / 191

　　1. 邓建军：协同创新撑起"中国制造" / 191

　　　　——一位了不起的中国工人

　　2. 黄文秀：青春之花绽放在扶贫路上 / 196

　　　　——记广西乐业县百坭村第一书记

3. 司万平：留守儿童的留守老师 / 200

——一位甘于平凡的乡村教师

第二节 提高内在素质，锤炼过硬本领 / 205

1. 吴大观：给国产战机装上"中国心" / 205

——中国航空发动机之父

2. 李登海：一生只做一件事 / 210

——中国紧凑型杂交玉米之父

3. 李万君：一把焊枪铸就中国速度 / 214

——焊接高铁的"工人院士"

第三节 以真才实学服务人民，以创新创造贡献国家 / 219

1. 许崇德：把一生献给新中国的宪法和民主法治事业 / 219

——中国特色社会主义法律体系建设的积极推动者

2. 南仁东：矢志不渝筑大国重器 / 224

——"天眼之父"、中国天眼首席设计师

3. 屠呦呦：青蒿素是中医药献给世界的一份礼物 / 228

——为更多人带来福音的诺贝尔医学奖获得者

· 青春宣言 / 233

第六章 新时代中国青年要锤炼品德修为 / 235

第一节 品德是为人之本 / 237

1. 田琴：用孝心为家庭撑起一片蓝天 / 237

——家庭美德的楷模

2. 张黎明：停不下来的假期 / 241

——职业道德的楷模

3. 白方礼：靠蹬三轮车捐助了 35 万元 / 245

——社会公德的楷模

第二节　明大德、守公德、严私德 / 250

1. 郭明义：与时代同行，诠释"雷锋精神"生命力 / 250

——"雷锋精神"的优秀传承者

2. 任长霞：活着是一面旗帜，倒下是一座丰碑 / 254

——惩恶扬善、献身警营的公安英模

3. 张富清：在部队，保家卫国；到地方，为民造福 / 259

——一辈子坚守初心、不改本色的老英雄

第三节　追求更有高度、更有境界、更有品位的人生 / 264

1. 陈景润：永攀科学高峰 / 264

——攻克"哥德巴赫猜想"的第一人

2. 钟扬：立心天地厚 / 269

——把生命献给高原的植物学家

3. 廖俊波：生命的厚度与长度 / 273

——全国优秀县委书记廖俊波

· 青春宣言 / 279

后　记 / 281

在纪念五四运动 100 周年大会上的讲话

（2019 年 4 月 30 日）

习近平

共青团员们、青年朋友们、同志们：

100 年前，中国大地爆发了震惊中外的五四运动，这是中国近现代史上具有划时代意义的一个重大事件。

今年是五四运动 100 周年，也是中华人民共和国成立 70 周年。在这个具有特殊意义的历史时刻，我们在这里隆重集会，缅怀五四先驱崇高的爱国情怀和革命精神，总结党和人民探索实现民族复兴道路的宝贵经验，这对发扬五四精神，激励全党全国各族人民特别是新时代中国青年为全面建成小康社会、加快建设社会主义现代化国家、实现中华民族伟大复兴的中国梦而奋斗，具有十分重大的意义。

青年朋友们、同志们！

五四运动，爆发于民族危难之际，是一场以先进青年知识分子为先锋、广大人民群众参加的彻底反帝反封建的伟大爱国革命运动，是一场中国人民为拯救民族危亡、捍卫民族尊严、凝聚民族力量而掀起的伟大社会革命运动，是一场传播新思想新文化新知识的伟大思想启蒙运动和新文化运动，以磅礴之力鼓动了中国人民和中华民族实现民族复兴的志向和信心。

五四运动，以彻底反帝反封建的革命性、追求救国强国真理的进步性、各族各界群众积极参与的广泛性，推动了中国社会进步，促进了马克思主义在中国的传播，促进了马克思主义同中国工人运动的结合，为中国共产党成立做了思想上干部上的准备，为新的革命力量、革命文化、革命斗争登上历史舞台创造了条件，是中国旧民主主义革命走向新民主主义革命的转折点，在近代以来中华民族追求民族独立和发展进步的历史进程中具有里程碑意义。

——五四运动以全民族的力量高举起爱国主义的伟大旗帜。五四运动，孕育了以爱国、进步、民主、科学为主要内容的伟大五四精神，其核心是爱国主义精神。爱国主义是我们民族精神的核心，是中华民族团结奋斗、自强不息的精神纽带。五四运动时，面对国家和民族生死存亡，一批爱国青年挺身而出，全国民众奋起抗争，誓言"国土不可断送、人民不可低头"，奏响了浩气长存的爱国主义壮歌。

历史深刻表明，爱国主义自古以来就流淌在中华民族血脉之中，去不掉，打不破，灭不了，是中国人民和中华民族维护民族独立和民族尊严的强大精神动力，只要高举爱国主义的伟大旗帜，中国人民和中华民族就能在改造中国、改造世界的拼搏中迸发出排山倒海的历史伟力！

——五四运动以全民族的行动激发了追求真理、追求进步的伟大觉醒。五四运动前后，我国一批先进知识分子和革命青年，在追求真理中传播新思想新文化，勇于打破封建思想的桎梏，猛烈冲击了几千年来的封建旧礼教、旧道德、旧思想、旧文化。五四运动改变了以往只有觉悟的革命者而缺少觉醒的人民大众的斗争状况，实现了中国人民和中华民族自鸦片战争以来第一次全面觉醒。经过五四运动洗礼，越来越多中国先进分子集合在马克思主义旗帜下，1921年中国共产党宣告正式成立，中国历史掀开了崭新一页。

历史深刻表明，有了马克思主义，有了中国共产党领导，有了中国人民和中华民族的伟大觉醒，中国人民和中华民族追求真理、追求进步的潮流从此就是任何人都阻挡不了的！

——五四运动以全民族的搏击培育了永久奋斗的伟大传统。早在80年前，毛泽东同志就指出："中国的青年运动有很好的革命传统，这个传统就是'永久奋斗'。"通过五四运动，中国青年发现了自己的力量，中国人民和中华民族发现了自己的力量。中国人民和中华民族从斗争实践中懂得，中国社会发展，中华民族振兴，中国人民幸福，必须依靠自己的英勇奋斗来实现，没有人会恩赐给我们一个光明的中国。

历史深刻表明，只要中国人民和中华民族勇于为改变自己的命运而奋斗牺牲，我们的国家就一定能够走向富强，我们的民族就一定能够实现伟大复兴！

五四运动以来的100年，是中国青年一代又一代接续奋斗、凯歌前行的100年，是中国青年用青春之我创造青春之中国、青春之民族的100年。

100年来，中国青年满怀对祖国和人民的赤子之心，积极投身党领导的革命、建设、改革伟大事业，为人民战斗、为祖国献身、为幸福生活奋斗，把最美好的青春献给祖国和人民，谱写了一曲又一曲壮丽的青春之歌。

实践充分证明，中国青年是有远大理想抱负的青年！中国青年是有深厚家国情怀的青年！中国青年是有伟大创造力的青年！无论过去、现在还是未来，中国青年始终是实现中华民族伟大复兴的先锋力量！

青年朋友们、同志们！

今天，在中国共产党领导下，我们开辟了中国特色社会主义道路，形成了中国特色社会主义理论体系，建立了中国特色社会主义制度，发展了中国特色社会主义文化，推动中国特色社会主义进入了新时代。中国人民拥有了前所未有的道路自信、理论自信、制度自信、文化自信，中华民族伟大复兴展现出前所未有的光明前景！

新时代中国青年运动的主题，新时代中国青年运动的方向，新时代中国青年的使命，就是坚持中国共产党领导，同人民一道，为实现"两个一百年"奋斗目标、实现中华民族伟大复兴的中国梦而奋斗。

青年是整个社会力量中最积极、最有生气的力量，国家的希望在青年，民族的未来在青年。今天，新时代中国青年处在中华民族发展的最好时期，既面临着难得的建功立业的人生际遇，也面临着"天将降大任于斯人"的时代使命。新时代中国青年要继续发扬五四精神，以实现中华民族伟大复兴为己任，不辜负党的期望、人民期待、民族重托，不辜负我们这个伟大时代。

第一，新时代中国青年要树立远大理想。青年的理想信念关乎国家未来。青年理想远大、信念坚定，是一个国家、一个民族无坚不摧的前进动力。青年志存高远，就能激发奋进潜力，青春岁月就不会像无舵之舟漂泊不定。正所谓"立志而圣则圣矣，立志而贤则贤矣"。青年的人生目标会有不同，职业选择也有差异，但只有把自己的小我融入祖国的大我、人民的大我之中，与时代同步伐、与人民共命运，才能更好实现人生价值、升华人生境界。离开了祖国需要、人民利益，任何孤芳自赏都会陷入越走越窄的狭小天地。

新时代中国青年要树立对马克思主义的信仰、对中国特色社会主义的信念、对中华民族伟大复兴中国梦的信心，到人民群众中去，到新时代新天地中去，让理想信念在创业奋斗中升华，让青春在创新创造中闪光！

第二，新时代中国青年要热爱伟大祖国。孙中山先生说，做人最大的事情，"就是要知道怎么样爱国"。一个人不爱国，甚至欺骗祖国、背叛祖国，那在自己的国家、在世界上都是很丢脸的，也是没有立足之地的。对每一个中国人来说，爱国是本分，也是职责，是心之所系、情之所归。对新时代中国青年来说，热爱祖国是立身之本、成才之基。当代中国，爱国主义的本质就是坚持爱国和爱党、爱社会主义高度统一。

新时代中国青年要听党话、跟党走，胸怀忧国忧民之心、爱国爱民之情，不断奉献祖国、奉献人民，以一生的真情投入、一辈子的顽强奋斗来体现爱国主义情怀，让爱国主义的伟大旗帜始终在心中高高飘扬！

第三，新时代中国青年要担当时代责任。时代呼唤担当，民族振兴是青年的责任。鲁迅先生说，青年"所多的是生力，遇见深林，可以辟成平地的，遇见旷野，可以栽种树木的，遇见沙漠，可以开掘井泉的"。在实现中华民族伟大复兴的新征程上，应对重大挑战、抵御重大风险、克服重大阻力、解决重大矛盾，迫切需要迎难而上、挺身而出的担当精神。只要青年都勇挑重担、勇克难关、勇斗风险，中国特色社会主义就能充满活力、充满后劲、充满希望。青年要保持初生牛犊不怕虎、越是艰险越向前的刚健勇毅，勇立时代潮头，争做时代先锋。一切视探索尝试为畏途、一切把负重前行当吃亏、一切"躲进小楼成一统"逃避责任的思想和行为，都是要不得的，都是成不了事的，也是难以真正获得人生快乐的。

新时代中国青年要珍惜这个时代、担负时代使命，在担当中历练，在尽责中成长，让青春在新时代改革开放的广阔天地中绽放，让人生在实现中国梦的奋进追逐中展现出勇敢奔跑的英姿，努力成为德智体美劳全面发展的社会主义建设者和接班人！

第四，新时代中国青年要勇于砥砺奋斗。奋斗是青春最亮丽的底色。"自信人生二百年，会当水击三千里。"民族复兴的使命要靠奋斗来实现，人生理想的风帆要靠奋斗来扬起。没有广大人民特别是一代代青年前赴后继、艰苦卓绝的接续奋斗，就没有中国特色社会主义新时代的今天，更不会有实现中华民族伟大复兴的明天。千百年来，中华民族历经苦难，但没有任何一次苦难能够打垮我们，最后都推动了我们民族精神、意志、力量的一次次升华。今天，我们的生活条件好了，但奋斗精神一点都不能少，中国青年永久奋斗的好传统一点都不能丢。在实现中华民族伟大复兴的新征程上，必然会有艰巨繁重的任务，必然会有艰难险阻甚至惊涛骇浪，特别需要我们发扬艰苦奋斗精神。奋斗不只是响亮的口号，而是要在做好每一件小事、完成每一项任务、履行每一项职责中见精神。奋斗的道路不会一帆风顺，往往荆棘丛生、充满坎坷。强者，总是从挫折中不断奋起、永不气馁。

新时代中国青年要勇做走在时代前列的奋进者、开拓者、奉献者，毫不畏惧面对一切艰难险阻，在劈波斩浪中开拓前进，在披荆斩棘中开辟天地，在攻坚克难中创造业绩，用青春和汗水创造出让世界刮目相看的新奇迹！

第五，新时代中国青年要练就过硬本领。青年是苦练本领、增长才干的黄金时期。"青春虚度无所成，白首衔悲亦何及。"当今时代，知识更新不断加快，社会分工日益细化，新技术新模式新业态层出不穷。这既为青年施展才华、竞展风采提供了广阔舞台，也对青年能力素质提出了新的更高要求。不论是成就自己的人生理想，还是担当时代的神圣使命，青年都要珍惜韶华、不负青春，努力学习掌握科学知识，提高内在素质，锤炼过硬本领，使自己的思维视野、思想观念、认识水平跟上越来越快的时代发展。

新时代中国青年要增强学习紧迫感，如饥似渴、孜孜不倦学习，努力学习马克思主义立场观点方法，努力掌握科学文化知识和专业技能，努力提高人文素养，在学习中增长知识、锤炼品格，在工作中增长才干、练就本领，以真才实学服务人民，以创新创造贡献国家！

第六，新时代中国青年要锤炼品德修为。人无德不立，品德是为人之本。止于至善，是中华民族始终不变的人格追求。我们要建设的社会主义现代化强国，不仅要在物质上强，更要在精神上强。精神上强，才是更持久、更深沉、更有力量的。青年要把正确的道德认知、自觉的道德养成、积极的道德实践紧密结合起来，不断修身立德，打牢道德根基，在人生道路上走得更正、走得更远。面对复杂的世界大变局，要明辨是非、恪守正道，不人云亦云、盲目跟风。面对外部诱惑，要保持定力、严守规矩，用勤劳的双手和诚实的劳动创造美好生活，拒绝投机取巧、远离自作聪明。面对美好岁月，要有饮水思源、懂得回报的感恩之心，感恩党和国家，感恩社会和人民。要在奋斗中摸爬滚打，体察世间冷暖、民众忧乐、现实矛盾，从中找到人生真谛、生命价值、事业方向。

新时代中国青年要自觉树立和践行社会主义核心价值观，善于从中华民族传统美德中汲取道德滋养，从英雄人物和时代楷模的身上感受道德风范，从自身内省中提升道德修为，明大德、守公德、严私德，自觉抵制拜金主义、享乐主义、极端个人主义、历史虚无主义等错误思想，追求更有高度、更有境界、更有品位的人生，让清风正气、蓬勃朝气遍布全社会！

青年朋友们、同志们！

中国共产党自成立之日起，就始终把青年工作作为党的一项极为重要的工作。一代又一代中国共产党人，大多数都是在青年时代就满怀信仰和豪情加入了党组织，并为党和人民奋斗终身。党的队伍中始终活跃着怀抱崇高理想、充满奋斗精神的青年人，这是我们党历经百年风雨而始终充满生机活力的一个重要原因。中国共产党立志于中华民族千秋伟业，必须始终代表广大青年、赢得广大青年、依靠广大青年，用极大力量做好青年工作，确保党的事业薪火相传，确保中华民族永续发展。

把青年一代培养造就成德智体美劳全面发展的社会主义建设者和接班人，是事关党和国家前途命运的重大战略任务，是全党的共同政治责任。各级党委和政府、各级领导干部以及全社会都要充分信任青年、热情关心青年、严格要求青年，关注青年愿望、帮助青年发展、支持青年创业，做青年朋友的知心人、青年工作的热心人、青年群众的引路人。

我们要主动走近青年、倾听青年，做青年朋友的知心人。当代青年思想活跃、思维敏捷，观念新颖、兴趣广泛，探索未知劲头足，接受新生事物快，主体意识、参与意识强，对实现人生发展有着强烈渴望。这种青春天性赋予青年活力、激情、想象力和创造力，应该充分肯定。同时，青年人阅历不广，容易从自身角度、从理想状态的角度来认识和理解世界，难免给他们带来局限性。这是青年成长的规律，我们要尊重这个规律。信任是理解的前提。要尊重青年天性，照顾青年特点，经常到青年中去，同青年零距离接触、面对面交流，了解他们的思想动态、价值取向、行为方式、生活方式，倾听他们对社会问题和现象的看法，对党和政府工作的意见和建议。即便听到了尖锐的甚至是偏颇的批评，也要有则改之、无则加勉，成为青年愿意讲真话、交真心、诉真情的知心朋友。青年要向年长者学习，年长者也要向青年学习，相互取长补短，相互信任帮助。

我们要真情关心青年、关爱青年，做青年工作的热心人。青年处于人生道路的起步阶段，在学习、工作、生活方面往往会遇到各种困难和苦恼，需要社会及时伸出援手。当代青年遇到了很多我们过去从未遇到过的困难。压力是青年成长的动力，而在青年成长的关键处、要紧时拉一把、帮一下，则可能是青年顶过压力、发展成才的重要支点。我们要关注青年所思、所忧、所盼，帮助青年解决好他们在毕业求职、创新创业、社会融入、婚恋交友、老人赡养、子女教育等方面的操心事、烦心事，努力为青年创造良好发展条件，让他们感受到关爱就在身边、关怀就在眼前。

我们要悉心教育青年、引导青年，做青年群众的引路人。青年要顺利成长成才，就像幼苗需要精心培育，该培土时就要培土，该浇水时就要浇水，该施肥时就要施肥，该打药时就要打药，该整枝时就要整枝。要坚持关心厚爱和严格要求相统一、尊重规律和积极引领相统一，教育引导青年正确认识世界，全面了解国情，把握时代大势。既要理解青年所思所想，为他们驰骋思想打开浩瀚天空，也要积极教育引导青年，推动他们脚踏实地走上大有作为的广阔舞台。当青年思想认识陷入困惑彷徨、人生抉择处于十字路口时要鼓励他们振奋精神、勇往直前，当青年在工作上取得进步时要给予他们热情鼓励，当青年在事业上遇到困难时要帮助他们重拾信心，当青年犯了错误、做了错事时要及时指出并帮助他们纠正，对一些青年思想上的一时冲动或偏激要多教育引导，能包容要包容，多给他们一点提高自我认识的时间和空间，不要过于苛责。要积极鼓励青年到艰苦的一线吃苦磨练、增长才干，放手让青年在重要领域和重要岗位上攻坚克难、施展才华，积极为青年创造人人努力成才、人人皆可成才、人人尽展其才的发展条件。

青年朋友们、同志们！

自古英雄出少年。在漫漫历史长河中，人类社会青年英雄辈出，中华民族青年英雄辈出。《共产党宣言》发表时马克思是30岁，恩格斯是28岁。列宁最初参加革命活动时只有17岁。牛顿和莱布尼茨发现微积分时分别是22岁和28岁，达尔文开始环球航行时是22岁，爱因斯坦提出狭义相对论时是26岁。贾谊写出"西汉一代最好的政论"时不到30岁，王勃写下千古名篇《滕王阁序》时才20多岁。在我们党领导人民进行革命、建设、改革的伟大历史进程中更是青年英雄辈出。中共一大召开时毛泽东是28岁，周恩来参加中国共产党时是23岁，邓小平参加旅欧中国少年共产党时是18岁。杨靖宇牺牲时是35岁，赵一曼牺牲时是31岁，江姐牺牲时是29岁，红三十四师师长陈树湘牺牲时是29岁，邱少云牺牲时是26岁，雷锋牺牲时是22岁，黄继光牺牲时是21岁，刘胡兰牺牲时只有15岁。守岛32年的王继才第一次登上开山岛时是26岁，航天报国的嫦娥团队、神舟团队平均年龄是33岁，北斗团队平均年龄是35岁。这样的青年英杰数不胜数！我们要用欣赏和赞许的眼光看待青年的创新创造，积极支持他们在人生中出彩，为青年取得的成就和成绩点赞、喝彩，让青春成为中华民族生气勃发、高歌猛进的持久风景，让青年英雄成为驱动中华民族加速迈向伟大复兴的蓬勃力量！

青年朋友们、同志们！

共青团是党的助手和后备军，是党的青年工作的重要力量。在中国青年运动的光辉历程中，共青团发扬"党有号召、团有行动"的优良传统，为党争取青年人心、汇聚青年力量，在革命、建设、改革各个历史时期作出了积极贡献、发挥了重要作用。党旗所指就是团旗所向。共青团要毫不动摇坚持党的领导，增强"四个意识"、坚定"四个自信"、做到"两个维护"，坚定不移走中国特色社会主义群团发展道路，不断保持和增强政治性、先进性、群众性，坚持把培养社会主义建设者和接班人作为根本任务，把巩固和扩大党执政的青年群众基础作为政治责任，把围绕中心、服务大局作为工作主线，认真履行引领凝聚青年、组织动员青年、联系服务青年的职责，不断创新工作思路，增强对青年的凝聚力、组织力、号召力，团结带领新时代中国青年在实现中华民族伟大复兴中国梦的进程中不断开拓创新、奋发有为。

关心和支持青年是全社会的共同责任。一切党政机关、企业事业单位，人民解放军和武警部队，各人民团体和社会团体，广大城乡基层自治组织，各新经济组织和新社会组织，都要关心青年成长、支持青年发展，给予青年更多机会，更好发挥青年作用。

青年朋友们、同志们！

青年是国家的未来，也是世界的未来。中国梦与世界梦息息相通，中华民族应该对人类社会作出更大贡献。新时代中国青年，要有家国情怀，也要有人类关怀，发扬中华文化崇尚的四海一家、天下为公精神，为实现中华民族伟大复兴而奋斗，为推动共建"一带一路"、推动构建人类命运共同体而努力。

青年朋友们！一代人有一代人的长征，一代人有一代人的担当。建成社会主义现代化强国，实现中华民族伟大复兴，是一场接力跑。我们有决心为青年跑出一个好成绩，也期待现在的青年一代将来跑出更好的成绩。衷心希望新时代中国青年积极拥抱新时代、奋进新时代，让青春在为祖国、为人民、为民族、为人类的奉献中焕发出更加绚丽的光彩！

再过几天，就是五四青年节了。在这里，我代表党中央，向全国各族青年致以节日的热烈祝贺！

第一章

新时代青年要树立远大理想

———

习近平总书记在纪念五四运动100周年大会上的讲话中指出："青年的理想信念关乎国家未来。青年理想远大、信念坚定,是一个国家、一个民族无坚不摧的前进动力。青年志存高远,就能激发奋进潜力,青春岁月就不会像无舵之舟漂泊不定。"在夺取革命胜利的道路上,在建设中国特色社会主义的伟大征程上,老一辈无产阶级革命家和当代杰出的时代楷模,无不用其远大而崇高的理想,为民族解放事业和社会主义现代化建设而牺牲奉献、奋斗一生。青年兴则国家兴,青年强则国家强,新时代青年要树立远大理想,志存高远、坚定信念,在实现中华民族伟大复兴的中国梦中不断升华人生境界,为中国特色社会主义建设提供永不枯竭的前进动力。

第一节

理想远大,信念坚定,树立对马克思主义的信仰

青年的人生目标会有不同,职业选择也有差异,作为新时代中国青年,我们应该把个人的目标理想融入国家、人民的共同理想之中,永远铭记那些为民族独立、人民解放做出不朽贡献的革命先烈,不断坚定对马克思主义的信仰,志存高远,努力奋斗。

1. 李大钊:心怀天下,铁肩担道义
——为苦难中国寻求出路的青年先驱

李大钊,字守常,河北省乐亭县人,生于1889年10月29日,是中国共产主义运动的先驱,伟大的马克思主义者,杰出的无产阶级革命家,中国共产党的主要创始人之一。"铁肩担道义,妙手著文章",在苦难深重的旧中国,李大钊用自己巨大的决心和热情,有力地激发了当时中国青年的蓬勃朝气和进取精神,在中国大地上播撒了宝贵的革命火种,其所表现出的崇高精神和伟大人格,永远值得每个青年同志学习。

少年怀天下，矢志努力于民族解放事业

李大钊少年读书的时代，正是中国已完全沦为半殖民地半封建社会的时代，清王朝的反动统治，帝国主义列强的野蛮侵略，满目疮痍、风雨飘摇的旧中国在李大钊幼小的心灵留下了深深的烙印。永平府读书两年、北洋法政专门学校学习六年，少年时代的李大钊，一方面刻苦学习，积累了渊博的学识；另一方面追求真理，在不断前进的道路上立下了救国救民的远大志向。

1911年辛亥革命的爆发，推翻了以清王朝为代表的在中国统治了两千多年的封建君主专制制度，国内革命热情高涨，民主、共和从此深入人心。然而，这个由资产阶级领导的革命，"只把一个皇帝赶跑，中国仍旧在帝国主义和封建主义的压迫之下，反帝反封建的革命任务并没有完成"。① 胜利的果实很快被封建军阀所窃取，神州大地继续笼罩在列强欺凌、军阀混战、官僚统治的阴霾之下。1912年6月，年仅23岁的李大钊写了《隐忧篇》，表达出了对新的共和国的"隐忧"之情，一针见血地指出当时的中国如"敝舟深泛溟洋……固犹在惶恐滩中也"。后来更是写出了《大哀篇》，以表对军阀窃国的激愤之情。从1913年4月到11月，李大钊共发表了诗文27篇，这些在学生时代的著述，不仅格调铿锵，风致高亢，而且表达了强烈的爱祖国爱人民的感情。②1915年，日本帝国主义提出灭亡中国的"二十一条"，当时李大钊正在日本东京早稻田大学学习，积极参加了留日学生的抗议活动。1916年回国后，李大钊辗转上海、天津、北京，期间曾创立了宣传民主主义思想的《晨钟报》，担任过《甲寅日报》编辑，激烈地攻击反动统治和封建文化。

---

① 《毛泽东选集》第2卷，人民出版社1991年版，第564页。
② 《李大钊传》，人民出版社1979年版，第13页。

青年时期的李大钊，以高度的爱国主义情怀和热情追求真理的进取精神，不断寻求探索着救国救民的道路，始终把自己的学识与拯救国家和民族的命运紧紧联系在一起。正是强烈的爱国之心和忧国忧民的高度责任感，促使李大钊奋不顾身、英勇战斗。他身上体现出的时刻牵挂国家兴亡、时刻不忘人民疾苦并为之奋斗的精神和风范，永远值得我们敬仰和提倡。①

信仰坚定，在实践中不断探索真理

1917年11月7日，俄国十月革命一声炮响，给中国送来了马克思列宁主义。这年冬，李大钊重回北京，并于1918年1月到北京大学任图书馆主任。在北大红楼，李大钊积极参加和发起了各种进步活动和组织，进入了《新青年》编辑部，更深入地投身于正在兴起的新文化运动。1917年至1918年间，李大钊先后发表了《新纪元》《法俄革命之比较观》《庶民的胜利》《布尔什维主义的胜利》等文章，满怀信心地指出"试看将来的环球，必是赤旗的世界"，热情讴歌十月革命的胜利，成为在中国传播马克思主义的第一人。②

1919年，中华大地爆发了震惊中外的五四运动，这是中国近代历史上第一次以先进青年知识分子为先锋、广大人民群众参加的彻底反帝反封建的伟大爱国革命运动。李大钊热情投入并参与领导了五四运动，在这场运动中和运动之后，都更加致力于马克思主义的宣传。同年，李大钊《我的马克思主义观》在《新青年》刊登，系统介绍了马克思主义理论，在当时的思想界产生了重要影响，极大地推动了马克思主义在国内

---

① 《纪念李大钊同志诞辰120周年座谈会举行》，载《光明日报》2009年10月29日。
② 《建党伟业》，何虎生主编，中国广播影视出版社2017年版，第95页。

的传播。

1920年初,李大钊与陈独秀分别在北京和上海相互呼应,相约组织筹建中国共产党。同年3月,李大钊在同邓中夏等多次商议后,在北京大学组织了马克思主义学说研究会。5月,陈独秀在上海发起组建马克思主义研究会。[①] 随后,两人于上海、北京相应建立了中国共产党早期组织。"南陈北李,相约建党",成为中国革命史上的一段佳话。1921年7月,来自全国各地的13名代表,代表全国58名党员,出席了中国共产党第一次全国代表大会,正式宣告了中国共产党的成立,从此中国革命的面貌为之一新。李大钊也由此成为中国共产党的主要创始人之一。

中国共产党成立后,李大钊代表党中央负责党在北方的全面工作,在北方广大地区领导宣传党的主张和马克思主义,开展工人运动,建立党的组织。一方面通过公开的活动和号召,领导北方党组织发动群众,开展了轰轰烈烈的反帝反军阀斗争,推进了北方的工人运动和其他革命运动,猛烈冲击了帝国主义势力和北洋军阀统治;另一方面数次往返于北京、上海、广州之间,同孙中山先生商谈国共合作,为建立国民革命统一战线、实现第一次国共合作做出了重大贡献。

建党之前,李大钊在中国最早传播了马克思主义,创建和领导了北京早期党组织,对信仰和真理矢志不移。建党之后,李大钊注重理论联系实际,紧跟时代潮流,在实践中不断探索前进。李大钊坚定的马克思主义信仰和为追求真理而不断奋斗的强烈进取精神,使他真正做到了自己所说的"勇往奋进以赴之""瘅精瘁力以成之""断头流血以从之",当之无愧地成为把马克思主义运用于中国实际的先驱。

[①]《中国共产党90年史话》,龙新民、张静如主编,中共党史出版社、中国书籍出版社2015年版,第12页。

凛然不屈，为革命理想勇于奉献牺牲

1924年以后，处于全国政治旋涡中心的北京，各种矛盾斗争错综复杂。中国共产党北方区党委成立后，李大钊和其他负责同志领导了整个北方广大地区的革命斗争。

1924年底至1925年初，李大钊领导组织了国民会议运动，积极支持孙中山北上、反对北洋军阀政府的统治。1925年，五卅运动爆发后，李大钊参与领导了北京地区的多次示威游行，有力地支持了上海人民的反帝斗争。1926年，李大钊积极领导并直接参加了北京的"三一八"运动，号召人们"用'五四'的精神、'五卅'的热血"，"不分界限地联合起来反抗帝国主义的联合进攻，反对军阀的卖国行为"。

也正是"三一八"惨案后，李大钊因频繁的革命活动，很快遭到了北洋军阀的痛恨和仇视，并成为他们的重点通缉对象。在北方革命形势日益恶化的情况下，李大钊以对马克思主义的坚定信仰和对党的事业的无限忠诚，坚持斗争在反动统治的白色恐怖之下，继续领导着北方的革命工作不断前行。

1927年4月6日清晨，奉系军阀控制下的北京政府，悍然出动数百名军警，包围、袭击了苏联使馆，疯狂逮捕了李大钊等人。在狱中，面对敌人的酷刑，李大钊始终表现出共产党人对党的无限忠诚和对革命事业的崇高气节，坚贞不屈、大义凛然。4月28日，北洋军阀政府罔顾人民群众的强烈反对和社会舆论的一致谴责，在西交民巷京师看守所内对李大钊等革命先驱实施绞刑。临刑前，李大钊毫无惧色，第一个走上绞架，英勇就义，时年不满38岁。

李大钊牺牲后，全国各地的共产党员和革命群众以追悼大会、集会等形式沉痛悼念这位中国共产主义的先驱、伟大的革命导师。

为了追求革命真理、追求民族独立和人民解放，李大钊战斗了一生，早已把个人生死置之度外,当面对生与死考验的时候,他从容地选择了为他认定的崇高的共产主义理想献出生命。李大钊用自己短暂的生命,在中国革命史上谱写了壮丽的篇章,是我们每一代青年学习的楷模和榜样。

2. 夏明翰:砍头不要紧,只要主义真
——誓死捍卫理想的共产主义战士

夏明翰,字桂根,湖南衡阳人,1900年出生于湖北秭归,无产阶级革命家,革命烈士。"砍头不要紧,只要主义真。杀了夏明翰,还有后来人!"1928年3月20日夏明翰在被国民党反动派杀害前,一首气壮山河的就义诗,表达了老一辈无产阶级革命家的那种为理想而献身的伟大的革命英雄主义,一直为人们所传颂,而他自己也成为中华民族史上为世人敬仰的著名烈士,激励着无数"后来人"奋勇前行。

胸怀大志,从"少爷"到先进青年

这位党和人民优秀的共产主义战士,其实生在封建官僚之家。夏明翰祖父夏时济中过举,曾得进士衔,做过户部主事。父亲夏绍范,字孝棋,清朝诰授资政大夫。母亲陈云凤,出身衡山名门,为清末翰林、国史馆秘书陈嘉言之女。可以说夏家在当时衡阳一带颇有名望。就是在这样一个封建大家庭,夏明翰以莫大的勇气冲破家庭的束缚,在风云嬗变、血雨腥风的20世纪初,为救国图存、追求真理,毅然走上了革命道路。

虽生在封建官宦之家,但夏明翰早在少年时期就表现出积极进步的思想。小时候的夏明翰爱读书,善思考,思想比较开明,从不以"夏府少爷"自居,对一些封建桎梏极为反感,对处在社会底层的穷苦人家却处处体现出怜悯之情,与由祖父主持的封建家庭显得格格不入。

1917年春,夏明翰不顾祖父的反对,考入湖南省立第三甲种工业学校。在校期间,他追求进步,积极参加反对封建军阀统治的斗争。1918年4月,吴佩孚攻入衡州城,夏时济前去拜会。当吴佩孚带着"德盖衡岳,誉满蒸湘"的字屏到夏府回拜时,夏明翰对祖父"坦坦赤心,以诚相送"的丑态极为反感,并将吴佩孚所赠字屏撕得粉碎。

五四运动爆发后,在湖南学联的号召下,夏明翰和其他进步青年学生走出校门,积极开展爱国宣传活动,有力声援了北京学生的反帝反封斗争。1919年6月17日,湘南学生联合会成立,夏明翰曾当选为学联第三任总干事,主编和发行了《湖南学生联合会周刊》。在随后的查禁日货运动中,夏明翰因把家中藏在夹墙中的日货搜出来烧毁,被祖父关进小屋。在此期间,夏明翰阅读到了毛泽东的《湘江评论》,萌发了对革命的深切向往,并决心与祖父决裂。后来,夏明翰在母亲和弟弟的帮助下离开了夏府,从此再也没有回到过这个封建家庭。

正是有着救国救民的远大革命志向,夏明翰毅然决然地走上了革命道路,这位冲出了封建家庭的"夏府少爷",此后寄居在简陋的房舍里,在艰苦的条件下刻苦学习,为着心中的理想奋斗在前进的路上。

追求理想,革命路上斗志坚

1919年秋至1920年夏的"驱张运动"中,夏明翰等湘南学联骨干,配合"驱张"代表团的工作积极进行斗争,并巧妙利用吴佩孚和张敬尧两个军阀之间的矛盾,逼迫吴佩孚通电驱张。最终,在民众的声讨声中,张敬尧被赶走。在这次运动中,与赴衡驱张请愿团何叔衡的相识,使夏明翰加深了对中国革命的认识,得到了很好的启发和教育。

1920年秋,夏明翰来到长沙,结识了仰慕已久的毛泽东,并于中国共产党成立后,经毛泽东、何叔衡介绍,加入中国共产党。入党后,夏明翰一方面从事工人运动，参与领导和组织了长沙的人力车工人罢工斗争；另一方面在湖南自修大学补习学校任教务主任，从事革命的教学活动。革命实践的锻炼加上自身艰苦的学习，夏明翰很快在革命道路上成长起来。

1923年"六一惨案"发生后，夏明翰在中共湘区的委派下，以"外交后援会"的名义发动社会各界积极参与到反对日本帝国主义的活动中，取得了明显的效果。夏明翰等人也因此被当时湖南赵恒惕反动政府通缉，被迫转移和隐蔽起来。

1924年，夏明翰担任中共湖南省委委员，负责农委工作。由于年少时的经历，他非常注重农运干部的培养，时常以农民的身份深入农村做调查，选送有志青年到广州"农讲所"学习，培养了大批农运骨干。农民运动兴起后，夏明翰立场坚定，"坚决站在农民群众一边"。1926年2月，在组织的安排下，夏明翰到武汉担任全国农民协会秘书长，兼任毛泽东和中央农民运动讲习所秘书。这一时期，夏明翰积极响应党的号召，在分管工作上尽心尽力，为党的事业不懈奋斗。

1927年，蒋介石在上海发动"四一二反革命政变"，紧接着长沙发生了"马日事变"，在以蒋介石为首的国民党反动派的血腥镇压和白色恐怖下，夏明翰于同年6月，回湖南任省委委员兼组织部长，并转入地下工作。党的八七会议后，夏明翰参与到毛泽东领导的秋收起义的筹划中，主要负责联络工作，并动员自己的弟弟妹妹参与到革命中来。10月，在湖南省委的委派下，他兼任平江、浏阳两地特委书记，继续组织了平江农民暴动。

1928年初，夏明翰告别妻儿，从浏阳辗转来到武汉，根据党中央的安排出任中共湖北省委常委，参与湖北省委领导工作。同年3月18日，由于叛徒的出卖，在转移中不幸被敌人逮捕。

在入党到被捕前这段时间里，夏明翰积极投身到党领导的革命事业中，为理想不懈奋斗，特别是在"四一二"后，愤然写下"越杀胆越大，杀绝也不怕。不斩蒋贼头，何以谢天下！"的诗句，参与到党领导的武装暴动中，始终对革命充满了信心。

坚贞不屈，甘洒热血写青春

被捕后，夏明翰被国民党反动派关进了阴暗潮湿、四面无窗的监狱。从被捕到就义短短两天时间里，他接受了多次审讯，敌人企图用威逼利诱使这位年轻的共产党人就范。

国民党反动派先是用高官厚禄加以诱惑，后又打出亲情牌寻求突破口，但都被夏明翰以严词予以驳斥。夏明翰的大义凛然激怒了敌人，恼羞成怒的反动派对他施以酷刑，又妄图用肉体的折磨摧残其意志，但同样徒劳无功。

在狱中，夏明翰一边用坚强的意志同审讯他的敌人进行斗争，一边忍着剧痛用颤抖的双手给母亲、妻子、大姐写了三封信。特别是在写给他夫人郑家钧的信中，他深情地劝慰鼓励妻子："同志们曾说世上惟有家钧好，今日里才觉得你是巾帼贤。我一生无愁无泪无私念，你切莫悲悲凄凄泪涟涟。张眼望，这人世，几家夫妻偕老有百年？抛头颅、洒热血，明翰早已视等闲。'各取所需'终有日，革命事业代代传。红珠留着相思念，赤云（夏明翰女儿夏芸）孤苦望成全，坚持革命继吾志，誓将真理传人寰！"写毕，夏明翰抑制不住对妻儿的眷恋和思念，用嘴唇和着鲜血，在信上留下一个深深的吻印。

1928年3月20日清晨，夏明翰被敌人押送到汉口余记里刑场。行刑时，夏明翰以大无畏的英雄气魄，昂首阔步走向行刑台。当行刑官问他还有什么话要说时，他大声说："有，给我拿纸笔来！"用青春的热血写下了那首充满正气的就义诗："砍头不要紧，只要主义真。杀了夏明翰，还有后来人！"英勇就义，悲壮牺牲，这位年轻的共产主义战士年仅 28 岁。

夏明翰倒下了，但千千万万个"后来人"站立了起来，为着革命的胜利不断前行……

夏明翰甘为革命抛头颅洒热血、肩负起复兴中华重任的精神，在漫漫的革命岁月中被无数仁人志士不断发扬光大，在新时代建设中国特色社会主义的伟大征程上，"只要主义真"的精神将化作建设伟大祖国的强大动力，指引更多的"后来人"不断向前。

3. 江竹筠：三九严寒何所惧，一片丹心向阳开
——为了崇高信仰铸就不朽丰碑的英烈

江竹筠，女，汉族，四川省自贡市人，革命战争年代优秀共产党员，著名的巾帼英雄。在重庆国民党反动派的渣滓洞监狱中，同志们出于敬爱，都亲切地称她"江姐"。小说《红岩》、电影《烈火中永生》、歌曲《绣红旗》《红梅赞》和歌剧《江姐》中饱含深情所赞颂的"江姐"这个艺术形象，就是以江竹筠为原型创作的。

奋发求学，在苦难成长中追求真理

江竹筠原名江竹君，小名雪琴，1920 年 8 月出生于四川省自贡市大山铺江家湾一个普通农民家庭。当时正值军阀连年混战，人们的生活困苦不堪，江竹筠一家人就生活在两间简陋的草房里。

江竹筠 8 岁时，家乡闹旱灾，小竹筠和弟弟随母亲逃荒到重庆，投奔到外婆和三舅李义铭家。多年未曾谋面，江竹筠的这位舅舅已从一个乡下小贩成为重庆红十字医院院长、蜀通轮船公司董事、精益中学校长，开办了一家医院，成了新兴资产阶级。由于阶级的不同和悬殊的贫富差

距，舅母非常看不起这家来自乡下的穷亲戚，没给过他们多少好脸色，还经常打骂小竹筠姐弟俩。外婆去世后，母亲便带着江竹筠姐弟俩搬出三舅家，开始自谋生计。

江竹筠 10 岁时，靠着父亲江上林打零工赚来的一些钱，和弟弟在一所教会小学读上了书。母亲很珍惜姐弟俩这个来之不易的学习机会，经常告诉姐弟俩要好好读书。小竹筠也很听话很懂事，刻苦学习，成绩优良。可惜好景不长，江竹筠只上了半年左右的学，父亲就失业了，失去了经济来源的江竹筠只好辍学了。为了减轻家里负担，也为了能够重新上学，江竹筠和母亲一起到重庆的织袜厂做工，由于个子太小，老板还专门为她特制了一个高脚凳方便作业。

在江竹筠 12 岁那一年，在三舅的帮助下，姐弟俩在当地一家孤儿院小学再次读上了书。再次得到读书机会的江竹筠倍加珍惜，她勤奋学习，3 年半时间内连跳 3 级，读完了小学的全部课程。

也正是在孤儿院读书期间，负责教江竹筠语文和历史的年级主任丁尧夫，对江竹筠走上革命道路产生了深远的影响。特别是丁老师的历史课，使江竹筠认识到了中国近代史是一部屈辱史，培养和激发了她的爱国主义情怀和奋发图强的志向；也是他积极向中国共产党靠拢的进步思想，在潜移默化中影响了江竹筠的意志和品格，引导鼓励她去勇敢地追求真理。

生活的艰辛和读书的不易，让江竹筠小小年纪便深深体会到旧时代底层人民的疾苦，这为她日后坚定共产主义信念、不断追求真理、解放劳苦大众的理想埋下了种子。

投身革命，在救国救民中坚定理想

1936 年，江竹筠小学毕业后，顺利考入重庆南岸中学。1937 年"卢沟桥事变"爆发后，江竹筠和同学们组织各种文化活动，积极宣传抗日，为日后参加党的革命工作积累了经验。

1939年春，江竹筠考上中国公学附中读高中。在读高中期间，江竹筠结识了同班读书的共产党员戴克宇，经常和她一起学习、议论时局、办壁报和到集镇做抗日宣传。在戴克宇的影响下，江竹筠阅读了《新华日报》和其他革命书籍，从理论上、思想上认清了中国共产党的革命先进性，提出了入党要求。同年夏，在戴克宇的介绍下，江竹筠加入中国共产党，怀着自己的理想，正式走上了革命道路。

1940年秋，中国公学停办，江竹筠考入中华职校会计训练班学习，并负责该校和附近地下党组织的工作。这段时间里江竹筠一边学习，一边从事革命工作，特别是在"皖南事变"发生后，她巧妙地完成了散发十八集团军、宋庆龄、何香凝、柳亚子等的声明的任务，为党的宣传工作做出了重要贡献。

1941年秋，江竹筠从职校毕业，年仅21岁的她在党组织的安排下担任重庆新市区委委员，并负责曾家岩重庆妇女慰劳总会工作，单线联系沙坪坝一些高等学校的党员和新市区的女党员。当时的江竹筠工作的地方，日机经常空袭，国民党军统特务活动频繁，江竹筠克服种种困难，圆满完成了党组织交予的各项任务。也正是这样艰苦复杂的工作环境锻炼了江竹筠，使她在与敌周旋斗争中不断成熟。

1943年5月，江竹筠接到了组织上安排的新任务：为重庆市地下党委第一委员彭咏梧当助手，并与他以夫妻的名义开展工作。这个新组建的"家庭"很快成为重庆市地下党委的秘密机关，领导重庆地下党组织开展革命活动。

1944年，由于特务活动力度加大，为避免身份暴露，江竹筠转移到成都，并在组织的安排下考入四川大学农学院植物病虫害系。川大学习期间，江竹筠以一个普通学生的身份在学生中继续开展党的工作，并于1945年放暑假前，经组织批准与彭咏梧结婚。1946年暑假，在组织的安排下江竹筠回到重庆，继续和彭咏梧一起开展工作。

1947年初，南京"五二〇"血案发生后，江竹筠领导重庆学生进行声援活动，与重庆国民党反动政府进行了英勇的斗争。1947年秋，江竹筠以川东临委及下川东地委联络员的身份与丈夫彭咏梧一起奔赴云奉巫（云阳、奉节、巫山）地区武装斗争第一线。1948年1月，彭咏梧在组织武装暴动时不幸牺牲，江竹筠强忍悲痛，继承丈夫遗志，坚决将革命进行到底。

在不断的革命实践中，江竹筠积累了与敌斗争的丰富经验，艰苦环境的历练更是坚定了这位巾帼英雄对共产主义革命事业的崇高信仰。

不畏酷刑，在顽强斗争中铸就丰碑

1948年6月14日，由于叛徒的出卖，江竹筠不幸被捕，被关押在重庆渣滓洞监狱。在被押送监狱的路上，江竹筠还不忘大骂叛徒，以将叛徒的信息传达给组织。在狱中，江竹筠更是不畏酷刑，与敌人展开了顽强的斗争，用钢铁般的意志诠释了共产党人对党和人民革命事业的无限忠诚。

被捕入狱后，江竹筠把原来的姓名"江竹君"改为"江竹筠"的化名和敌人展开斗争。刚到监狱，由于个子小，难友们很担心这名年轻而又掌握着党的大量秘密的柔弱女子经不住酷刑的考验，但江竹筠一次次被打得遍体鳞伤又被架回牢房的情景感染了众人，"江姐"的叫法很快在渣滓洞监狱流传开来，表现出了同志们对这名女共产党员深深的敬意。

在狱中，江竹筠遭到了敌人各种严酷的刑罚：老虎凳、辣椒水、吊索、带刺的钢鞭、撬杠、电刑……甚至残酷地将竹签钉进她的十指，极刑拷讯中，她昏死了多次。面对反动派的种种酷刑和死亡威胁，江竹筠始终坚贞不屈，严守党的秘密，捍卫党的尊严，正义凛然地怒斥敌人："你们可以打断我的手，杀我的头，要组织是没有的。""毒刑拷打，那是太小的考验。竹签子是竹子做的，共产党员的意志是钢铁！"江竹筠在狱中与敌人的顽强斗争，激励感动着渣滓洞的难友们，被誉为"丹娘的化身"。

在狱中，江竹筠除了用她的坚强的意志对抗敌人的酷刑外，还用她的聪明才智在狱中组织难友继续与反动派坚决做斗争。江竹筠和女牢的难友利用 1949 年的春节，在监狱的小院中表演秧歌舞，高唱革命歌曲，鼓舞难友的斗志；另外还和同志们一起做看守的工作，与狱外地下党积极取得联系。虽然江竹筠在狱中年龄不大，职务也不算高，但却是狱中斗争重要的领导者，赢得了难友们的敬重。

1949 年的秋天，江竹筠在临刑前，给表弟谭竹安写了一封信，也算是遗书，信中多次提到儿子，并嘱托表弟："假如不幸的话，云儿就送给你了，盼教以踏着父母之足迹，以建设新中国为志，为共产主义革命事业奋斗到底。"展现了这位刚烈的女共产党员作为母亲柔软的一面。

1949 年 11 月 14 日，在离重庆解放只有 16 天的时候，江竹筠被国民党军统特务押赴"电台岚垭"，秘密枪杀，时年 29 岁。

江竹筠的英雄事迹不断激励着无数革命志士为着新中国的成立而奋勇前进。也正是像江竹筠一样的共产党人，怀着对共产主义的崇高信仰，誓死不向敌人屈服的精神，夺取了新民主主义革命的胜利。信仰就是一种忠诚，一种希望，一种理想，它给人不畏牺牲的精神，给人崇尚光明的力量。新时代，我们更需要有坚定的信仰，在实现中华民族伟大复兴的中国梦中砥砺前行。

第二节

树立对中国特色社会主义的信念、对中华民族伟大复兴中国梦的信心

在建设中国特色社会主义伟大征程上,一代代有志青年前赴后继、艰苦卓绝地接续奋斗,推动中国特色社会主义进入了新时代。作为新时代青年,我们要向前进道路上的先锋致敬和学习,进一步坚定对中国特色社会主义的信念和对中华民族伟大复兴中国梦的信心,不断夺取新的胜利。

1. 杜润生:以毕生精力推动农村改革破局
——中国特色社会主义的"农村改革之父"

杜润生,男,1913年7月18日生,原名杜德,山西省太谷县阳邑村人。他长期从事我国农村改革与发展战略研究,在实行家庭承包经营责任制、废除人民公社体制、改革农产品流通体制、调整农业产业结构、发展多种经营和乡镇企业、推行基层民主政治建设、鼓励农民进城务工经商、维护农民的物质利益和合法权益等一系列重大问题上积极探索,

从理论到实践层面都做出了重要贡献。① 杜润生 2015 年 10 月 9 日病逝，享年 102 岁。2018 年 12 月 18 日，中共中央、国务院授予杜润生"改革先锋"称号，颁发改革先锋奖章。

青年立志，跟随组织一路成长

杜润生出生于一个破落富农家庭，5 岁丧母，13 岁丧父。少年时代的杜润生面对父母早亡、家庭破败，便立志读书以整顿家业。上学时他读过《向导日报》《共产主义 ABC》，虽然当时一知半解，但也隐约明白了家里穷跟这个社会有着很大的关系，旧社会是需要改造的。

青年时期，杜润生在舅父的帮助下，于 1927 年考入太原国民师范学校。该校素有革命传统，对杜润生以后走上革命道路提供了思想上的启蒙。当时正值北伐战争结束，北伐战争虽然胜利了，但孙中山所提的三民主义并未实现，各党派都在宣传自己的主张。特别是蒋介石对内发动反革命政变，九一八事变后却对日采取不抵抗政策，其反动面目让国内进步人士大失所望。作为一名积极追求进步的青年，杜润生逐渐感到只有共产党才能救中国，改造这个万恶的旧社会，真正为中华民族复兴而战。因此，他一边在校参加抗日救亡运动，一边积极向共产党靠拢。在校期间，杜润生与其他进步青年组织"九一八读书会"，发动抵制日货活动，积极开展抗日宣传，并积极参加学生会开展爱国活动。1932 年 10 月，为进一步向党组织靠拢，杜润生先后加入了抗日反帝同盟会和社会科学家联盟两个共产党的外围群众组织。

1933 年，为躲避阎锡山的通缉，杜润生辗转来到北京，考入北平师范大学文史系，除了学习之外，继续从事学生运动。1935 年，北京爆发

---

① 《关于改革开放杰出贡献拟表彰对象的公示》，载《人民日报》2018 年 11 月 26 日。

了由中国共产党领导的声势浩大的"一二·九"抗日救亡运动,杜润生积极参加并担任学联代表。

1936年夏,杜润生如愿以偿地加入了中国共产党。入党后,杜润生积极参加到抗日战争中,担任山西太行山晋中地区游击队长,开展敌后抗日游击斗争,并发动群众,领导根据地政权的建设。在此期间,杜润生先后担任过晋冀鲁豫党委宣传科长,晋冀鲁豫边区政府委员,太行六分区、二分区专员,太行行署副主任,太行区党委城工部太原城委书记。[①]

解放战争中,杜润生随刘邓大军参加了千里挺进大别山的战斗,后来又参加了淮海战役,主要从事所在地区的土地改革和农民运动。先后担任中共中央中原局秘书长,雁西区党委书记,中共豫皖苏地区第四地委书记。[②]在革命斗争实践中进一步丰富了土地改革经验。

从学生时代开始,杜润生就有了早期的革命意识,随着年龄和见识的不断增长,杜润生救国救民的志向和信念在中国共产党的队伍中找到了共鸣,加上本身对理论学习和思考的重视,使他很快在革命实践中成长起来,并为他在革命胜利后新中国农村改革问题的研究探索上奠定了实践和理论基础。

专注农村,新中国农村改革的先行者

新中国成立以后,杜润生先后担任中共中央中南局秘书长兼政策研究室主任,中南区军政委员会土地改革委员会副主任。1953年,更是受到毛泽东的赏识而调到北京,任中共中央农村工作部秘书长兼国务院农林办公室副主任,参与组织领导全国的农业合作化运动。可以说,新中

[①] 杜润生著:《杜润生文集》上卷,山西经济出版社2008年7月版,第1页。
[②] 杜润生著:《杜润生文集》上卷,山西经济出版社2008年7月版,第1页。

国刚一成立，党和国家领导人就十分重视农村问题，杜润生及时总结早期革命实践的经验，全身心投入农村改革中。

特别是在领导中南区土地改革运动的实践中，杜润生提出了分阶段进行土改的主张，即普遍发动群众、剿匪反霸、建好农会组织，再转入分配土地。[①]另外，他还提倡下乡参加土改的干部与群众同吃、同住、同劳动，使党的基层组织有更底层的阶级基础。杜润生这些主张，得到了毛泽东的充分肯定。1951年2月，毛泽东在中共中央起草的批语中指出："这样做是完全必要的""土地改革的正确秩序，本来应当如此。"

然而在1955年，杜润生和邓子恢因在推进互助合作的步调问题上，受到了毛泽东的不点名批评。一向主张谨慎、稳健政策的杜润生步入政治生涯的低谷。中央农村工作部被解散，中央解除了杜润生中央农村工作部秘书长的职务。[②]

可以说从七届六中全会后到1979年初调任国家农委副主任前，杜润生有20多年不再具体从事农村工作，但也正是这段时间他一方面博览群书、潜心学习理论，一方面深入群众开展实际调查研究，塑造了他此后参与和领导农村政策研究的宽厚风格。正如杜润生自己所说："虽然离开了农村工作，但情不自禁，依旧关怀着农民、农村和农业问题。"

在新中国成立以后到改革开放之前的这段时期，杜润生在新中国农村政策的研究上，对于土地改革的调研探索以及在农村合作化时期试图纠正激进政策的意见，都有着特别的贡献，为改革开放后农村改革发生重大突破、朝着正确的方向发展奠定了基础。

[①] 杜润生著：《杜润生文集》上卷，山西经济出版社2008年7月版，第1页。
[②] 王瑞芳：《杜润生：一生心系农民》，载《中华儿女》2008年12期。

心系民生,胸怀宽广的真诚改革家

党的十一届三中全会后,杜润生得以彻底平反,再次回到中央从事农村工作,为邓小平、胡耀邦等党的第二代领导集体制定中国农村政策。

1979年,66岁的杜润生被任命为刚刚成立的国家农业委员会副主任。如何启动改革,改变农村长期贫困的现状?杜润生深入总结安徽凤阳小岗村"红手印大包干"大丰收的经验,开展了农村改革的理论和政策研究,为在全国推行家庭联产承包责任制奠定了理论基础。①"包产到户"在当时仍是一个饱含争议的话题,杜润生据理力争,得到了邓小平的支持,并在高层形成了共识。

1980年9月,由杜润生主持起草的中央75号文件《关于进一步加强和完善农业生产责任制的几个问题的通知》印发,明确指出:"要从实际出发,因地制宜,分散决策,可以包产到组,可以包产到户,也可以包干到户。"②

1982年1月1日,由杜润生根据中央精神主持起草的第一个中央一号文件《全国农村工作会议纪要》印发,明确指出包产到户、包干到户或大包干等,都是社会主义集体经济的生产责任制。

1982年至1986年的5个推进农村改革进程的"1号文件",都是由杜润生主持起草,这些文件纠正了人民公社"吃大锅饭"和平均主义分配弊病,使农民获得了生产自主权,对农村改革起到了强有力的推动作用。③

---

① 高云才:《他的名字与包产到户联系在一起(改革先锋风采)》,载《人民日报》2019年1月6日。

②《中国共产党90年史话》,龙新民、张静如主编,中共党史出版社、中国书籍出版社2015年版,第413页。

③ 高云才:《他的名字与包产到户联系在一起(改革先锋风采)》,载《人民日报》2019年1月6日。

1983年，杜润生出任中央农村政策研究室主任兼国务院农村发展研究中心主任后，在到1986年4年时间里，又连续主持起草了四个指导"三农"工作的中央一号文件。包括1982年第一个一号文件在内，五个一号文件"从政策方面肯定了家庭联产承包责任制是在党的领导下我国农民的伟大创造，是马克思主义农业合作化理论在我国实践中的新发展"①，并将承包时间从三年、十五年逐步定为三十年不变和长期不变，还包括"农民的土地使用权可以转让，取消统购统销制度，放开农副产品市场，允许农民自由流动，搞长途运输，办乡镇企业，就近入住小城镇"等具体的改革内容。这些文件纠正了当时人民公社和平均主义分配的弊病，使家庭联产承包责任制在全国迅速推广起来，推动了中国农村改革的大潮。

1989年，农村政策研究室撤销。76岁的杜润生正式离休。离休之际，他舍不下为之关注一生的农民，他表示希望继续留在"农口"，关注着祖国现代化进程中的农民，观察并思考他们的命运，并提出了很多对农村不断深化改革建设性的意见和建议。

杜润生以他在农村改革问题上的卓越贡献赢得了人们的尊重，被誉为"农村改革之父"，但他自己却从不放在心上。2008年，杜润生获得首届中国经济理论创新奖。当时已95岁高龄的杜润生在颁奖典礼上表示，"家庭联产承包制是农民的发明，我们只是进行了调查研究理论化"。

2015年10月9日，杜润生以102岁的高龄在北京逝世。他给我们留下了一笔笔宝贵的财富，无论是农村改革的突出贡献，还是那种追求真理、不断进取的精神，还有忧国忧民、心系普通大众的博大胸怀，都

---

① 《中国共产党90年史话》，龙新民、张静如主编，中共党史出版社、中国书籍出版社2015年版，第413页。

为中国特色社会主义的建设增添了绚丽光彩。

2. 方永刚：与真理同行，与群众同心
——忠诚党的创新理论的模范教员

方永刚，出生于1963年4月，1985年7月毕业于上海复旦大学，同年入伍，生前任海军大连舰艇学院政治系教授，长期从事政治理论教学和研究工作。方永刚坚持深入学习、坚定信仰、模范践行党的创新理论，长期深入部队和地方基层一线，真情传播党的创新理论，被誉为"大众学者""平民教授"。2007年6月，中央军委授予方永刚"忠诚党的创新理论的模范教员"荣誉称号。2009年被评为"100位新中国成立以来感动中国人物"之一。

水滴石穿，探索真理永无止境

方永刚出生在辽宁省建平县萝卜沟乡水泉村一个普通的农民家庭，山区条件差，家里兄弟姐妹又多，一家人生活得非常艰苦。方永刚的童年时代，正值国家贫困时期，经常吃不饱穿不暖。也正是艰苦的生活磨炼了他坚强的意志，养成了他积极乐观的性格。

随着高考制度的恢复，特别是党的十一届三中全会以后，国家对教育的不断重视，激起了方永刚上大学改变命运的念头。通过发奋学习，1981年方永刚考上了复旦大学历史系，并于毕业后参军入伍，成为海军大连舰艇学院一名政治教员。正是党改革开放的好政策使他有机会能从一名普通农村青年，上大学、入伍、入党，并成长为军队干部和大学教授。因此，他经常对别人讲，自己是在党的创新理论哺育下成长成才的，是党的创新理论的最直接受益者，对党有着发自内心的深厚感情。

正是有着这样一颗感恩之心，方永刚全身心地投入党的创新理论研究中，并立志立足自身岗位提供的良好平台，积极用实际行动传播和践行党的创新理论，回报党、回报国家、回报社会。

从大学开始，方永刚就通读了《马克思恩格斯选集》《列宁选集》《毛泽东选集》等经典著作。任教以后，方永刚更是利用课余的点滴时间认真学习各种知识，刻苦钻研党的创新理论，并把学习研究成果及时运用到教学实践中。从教 20 多年，方永刚先后主编了 16 部党的创新理论研究专著，发表学术论文 100 多篇，其中在国家和军队核心期刊上发表 40 多篇，荣获"全军政治理论研究优秀成果"一等奖等 28 个奖项，完成了国家社科基金项目军队重点理论研究课题 7 项。正是对党的创新理论深入的学习和不断的钻研，方永刚的理论素养和精神境界都不断得到提高。从教 20 多年，他始终用党的创新理论武装自己，经常废寝忘食、通宵达旦地刻苦钻研、深入领会，在对真理的不懈追求中，不断坚定对马克思主义的信仰，对中国特色社会主义的信念，真正做到真学真懂真信真用。

方永刚是改革开放以来党的理论创新与实践的亲历者、受益者，他把对党的忠诚之心和感恩之情体现为对党的创新理论的坚定信仰和执着精神，党的理论每前进一步，他的研究就深入一步，始终保持思想上的与时俱进。正是这种对党的创新理论不断探索的精神，他正确把握了时代脉动，在坚定信仰中找到了自己的人生价值，成为党的理论工作者的时代先锋。

甘心奉献，传播真理矢志不渝

从教期间，方永刚认真履行一名军校政治理论教员的神圣职责，20多年来，先后承担邓小平理论、"三个代表"重要思想、科学发展观等 10

多门课的教学研究任务，年均超额完成200%的教学工作量，连续多年教学质量被所在学院评为A级。同时，他还利用课余时间为部队广大官兵、地方各个单位和普通人民大众积极宣传党的创新理论，学术讲座、授课辅导达1000多场次。[1]

作为辽宁省国防教育讲师团成员、原沈阳军区联勤部客座教授、大连市委讲师团成员，方永刚以饱满的热情和无限激情，利用周末、节假日的时间，从军队到地方、从城市到农村、从北国边防到南疆哨卡，积极传播党的声音，为最广大的基层官兵和群众悉心讲解党的创新理论。

1998年10月，方永刚去长山要塞进行授课辅导，由于讲得非常精彩，不但教室里掌声不断，许多家属也都慕名而来，抱着孩子站在走廊里听他做报告，得到了整个要塞区官兵的一致好评。2001年10月，原沈阳军区联勤部邀请方永刚参加"三个代表"重要思想宣讲团下部队巡回宣讲，短短半个月，他就走遍了齐齐哈尔、哈尔滨、长春、吉林、沈阳、锦州、大连7个城市。他将"三个代表"重要思想的科学内涵、时代背景、精神实质讲得通俗易懂，官兵反响极好。

方永刚不但能把大道理讲好，也善于把群众关心的具体问题讲实。党的创新理论从人民群众的实践中来，方永刚经常深入普通群众，与大家拉家常，把生活当课堂，下岗失业、三农问题、老工业基地振兴等百姓普遍关心的问题都被他讲得很透彻。在一次给旅顺口区铁山镇党员干部讲课结束后，一位80多岁的老同志拉着方永刚的手说："你讲的都是咱老百姓想知道的，听你讲半天，我这辈子都没白活。"还有一次，为了把农村致富的问题讲清楚，方永刚利用节假日时间，查了很多

---

[1] 吴胜利、胡彦林：《深入学习、坚定信仰、积极传播、模范践行党的理论——学习宣传方永刚事迹和崇高精神的思考》，载《求实》2007年第9期。

资料，跑了很多乡村，咨询了很多专家，围绕科技致富、科技兴农等问题给大家上了一堂生动的政策课，当地群众反响极好，有个大嫂激动地说："你把党的好政策讲到咱的心坎上，你把党的温暖送到了咱这偏僻小山村。"

方永刚始终牢记自己的使命，将责任扛在肩上，用火热的激情热情传播党的创新理论。方永刚的这种矢志不渝传播真理的精神正是源于对党的创新理论的执着信仰，广大官兵和人民群众被方永刚的事迹深深打动，根本原因就是被他的真诚信仰所感染，被他的身体力行所感动。

知行统一，践行真理诠释忠诚

方永刚在传播党的创新理论中，真正做到了言传身教、身体力行，把党的创新理论内化于心、外化于行，把党的创新理论作为最高行为准则，并用高尚的师德师风潜移默化地影响着广大官兵和身边战友。即使身患重病，他仍然坚守着自己的责任与信仰，用实际行动诠释着对党的无比忠诚。

2006年11月，方永刚被确诊为结肠癌。在被确诊为结肠癌晚期的情况下，他仍然以孜孜追求的事业为重，用乐观的心态和顽强的毅力面对病魔，利用治疗间隙继续工作。他表示："不管癌症是中期是晚期，研究党的创新理论没有限期。我能舍弃我的生命，但不能舍弃我的事业；我不惧怕癌症，但害怕离开最钟爱的三尺讲台。只要不倒下，就要不停地学、不停地写、不停地讲，以实际行动践行党的创新理论。"

2006年11月16日，手术的前一天，方永刚对麻醉师说："张医生，明天手术能不能不做全麻？"看着疑惑的麻醉师，他解释道："我从事政治理论研究，可以断条腿少个胳膊，但不能没有一个聪明的大脑。"原来，他是怕全麻会影响到记忆力，影响到以后的教学工作。11月17日，刚做完结肠癌手术 6 小时后的方永刚，醒来后看到前来探望的研究生，第一句话就问："你的毕业论文准备得怎么样了？"做完第二次化疗，方永刚惦记着自己还有几次课没上完，坚持要回学院为学员上完学期最后两节课。

2007 年 1 月 15 日，方永刚再次回到阔别两个多月的教室。虽然清瘦，但精神依旧，方永刚整好军装，用同样铿锵有力的声音、幽默风趣的语言、充满智慧的思绪，给学员们呈现了一堂普通而又精彩的"新世纪新阶段我军历史使命"。与以往不同的是，一条白毛巾不时地被他拿起又放下，术后的导流管被他掖在了军装里……

2008 年 3 月 25 日，方永刚在北京病逝，那年他 45 岁。

身躯虽化为烟尘，精神却永放光芒！方永刚虽已远去，但他对党的无比忠诚，对真理的执着追求，对事业的无限热爱，对生命的激情满怀，都将永驻人们心间，这正是一个共产党员用生命书写的革命情怀。方永刚用自己的实践告诉我们："平凡人做好了平凡事就是一个英雄！"作为新时代青年，踏踏实实把自己的"普通事"做好，每个人都应成为平凡却不平庸的英雄，为建设中国特色社会主义伟大事业而贡献力量。

3. 林鸣：40 年焊接大江瀚海，一辈子逐梦天堑通衢
——一心中国梦、海底造大桥的绝对灵魂

林鸣，1957 年 10 月出生，中国交建总工程师，港珠澳大桥岛隧工程项目总经理、总工程师。2018 年 10 月 23 日，被英国卫报称为"现代世界七大奇迹"之一的港珠澳大桥正式开通运营了，这座全程长 55 公里的大桥是世界上最长的跨海大桥，它的建设创下了多项世界之最，被誉为桥梁界的"珠穆朗玛峰"。但它的意义远不止于此，在这项超级工程的

背后，所体现的是中国人民"逢山开路、遇水架桥的奋斗精神"，正如习总书记所说的那样："这是一座圆梦桥、同心桥、自信桥、复兴桥。"①7年间，作为港珠澳大桥岛隧工程项目总经理、总工程师的林鸣，没有一天睡过好觉。1400个日日夜夜，海底隧道的建设构想、33节沉管的安装、两个10万平方米的人工岛建设，每一个都是世界性的难题。但林鸣从未怕过难。在他的带领下，中国的深海岛隧项目实现了从零到一、从"跟跑"到"领跑"的跨越。

一心中国梦，逐梦四十年

2018年是林鸣的本命年，他已经年满花甲。身为中国交建总工程师的他从业40载，曾主持修建了珠海大桥、润扬大桥、武汉大桥等七座大桥，为中国的桥梁建造行业立下了不朽的丰碑。

2000年，他接到润扬大桥的建设任务，这座大桥在当时被称为中国第一大跨径悬索桥，施工难度极大。因为悬索桥的北锚碇需要在长江边上深50米的基坑内施工，长江和基坑之间的土堤若有闪失，江水将瞬间灌满基坑，夺取施工工人的性命。工人们望而却步，为了给他们信心，完成这座难度巨大的悬索桥，身为工程师的林鸣毅然拿起小板凳坐在基坑底陪工人们一起施工，并被人亲切地称为"定海神针"。

2010年，林鸣成为港珠澳大桥岛隧工程的总工程师。港珠澳大桥被公认为"当今世界上最具挑战性的工程"，其中长达6.7公里的深埋沉管是我国建设的第一条也是世界上唯一一条深埋沉管隧道。

从零到一，看起来只是一步，背后却是无数汗水、无数挑战、无数不眠之夜所成就的一步。"人生自古谁无死，留取丹心照汗青。"在接受

---

①《巨龙，腾飞在伶仃洋上》，载《人民日报》2018年10月24日。

港珠澳大桥的建设任务后，林鸣无数次吟诵这首文天祥的诗句。要想完成这样一个超级工程，需要建设团队的坚定信念，更需要他们一往无前的奋斗精神。为了完成任务，在林鸣的带领下，4000多人的建设队伍始终奋战在伶仃洋上。七年光阴，在建设大桥的数千个日子里，身为岛隧建设总工程师的林鸣，除了开会的一百多天，每一天都在海上工程的现场。2013年，林鸣还曾因过度劳累鼻腔大量喷血，四天内进行了两次全麻手术。然仅术后第七天，他就毅然决然回到了安装船，继续指挥工程实施，为这座世界最长、建造难度最大的桥梁界"珠穆朗玛峰"呕心沥血。

"桥的价值在于承载，而人的价值在于担当。"其实，早在2005年，林鸣就参与到珠港澳大桥的前期准备工作中，十几年时间过去了，青丝变白发，十年造一桥，林鸣的态度始终铿锵坚定，他真正承担起了中国工程师沉甸甸的责任，使中国的深海沉隧技术实现了从"跟跑"到"领跑"的突破。2017年的最后一天，港珠澳大桥主体全线亮灯。第二天凌晨4点半，在点点灯光的陪伴下，林鸣从港珠澳大桥收费站跑到粤澳分界线，总长29.81公里，花了3小时04分。他曾说过，港珠澳大桥就是自己"人生的马拉松"，再难也从未想过要放弃。正是这种执着、坚毅的精神，伴随着林鸣走过40年的建造生涯。

敢为人先，不负重任持续创新

作为桥梁专家的林鸣，在接受港珠澳大桥这一项目之前，从来没有接触过岛隧建设，中国的建设者们对于海底沉管隧道十分陌生。能够找到的资料，只有薄薄的一本册子和零星见过的几张沉管隧道施工的现场图片。所以，在最开始的时候，林鸣一直希望能够找到国际上最一流的有过外海沉管安装经验的公司来合作完成沉管隧道的建设。

他来到了欧洲荷兰，找到世界上最顶级的隧道沉管公司，然而对方却开出了天价，仅咨询费就1.5亿欧元，折合约15亿人民币。林鸣曾尝试着花费3亿人民币，想要得到对方有关最重要、风险最大项目方面的咨询支持，得到的却是对方极讽刺的回答，"给你唱首祈祷歌"。

回国后，林鸣便立下了军令状，自主研究、开发这个世界上规模最大也是唯一的深埋沉管隧道。横在面前的第一道大难关就是：离岸人工岛的建设。作为海中隧道和桥梁的衔接器，传统的人工岛抛石填海的方法不仅工期长，而且会造成水路交通堵塞，更对伶仃洋的海洋环境有较大破坏。为了解决这一难题，林鸣创造性地选择了大钢圆筒筑岛技术，被国际海洋工程界誉为"不可思议"的创新，仅用五个月时间就完成了原本需要三年的筑岛工期。

最难的是沉管隧道的建设。在教科书上，沉管隧道只有刚性、柔性两种结构体系。港珠澳大桥在设计阶段，对于深水深埋这一问题，暂定的施工方案是用柔性结构，"深埋浅做"，并且提出了两个方案，一个是在沉管底部回填与水差不多的轻质材料，这需要增加十多亿元人民币的投资，工期也会延长。另一个方案，是在120年运营期内通过维护性挖泥控制回淤物厚度，这也需要花费数十亿元人民币的维护费用。两种方案不仅耗资巨大，同时也存在两个令林鸣担心的问题，轻质材料的生命期是否能够支撑百年以上？会不会对海洋环境产生巨大污染？从2012年年初开始，林鸣带领的工程队开始寻找替代方法，却苦寻无果。

2012年11月17日，是林鸣记忆深刻的日子。凌晨5点，他脑海中突然闪现出了一个概念，"尝试一下半钢性"，并将这个大胆的创新想法做成了方案，却遭到了专家组的质疑——世界上顶级沉管隧道公司都没有尝试过的新结构，却由没有经验的林鸣团队提出，真的行得通吗？中国人真的行吗？甚至有人告诉林鸣，"不要过度创新"。面对这些质疑，林鸣是这样回答的:"深埋沉管,历史性地摆到了中国工程师的面前,我绕不过去。"后来,经过 8 个月的精细核算,又经过几十名国内外顶级专家讨论验证,终于证明林鸣这个创新构想是成立的。

事实证明,技术上的拦路虎并不能阻挡中国工程师们的脚步,他们"遇山开路,遇水架桥",在林鸣的带领下,港珠澳大桥建设团队自主研发了十几项国内首创且世界领先的专用设备和系统,获得了数百项专利,成功攻克了十余项外海沉管安装世界级工程难题。

精益求精,拿着显微镜走钢丝

建设团队的人曾开玩笑说,林鸣是工程遇到的最大困难——他太精益求精,以至于达到了"吹毛求疵"的地步,是拿着显微镜在走钢丝的人。林鸣自己也说,他们在走世界上最长、行走难度最大的"钢丝",项目施工前后需要经过几百道工序,每一道工序都要做到零质量隐患。

港珠澳大桥一共用了 33 节沉管,管节长 180 米,宽 37.9 米,高 11.4 米,每个沉管重约 8 万吨,相当于一艘中型航母的重量。由于沉管安装需要将沉管浮运到施工现场,并且准确地放入海底 50 米深已经铺好的基床上,而且还要与前一个沉管实现精准对接,有着巨大的难度和挑战,所以每根海底沉管安装都有 16 厘米的容差值。第十根沉管在安装时,实测的容差值到了八九厘米,虽在安全容差值内,但与林鸣预计的五厘米容差有差距,林鸣并不满意这样的结果。经过 100 多天的检查,团队终于发现了问题的根源,重新对第十根沉管进行了安装,对于这样的"折腾",在林鸣看来是对珠港澳大桥的敬畏。

港珠澳大桥的最后接头是一个巨大的楔形钢筋混凝土结构,顶板长 12 米,底板长 9.6 米,重达 6000 吨,这是中国之前从未使用过的"三明治沉管结构",最终接头将被安装到海底 28 米深处的第 29 根沉管和第

30根沉管之间，像一个楔子一样将海底的隧道连为一体。与其他沉管通过浮运安装不同，最终接头的安装采用的是吊装沉放，由于在水下安装，两侧空间严重受限，而且三维方向上互相影响，可用的安全距离只有5厘米左右。在花费了16个小时的第一次对接后，按照工程管理和荷兰专家意见，安装已经成功了，但"吹毛求疵"的林鸣认为不够理想，于是亲自指挥着安装船再次吊起，一厘米一厘米地移动，第二次安装花费了42个小时，最终这个12米长、重6000吨的接头稳稳地放进了28米深的伶仃洋海底，完美镶嵌成功，精度达到了令人不可思议的0.8毫米和2.3毫米。正是对瑕疵的零容忍，才使林鸣成了"拿着显微镜走钢丝"的人。

　　什么样的人生才有价值？回望40年的造桥人生，林鸣做出了很好的回答："桥的价值在于承担，而人的价值在于担当。"造好桥、做好事，担负起中国工程师的职责，就是自己人生的价值。

第三节

与时代同步伐、与人民共命运；
实现人生价值、升华人生境界

一个时代有一个时代的主题，一代人有一代人的使命。中国是一个从来就不乏英雄的国度，不同时代有不同时代的爱国方式、奋斗方式和成就英雄的方式。但无论是哪个时代，青年的成长成才只有与国家民族的大命运交融在一起，担当起更多社会责任和时代使命，与时代同步伐、与人民共命运，才能实现人生价值、升华人生境界。

1. 毛岸英：用年轻的生命保卫新生共和国
——领袖之子，普通一兵

在朝鲜平安南道桧仓郡的中国人民志愿军烈士陵园里，中国人民的领袖毛泽东的长子毛岸英，常年安眠在异国的土地上。

毛岸英是在工人罢工的欢呼声中出生的，那是1922年的10月，就在由毛泽东直接领导的长沙泥木工人大罢工取得决定性胜利的时刻，杨开慧生下了他们的第一个孩子，毛泽东亲自为其取名"岸英"，希望他能像"湘江边苍劲伟岸的大树"一样，成为未来国家的栋梁之材。毛岸英也没有辜负毛泽东的希望,虽身为领袖之子,但他从来都是以普通一兵的标准严格要求自己,他那短暂而朴实的一生,在共和国的历史上留下了耀眼的光芒。

坎坷少年路,培育坚定革命信念

在毛泽东所有亲人中,毛岸英无疑是遭受苦难最多的人,命运并没有因为他是领袖之子而特别眷顾,相反却给了他很多波折。8岁那年,杨开慧被湖南军阀逮捕,他一同被送进了监狱,见识了牢狱的凄惨杀戮,也见证了自己母亲的死亡。杨开慧的坚贞不屈,深深感染着毛岸英,也在他的心中埋下了革命的种子。杨开慧牺牲后,毛岸英被亲友从监狱中接出,不久,便同自己的弟弟一起被送往上海,安置在由党的外围组织开办的大同幼稚园。在幼稚园里,毛岸英和弟弟们度过了短暂的快乐时光。然而,由于叛徒的出卖,幼稚园遭到了破坏,致使毛岸英流落街头,成为孤苦无依的孤儿。在这期间,他当过学徒,捡过破烂,卖过报纸,推过人力车,切身体会到中国贫苦大众生活的艰辛,也使得他比同龄的孩子早熟许多。

1936年底,毛岸英被送到苏联位于莫斯科市郊的莫尼诺尔第二国际儿童院,在那里度过了五年时光。不同于儿童院的其他小朋友热衷于玩耍,毛岸英热爱看书,总是思考与军事、政治和时事相关的问题。1941年6月22日,德国对苏联发动闪电战,苏德战争爆发,战事的蔓延催生了许多少年的从军梦。当时在儿童院,能够上军事学校、上前线与法西斯一决高下,是许多孩子的梦想,当然也包括毛岸英。只不过当时的苏联有明文规定,凡是国际儿童院的孩子,一律不得应征入伍。

这份文件并没有抵挡住毛岸英参军的热情。1942年5月,毛岸英带着昂扬的激情给斯大林写了一封信,表达了自己想要上前线的愿望。他写道:"我不能看着德国法西斯的铁蹄蹂躏您的国土,我要替千千万万被杀害的爱好和平的人们报仇。"终于,毛岸英的愿望实现了,1942年的下半年,在共产国际的安排下,毛岸英上了6个月的军事速成班,随后又转到了伊万诺沃雅士官学校学习。1943年毛岸英从军校毕业,被授予中尉军衔,那时的苏德战争苏联已经取得绝对性胜利,战场转到了苏联国界之外,一腔热血的毛岸英坚决要到前线去,并随部队转战欧洲战场,参加了解放白俄罗斯、波兰和捷克的战斗。

在苏联的近十年时间里,毛岸英从一个儿童成长为具有高尚革命主义和英雄主义情怀的战士,不仅学到了许多的军事知识,更坚定了自己的共产主义理想信念,也让他对战争有了更加深刻的理解。

扑下身子,扎根中国革命的土壤

1946年1月,24岁的毛岸英回到了祖国延安,回到了阔别18年之久的毛泽东身边。父子在一起只吃了两天饭,毛泽东便要毛岸英到机关食堂吃大灶。鉴于他常年生活在苏联,对中国的国情和文化、农民和农村并不是很熟悉,为了让毛岸英补上中国革命这一课,毛泽东便安排他到当时陕甘宁著名的模范吴满有家学种地,上"劳动大学"。

毛岸英愉快地接受了父亲的建议和安排,迅速整理好行李,步行去了30里外的吴家枣园。在这里,毛岸英坚持与群众同吃同住同劳动,向吴满有虚心请教各种农活,手上的水泡、身体的疲惫都给他上了生动的一课。在实践中,毛岸英对于中国农民和农村有了深刻的认识,也是在这一年,他申请加入了中国共产党。不久,毛泽东又安排毛岸英去山西临县参加土改,他写信报告父亲说:"两个月的收获比蹲在延安机关学习两年还多。"此后,毛岸英又陆续到冀中、山东搞过土改,但无论走到哪里,他从不以领袖的儿子自居,而是扑下身子努力和普通群众打成一片。

身为领袖之子,毛岸英不仅严格要求自己不搞特权,对于亲属他也能做到"不近人情"。新中国刚刚成立之时,毛泽东已故妻子杨开慧的哥哥杨开智,想要走后门,请毛泽东安排职务,被毛泽东拒绝后,杨开智又给在北京工作的向三立写了封信,由向三立向毛岸英求情,却遭到了毛岸英的拒绝。他在给向三立的回信中这样写道:"新中国之所以不同于旧中国,共产党之所以不同于国民党,毛泽东之所以不同于蒋介石,毛泽东的子女妻舅之所以不同于蒋介石的子女妻舅,除了其他更基本的原因以外,正在于此:皇帝贵戚仗势发财,少数人统治多数人的时代已经一去不复返了。靠自己的劳动和才能吃饭的时代已经来临了。"[①]此外,毛岸英还向他们阐述了共产党的"人情"观,对于与人民利益相符合的"人情",共产党要发扬光大使其更加有利于人民,但是对那些与人民利益相矛盾的"人情",共产党坚决站在人民利益方面,即便"大义灭亲"亦在所不惜。毛岸英的这种反对特权思想和作风的行为直到今天依然具有巨大的时代价值。

领袖之子,更是合格一兵

身为领袖之子,毛岸英常在日记中这样问自己:"我做毛泽东的儿子合格吗?"去朝鲜前,他也曾问过父亲,毛泽东说:"等你回来,爸爸给你个答复。"没想到,这一去就是永无归期。

1950年10月,抗美援朝战争爆发,新婚不久的毛岸英立即向准备挂帅出征的彭德怀祈求入朝参战,他的想法遭到许多人的反对,却得到了毛泽东的支持。随后,毛岸英随志愿军部队开赴朝鲜,到司令部任俄语翻译兼机要秘书。

[①]《毛岸英写给亲戚的一封信》,载《党的生活(黑龙江)》2010年第1期。

在志愿军司令部，很多人知道毛岸英的身份，所以最初大家和他相处总是有些拘谨。但时间长了之后发现，毛岸英性格平易近人，并非大家想象中的那么神秘，他不管对谁，总是和蔼可亲、十分热情，一点领袖儿子的架子也没有，大家也就慢慢地和他熟悉起来。对待工作，毛岸英时刻以一名优秀的机要秘书要求自己，严谨自律，尤其是在遵守保密规定方面，对自己要求最严。虽然他是彭德怀的机要秘书，但每次取送电报，从不往机要室里多迈半步，每当遇到译电员翻译电报，也从不问不看。白天，他和大家一起在彭总办公室工作，晚上就和机要处的同事一起睡在用稻草搭的地铺上。因为生活环境太差，每日吃粗高粱米，睡草席地铺，毛岸英的身上长满了虱子，即便如此，他也从未想过搞特权，彭德怀曾多次提出让毛岸英和他一起吃饭，都被毛岸英谢绝了。

1950年11月24日上午，机要处收到了情报处送来的"明天敌机要来轰炸志愿军司令部"的破译电报。25日上午，就在毛岸英和几位参谋正在作战值班室紧张工作时，美军投下的凝固汽油弹击中了作战室，毛岸英壮烈牺牲，年仅28岁。在朝鲜战场上的这短短34天，毛岸英没有做出如同邱少云、罗圣教、黄继光、杨根思那样的英雄壮举，也没有获得任何荣誉称号和纪念奖章，但是作为领袖的儿子，他保持了朴实、普通一兵的本色，当祖国和人民需要的时候，他挺身而出，献出了自己壮丽的青春。作为志愿军中的一员，他是中朝人民心中最可爱的人。

2. 雷锋：把有限的生命投入到无限的为人民服务中去
——把小我融入大我的平凡人生

雷锋，原名雷正兴，1940年12月18日出生于湖南长沙市，1962年8月15日牺牲。虽然只在这个世界上生活了7912天，但雷锋却把有限的生命都投入到了无限的为人民服务中去，让平凡的人生焕发出永恒的光芒，成为一个时代的标志和精神的象征。雷锋精神鼓舞着一代又一代的中国青年，青春无悔，奋斗不息。

坚决听党的话，一辈子跟党走

1940年12月18日，在湖南省望城县安庆乡的一个贫苦农民家庭中诞生了一个婴儿，他就是雷锋。雷锋小名庚伢子，原名雷正兴是他叔叔给他起的名字，寓意家道兴旺。然而，他的家庭并没有像他的名字那样家道兴旺。

雷锋3岁那年春节前夕，爷爷被地主逼死。4岁时父亲被日军抓去当挑夫，第二年春天，父亲因遭到日军毒打无钱治病而去世，年仅13岁的哥哥在外当童工不幸染上肺结核而死。7岁那年，母亲因被逼悬梁自尽。

悲惨的童年给雷锋幼小的心灵蒙上深深的阴影。幸运的是，在他9岁那年，新中国成立了。1949年全国解放，曾经伤害过雷锋一家的大地主被打倒。1950年土地改革后，雷锋不仅分到了3.6亩耕地、基本日用品，还得到了免费在刘家祠堂上学的机会。

10岁入学的雷锋知道，这来之不易的学习机会是伟大的中国共产党带来的，所以上课第一天，他就要求老师教他写"毛主席万岁"。正是从那时起，他就把自己的命运与中国共产党的命运紧紧联系在了一起。雷锋怀着一颗赤子之心，把党当作自己的母亲，从而把自己的一生毫无保留地献给了党和人民。他在日记中这样写道，"坚决听党的话，一辈子跟党走"。党让去哪里就去哪里，他是这样说的，也是这样做的。

小学毕业后，雷锋积极响应党的号召，在农村开展扫盲运动，普及基础文化知识。后来，到乡政府工作，由于工作表现突出，又被乡里推荐到望城县机关工作。在这里，雷锋加入了共青团，更加勤奋努力地工作，多次被评为机关模范、社会主义建设积极分子。

1958年秋，雷锋再次响应党的号召，成为一名鞍钢工人。雷锋在填写鞍山钢铁公司招工表时，想把自己的名字改成雷峰，时任县委书记张兴玉对他说，你是到钢铁厂，钢、铁、铜、银都要有金，改成锋吧。这样，雷正兴就正式改名雷锋。

在鞍山的9个月零5天时间里，雷锋刻苦学习，迅速成长为一名工人先锋，3次被评为先进，5次被评为红旗手。1960年当兵入伍，编入工程兵运输连，入伍不到3年，雷锋就荣立二等功一次、三等功三次，被评为"节约标兵"和"模范共青团员"，并被选为抚顺市人民代表。

干一行、爱一行、钻一行

雷锋在每一个岗位上都脚踏实地、忠于职守、勤勉敬业，把实现崇高的理想落实到本职工作岗位上，干一行、爱一行、钻一行，成了一颗永不生锈的"螺丝钉"。

在望城县机关工作的一年多时间里，雷锋工作非常积极，表现出了很强的敬业精神。1957年，为了彻底消除本地区多年的沩水水患，湖南省湘潭地区及沩水河沿线的几个县决定根治沩水。望城县委在生产大队的山庙里成立了指挥部，那里工作条件艰苦、生活环境差，不少人望而生畏、闻而却步。雷锋却多次找到县委领导，强烈要求参加这次治水工程。领导考虑到雷锋的身体情况，劝阻他不要去，但最终还是经不住雷锋的多次苦求，只得派他去当了通讯员。这是一个苦差事，当时的施工工地交通极其不便，没有任何交通工具，整个工地11个大队2万多人，分布在20余华里的狭长地域上，下通知、发报纸、送文件全靠步行来回跑。但雷锋从来不叫苦叫累，无论冰天雪地、刮风下雨，还是白天黑夜，他总能高标准完成任务。

1958年，刚来到鞍山钢铁公司时，雷锋被分配在鞍钢化工总厂洗煤车间当推土机手。为了能尽快学会开推土机，他总是来得最早、走得最晚，埋头苦干，努力掌握驾驶推土机的技术，结果不出一个月他就能单独驾车作业了。由于雷锋个头小，在驾驶室坐下看不到前铲，站起来又会碰到脑袋，一天只能猫着腰驾驶。看到这种情况，车间领导想让他驾驶小型推土机，他却不愿意开小车，因为小车干活慢，他说："我有十分力，决不使九分九。"正是有了这种不怕吃苦、敢于拼搏的精神，雷锋不仅总是出色完成任务，还带出了一帮技术过硬的学员。

1960年，雷锋光荣地加入了中国人民解放军。参军后，由于个子小、体能弱，他利用一切机会锻炼提高自己的体能技能。练习投手榴弹，别人投一次，他反反复复练习几十次；体能不行，别人都在休息时，他坚持练习肌肉力量，练短跑增加爆发力，练长跑提高身体耐力，最终突破了体能弱项，在最终的考核中取得了优异成绩。

雷锋经常问自己："如果你是一颗最小的'螺丝钉'，你是否永远的坚守岗位？"正是有了这种永不生锈的"螺丝钉"精神，他始终保持初心不变，真正做到了干一行、爱一行、钻一行，用自己的实际行动为新时代青年树立了榜样。

甘心情愿做服务人民的"傻子"

毛泽东说过，一个人做点好事并不难，难的是一辈子做好事，不做坏事。雷锋就是这样一个人，他一辈子只做好事，乐于助人，甘于奉献，时时处处以党、人民和祖国的利益为重。

雷锋非常节俭，自己吃粗粮、穿旧衣，袜子补了又补。他有一双"千层底"的袜子，里里外外补了18个补丁。部队开运动会，许多人买汽水喝，他却不舍得花那几毛钱，就喝白开水，有战士说他是"小抠"。

雷锋对自己很"抠"，但是当国家有需要、别人有困难时，他总是非常大方。1958年，雷锋响应望城团县委发出的建立青少年拖拉机站的号召，拿出自己积攒的二十元捐给了拖拉机站。参军入伍后，雷锋一次外出，看见当地人民群众敲锣打鼓庆祝抚顺市望花区和平人民公社成立，于是他把平时节约下来的一百元捐了出来。当他从工友的信中得知辽阳发大水后，偷偷将自己多年积攒下来的一百元捐献给了辽阳灾区人民……在鞍钢时，他有一个工友叫刘大兴，因为家庭生活困难，他母亲希望他能给家里寄五十元钱，刘大兴只能拿出二十元。雷锋得知此事后，毫不犹豫拿出三十元，顺利解决了刘大兴的家庭困难。炼焦工人王大修不慎将工资、粮票、饭票全弄丢了，他就主动把自己的十元钱和八斤粮票给了他。

雷锋做的好事太多太多了。再比如，给家庭生活困难的小学生买学习用品，鼓励他们好好读书；利用周末时间到焦化厂附近的生产队参加拔草、掰苞米、打场等义务劳动；参军后，星期天到建筑工地义务劳动，帮工人们干活；出差时在火车上扶老携幼，护送迷路的老人回家……做一个有利于人民、有利于国家的人，就是雷锋的价值追求。他在日记中写道："如果说这是'傻子'，那我是甘心情愿做这样的'傻子'的。革命需要这样的'傻子'，建设也需要这样的'傻子'。"正因为雷锋将"小我"融入祖国和人民的"大我"中，甘心情愿做服务人民的"傻子"，才用平凡人生创造了不凡的青春之旅。他才成为人民心中的精神标识，指引着广大青年奋斗的前进方向。

雷锋虽已远去，但是雷锋精神将永存。雷锋精神是社会主义核心价值观的生动体现。新时代的中国青年要以雷锋为榜样，传承雷锋精神，树立正确的世界观、人生观、价值观，爱岗敬业、忠于职守、无私奉献、全心全意为人民服务，将个人理想融入实现民族复兴的伟大梦想中，争做新时代"雷锋精神"传承者,不断奋斗,在平凡岗位上谱写自己的人生华章。

3. 宋鱼水:辨法析理守护公平正义
——把公正视为生命的优秀人民法官

宋鱼水,1989年毕业于中国人民大学法律系,随后进入北京市海淀区人民法院经济庭工作,现为中华全国妇女联合会副主席(兼),北京知识产权法院党组成员、副院长兼政治部主任,2006年被授予"全国优秀共产党员"称号,"100位新中国成立以来感动中国人物"。30多年来,她与法庭和法槌形影不离,从经济庭到知产庭,再到知产院,从书记员到副院长,从普通党员到党的十九大代表,一步步走来,她见证、参与、推动了中国司法事业的发展进步。时代在改变,职位在改变,但宋鱼水不忘初心,永远把人民、当事人放在首位,把公正视为生命,宋鱼水被众多当事人评为"辨法析理,胜败皆服"的好法官。

不忘初心,永远把人民放在首位

宋鱼水出生在山东蓬莱一个距县城60多公里的小山村,11岁那年家中突遭大变,母亲突然腿动不了卧病在床,做家务和照顾弟弟们的重担完全落在宋鱼水身上,她因此甚至一度辍学。但勤奋好学的宋鱼水并没有放弃学业,学习优秀的她拿到了中国人民大学法律系的通知书,并靠着每个月国家提供的18元钱助学金读完了大学。

1989年,经过专业、严格的知识训练,宋鱼水从中国人民大学法律系专业毕业,成为北京市海淀区经济庭的一名法官。手握公权力的宋鱼水并不轻松,相反她时刻感受到自己肩上责任的重量。由于生长在农村的土壤，宋鱼水深知对于普通百姓，尤其是社会的弱势群体来说，制度和规则的公平性具有重大意义。他们的一生可能就进一次法院，若是受到不公正对待，就会在心中留下深深的伤痕，也会严重损害法律的威信。宋鱼水深深地明白，只有成为一个公正的法官，正确行使公权力，使当事人感受到公正的力量，才是自己身为法官最大的意义所在，也是对人民和法律最大的敬畏。

虽已从业三十载，但宋鱼水永远记得第一次独立办案，那是一件极普通的农民工讨薪案。二十多岁的农民工给餐馆送了一年的菜，可却没收到一分报酬，临近年关他去餐馆要账，不仅没要到钱还被人连推带搡地赶了出来。看着穿着皱巴巴衣服、垂头丧气坐在法院走廊里的农民工，宋鱼水心里不是滋味，她知道一年的菜钱、工钱对这名农民工意味着什么。她顶着寒风去找餐馆老板，了解情况，终于顺利结案，让农民工拿到了自己应得的工钱。年轻的小伙子拿着薄薄的一沓钞票，流下激动的泪水。这泪水也流在宋鱼水的心上，成为她不能忘却的初心——永远把人民放在首位。可能对于法院来说，帮民工追菜钱不过是众多案件中的一件小额案件，但在宋鱼水看来，小额不等于小数，每个人的权利和尊严都应受到同等的尊重，不管这个人是卖菜的还是亿万富翁。这也是她和自己的约法三章：公平地对待每个当事人。

从业三十年来，宋鱼水就像她的名字一样，对待百姓如水般温柔。在她的心中，当事人的分量总是最重，为了处理好每一起案件，她不知疲惫，精益求精。在处理《十送红军》的著作权侵权案时，宋鱼水为了做到公正、求实，她阅读了四五十页的开庭笔录和大量相关资料，不仅逐字阅读相关法律文件，连音乐入门的书籍也不轻易放过；一起案件中，一名老人带着对被告的情绪在法庭上将双方的纠葛从头到尾讲了个遍。宋鱼水不仅没有打断，在耐心地听完后，还结合法律规定归纳了老人讲话的要点,并向老人确认归纳得是否准确;每次写判决书时,她总是改到不能再改才发给当事人,对于败诉的一方,也尽可能地将判决理由写得更加深入、细致,让双方当事人心服口服,真正做到案结事了。

廉洁自律,永葆党员本色

在宋鱼水办公室的箱子里,满满当当地放着她获得的几十本荣誉证书,全国优秀共产党员、中国十大女杰、全国劳动模范和先进工作者、全国三八红旗手、全国模范法官……这都是靠着她扎实工作、秉公执法得来的。对宋鱼水来说,荣誉很重要,这是"亿万群众审视的目光",但更重要的是这些荣誉可以时刻提醒她,吃水不忘挖井人,身为共产党人,清白是法官必须坚守的职业和道德底线。

国徽在上,法袍在身,天平在心。几十年来,宋鱼水没有收过当事人一件礼品、一分钱财。在正义的天平前,她总是毫不犹豫地选择法官的身份,从不给别人质疑自己的机会,尤其在牵扯到人情案时,她总会温柔而有力地拒绝。由于宋鱼水就读的中国人民大学就在海淀区,曾经的许多校友、同学办企业、当律师,当遇到案子时常常会来找宋鱼水,希望能够通融一下。但无一例外,宋鱼水坚定立场毫不动摇,她总是诚恳地鼓励他们去收集最为有力的证据,书写最有说服力的代理词,在法庭之上靠事实来赢得诉讼。除此之外,宋鱼水表示无能为力。不仅如此,为了保证案件审理的公正性,宋鱼水也总是主动回避那些有自己亲友、同学的案子。

许多当事人在经过宋鱼水的调解后,对结果非常满意,常常邀请她出席联谊活动、观光旅游,当接到这些电话时,宋鱼水也会温婉地说自己很忙:"我有权代表国家审判,但无权代受谢意。"在宋鱼水看来,只要不贪心,便没有推不掉的人情。对于如何保持廉洁,宋鱼水并没有大道理,她的话朴实到令人感动:"法官是用老百姓纳税的钱来培养的,是吃官粮的;我爱我的职业,所以我维护它。若是想赚钱,我可以不做这个职业。"

守得住寂寞、耐得住清贫,从业30多年,与做律师的同学相比,宋鱼水的生活实在算得上普通,但她从未后悔过选择法官这个职业,也从未想过用公权力谋私,正如她那句如格言一般的话:"一个优秀律师后面可以有百万家产,一个合格法官背后,只能有洁白朴素的生活。"

爱岗敬业,争做专家型法官

宋鱼水是我国知识产权事业发展的参与者、见证者和推动者。从经济庭转到知识产权庭已有20年,在这20年时间里,宋鱼水和同事们坚持研习法理、开拓创新,审理了众多极具代表性与创新性的"第一案",推动了我国知识产权事业的长足进步。她和同事们开创性地以"丧失商业信誉"为由,成功办理经销权撤销案,在全国首次使用"诉讼禁令",在全国首次适用"部分判决"……这些骄人成绩的背后,是宋鱼水几十年如一日的刻苦学习,因为她明白,在新的历史形势下,想真正做到司法公正、司法为民,只凭着一腔热忱是不够的,还必须有过硬的专业知识,这样才能不断解决审判实践中出现的新问题。

宋鱼水常说自己不是个很聪明的人,永远都是学生。工作之余,她阅读大量的图书,从书本中积累理论,也尽可能多地参与到实践中去,观摩开庭、讨论案件、考察交流,在实践中学习、思考、积累经验。1998年,宋鱼水拿到了中国人民大学的法律专业硕士学位,2001年经过刻苦的外语训练和考试,她又前往荷兰进修。2002年,宋鱼水通过竞选,成为全国第一家基层法院知识产权庭——海淀法院知识产权庭的庭长。成为庭长之后,事务变得繁忙起来,但她依然不忘学习,磨砺自己的专业技能。通过对自己以往审判经验的回复和总结，宋鱼水写下了多本学术专著，都成为业内学习的范本。

  不仅如此，宋鱼水还花费大量时间思考知识产权司法保护的制度建设，和同事们共同推动了法院的诸多创新措施，她参与审理的多起知识产权纠纷案已成为业内的经典案例和审判范本。如今，宋鱼水在业务领域已经是知识产权纠纷审判的专家，但她始终不骄不躁，坚持从书本学习、从实践中学习、向身边人学习。若遇到疑难案件，她就会找法官们一起组成合议庭研究、审理，细细琢磨案件的法理细节，力争审判结果的公平公正。正是靠着这种刻苦钻研的精神，宋鱼水一步一个脚印，从基层法官成长为北京知识产权法庭庭长，承担起更大的社会责任。然而，无论身处何地，宋鱼水的心中永远装着人民和法官的职责。

青春宣言

李大钊——铁肩担道义，妙手著文章。

李大钊——不驰于空想，不骛于虚声。

李大钊——一个人如果没有努力为之追求的理想和信念，就等于没有灵魂。

夏明翰——砍头不要紧，只要主义真。杀了夏明翰，还有后来人！

江竹筠——毒刑拷打，那是太小的考验。竹签子是竹子做的，共产党员的意志是钢铁！

杜润生——爱人民首先要爱农民。

方永刚——不管癌症是中期还是晚期，我研究传播党的创新理论没有限期！我能舍弃我的生命，但不能舍弃我的事业；我不惧怕癌症，但我害怕离开我最钟爱的三尺讲台！

方永刚——我要让我的每一堂课都讲成精品。

林　鸣——不是说超级工程就超级态度，一般工程就一般态度。人生只有一个标准，只有一种态度，那就是不断奔跑，把每件事做好。

林　鸣——桥的价值在于承担，而人的价值在于担当。

毛岸英——反动派常骂共产党没有人情,不讲人情,如果他们所指的是这种帮助亲戚朋友、同乡同事做官发财的人情的话,那么我们共产党,正是不讲这种人情。

雷　锋——人的生命是有限的,可是,为人民服务是无限的,我要把有限的生命,投入到无限的为人民服务之中去。

雷　锋——有理想有出息的青年人必定是乐于吃苦的人。

宋鱼水——一个优秀律师后面可以有百万家产,一个合格法官背后,只能有洁白朴素的生活。

宋鱼水——为人民服务不仅是责任,为人民服务是最大快乐。

第二章

新时代中国青年要热爱伟大祖国

习近平总书记在纪念五四运动100周年大会上的讲话中指出:"对每一个中国人来说,爱国是本分,也是职责,是心之所系、情之所归。对新时代中国青年来说,热爱祖国是立身之本、成才之基。当代中国,爱国主义的本质就是坚持爱国和爱党、爱社会主义高度统一。新时代中国青年要听党话、跟党走,胸怀忧国忧民之心、爱国爱民之情,不断奉献祖国、奉献人民,以一生的真情投入、一辈子的顽强奋斗来体现爱国主义情怀,让爱国主义的伟大旗帜始终在心中高高飘扬!"新时代中国青年要积极拥抱新时代、奋进新时代,让青春在为实现祖国的繁荣强盛和中华民族的伟大复兴中焕发出更加绚丽的光彩!

第一节

热爱祖国是立身之本、成才之基

对青年来说,每个人的成长进步都与国家息息相关。热爱祖国是国家对青年人的最基本要求,也是青年人融入社会、成长成才的前提和基础。在中国革命、建设和改革中,许多热血青年身怀爱国之心,永怀爱国之情,用自己的行动践行着爱国承诺。

1. 钱学森:系统工程才是我一生追求的
——学成必归、报效祖国的人民科学家

钱学森,汉族,祖籍浙江临安市,1911 年 12 月出生于上海。1929 年,钱学森考入国立交通大学机械工程系,1935 年经公派留学进入美国麻省理工航空系,1936 年转入著名的加州理工学院航空系,师从空气动力学大师冯·卡门,先后获得航空工程硕士学位和航空、数学博士学位。钱学森 28 岁即成为世界知名的空气动力学家,36 岁成为麻省理工最年轻的终身教授。1955 年,钱学森回国,1959 年 8 月加入中国共产党,被誉为"中国导弹之父""中国航天之父""火箭之王",2007 年被评为感动中国年度人物。

思维敏捷又富于智慧的中国学生

1935 年 8 月，钱学森搭乘轮船从上海远赴美国求学。看着渐渐远离的祖国，钱学森默默地对自己说："再见了，祖国。你现在豺狼当道，混乱不堪，我要到美国去学习技术，他日归来为你的复兴效劳。"

到达美国后，钱学森进入麻省理工学院航空系学习。那一届学生中，钱学森的学习表现一直非常出色。根据当时美国的教育规定，学工程的学生都要进工厂实践，当时的美国航空工厂普遍歧视中国人。这让钱学森无法忍受，于是一年后他开始转学航空工程理论。

冯·卡门是当时加州理工学院航空系大名鼎鼎的空气动力学教授，在 20 世纪 30 年代初，航空科学还刚刚起步。当时被誉为"超音速飞行之父"的冯·卡门是这一领域的顶尖人物。出于对冯·卡门的敬仰，1936 年，钱学森转到加州理工学院学习。

钱学森找到冯·卡门，冯·卡门教授仔细地打量着眼前这位远道而来的年轻中国人，随即向他提了几个学术方面的问题。钱学森迅速而又准确的回答让冯·卡门暗自赞许。他很高兴地收下了这位思维敏捷而又富于智慧的中国学生。

1945 年，美国成立空军科学咨询团，任命冯·卡门为团长，钱学森自然地成为该团的成员之一。"二战"德国战败后，钱学森随团到达了欧洲，他们此行的目的很明确——专门考察航空和火箭技术。1947 年，36 岁的钱学森被聘为麻省理工学院教授。1950 年，在美国联邦政府开展的"忠诚—安全审查"行动中，钱学森因牵涉一个有关共产党员的调查而受到美国政府的监视。就在受监视期间，钱学森除了正常的教学外，还积极开展学术研究，发表了《从地球卫星轨道上起飞》，出版了《工程控论》，展现出了他在这个领域中的非凡成就。1955年，钱学森在启程回国前专门去向他的老师冯·卡门告别，冯·卡门对他这样评价："你现在在学术上已超过了我！"

曲折的归国路

当中华人民共和国宣告诞生的消息传到美国时，正值麦卡锡主义在美国盛行。钱学森因一次私人聚会受到牵连被调查，但他拒绝揭发自己的朋友，因此被美国政府怀疑为共产党人。紧接着美国军事部门就吊销了钱学森参与机密研究的证书。无法参与本专业核心课题的研究，这令他非常气愤，钱学森以此为理由要求立即回国。

令钱学森没有预料到的是，他的回国意愿竟酿成了一场劫难！时任美国海军部次长甚至说："钱学森知道所有美国导弹工程的核心机密，一个钱学森抵得上5个师的兵力，我宁可把这个家伙枪毙了，也不能放他回中国去！"一开始只是移民局的人过来抄家，紧接着调查升级，进而将钱学森关在了特米那岛上，一关就是14天。最终还是钱学森所在的加州理工学院支付了1.5万美元的保释金，美国当局才释放了他。后来，钱学森准备回国时美国海关又扣留了他的行李，因为海关的工作人员认为钱学森的行李里面装有不能带走的"机密材料"。

1954年4月，日内瓦会议召开。中方在会议上明确提出：要求美方停止扣留钱学森等中国留美人员。但美方无理地拒绝了中方的正当要求。7月21日，日内瓦会议闭幕。但从7月22日起，中美双方进而商定在日内瓦进行领事级会谈以保持沟通。为了进一步表示我方的诚意，中国单方面释放了4名美国飞行员。但中方的诚意并没有得到美方的积极回应，美国代表约翰逊认为：中国还无法拿出钱学森想要回国的真实证据。

就在一切近乎一筹莫展之际，陈叔通（时任全国人大常委会副委员长）收到了一封从大洋彼岸寄来的信。他拿到信打开一看，信里的署名赫然写着三个字——"钱学森"，主要内容是请求祖国政府帮助他回国。陈叔通不禁心头一震，立刻把这件事报告给了周恩来总理。

周总理当即做出了部署，并指示正在日内瓦的王炳南："这封信很有价值。这是一个铁证，美国当局至今仍在阻挠中国平民归国。你要在谈判中，用这封信揭穿他们的谎言。"

在谈到钱学森的回国问题时，约翰逊还是那个理由："没有证据表明钱学森要归国，美国政府不能强迫命令！"这一次，王炳南亮出了钱学森的署名信件，并以此为证据驳斥了约翰逊的说辞："既然美国政府早在1955年4月间就发表公告，允许留美学者来去自由，为什么中国科学家钱学森博士在6月间写信给中国政府请求帮助呢？显然，中国学者要求回国依然受到阻挠。"在实实在在的证据面前，美国的谈判代表约翰逊一时无言以对，最终不得不批准了钱学森的回国要求。

1955年8月4日，钱学森收到了一份书面通知，美国移民局允许他回国！1955年9月17日，这注定是一个不平凡的日子，钱学森携带妻子和儿女，一家人踏上了返回祖国的旅途。

当朱兆祥代表中国科学院的科学家去迎接钱学森，他们见面后钱学森说的第一句话就是："我一直相信，我一定能够回到祖国的，今天，我终于回来了！"

荣誉等身的科学家

回国后的第二年，钱学森就向党中央、国务院建议："要尽快建立起国防航空工业。"党中央、国务院和中央军委高度重视钱学森的意见和建议，迅速成立了"航空工业委员会"——导弹、航空科学研究的领导机构。

1956年，在钱学森的组织和领导下，我国组建了第一个火箭、导弹研究所——"国防部第五研究院"，钱学森任首任院长。在他的主持下，我国先后完成了一系列重要的国防科工项目：完成了近程导弹、中近程导弹和中国第一颗人造地球卫星的研制和发射，进行了中近程导弹运载原子弹"两弹结合"试验，制定了第一个星际航空的发展规划，进而在他的主持下发展和建立起了工程控制论、系统学等。作为中国近代力学和系统工程理论与应用研究的奠基人和倡导人，钱学森在空气动力学、航空工程、喷气推进、工程控制论、物理力学等技术科学领域都做出了开创性的贡献。1959年，钱学森加入中国共产党，紧接着就当选中共第九至十二届中央候补委员，并担任了第六、七、八届全国政协副主席。

1956年，钱学森获得了中国科学院自然科学奖一等奖。1979年，归国24年后的钱学森获美国加州理工学院杰出校友奖。1985年，钱学森获国家科技进步特等奖，4年后又获"世界级科技与工程名人奖""小罗克韦尔奖章"和国际理工研究所名誉成员称号。1991年，钱学森获国务院和中央军委分别授予的"国家杰出贡献科学家"荣誉称号和一级英雄模范奖章。到1999年，钱学森又获中共中央、国务院、中央军委授予的"两弹一星功勋奖章"。2008年，钱学森被评选为"感动中国2007年度人物"，第二年又被凤凰卫视等全球十几家中文媒体授予"影响世界华人终身成就最高荣誉大奖"。

有人说，钱学森的回国使中国导弹和原子弹的研究进程至少提前了20年。钱学森的一生，就如同感动中国组委会在给他的颁奖词中所描述的那样："在他心里，国为重，家为轻，科学最重，名利最轻。五年归国路，十年两弹成。他是知识的宝藏，是科学的旗帜，是中华民族知识分子的典范。"

2. 黄大年：以身许国，甘于奉献
——不忘初心、至诚报国的殷殷志士

黄大年，男，1958年8月28日出生，中共党员，广西南宁人，汉族，教授，博士生导师。1981年12月，黄大年毕业于长春地质学院，毕业后赴英国留学。2009年12月，黄大年由国家"千人计划"回到中国，曾担任吉林大学地球探测科学与技术学院全职教授，长期从事教学和科研工作。作为国家"863计划"首席科学家，黄大年率领的科研团队取得的成果填补了多项国内空白，部分成果达到国际领先水平，为深地资源探测和国防安全建设做出了突出贡献，荣获中国侨界贡献奖。2017年1月8日13时38分，黄大年教授因病医治无效在长春逝世，享年58岁。

一定要回来！

"竭尽全力、鞠躬尽瘁、不计得失。从海漂到海归，得益于国家强大的后盾。只要大家努力和坚持，一定能实现强国梦……青春无悔、中年无怨、到老无憾。""叶落可以归根，但作为高端科技人员在果实累累的时候回来更好，最有价值，带着经验、技术、想法和追求回来，实现报国梦想。"这是回国后不久黄大年在他的微信朋友圈中写下的两段话。

1958年，黄大年出生于广西南宁，出生后不久就随父母下放到广西东南的一个小山村。1977年，黄大年考入了长春地质学院，获得学士和硕士学位，毕业后留校任教。任教6年后，黄大年受"中英友好奖学金项目"资助，赴英攻读博士学位。1996年，黄大年回国后不久又远赴英国，在英国剑桥ARKeX航空地球物理公司任高级研究员12年，同时还担任研发部主任，长期负责海洋和航空快速移动平台高精度地球微重力和磁力场探测技术工作。这个工作的名称可能让人感到有些陌生，但这

项技术的用途却很关键：它能确定海下是否有石油等矿藏，同时还能确定水下是否有潜艇等敌方武器装备的入侵。

在海外的研究工作正逐步深入开展时，黄大年突然接到了父亲的电话，他在电话里嘱咐道："儿子，你可以不孝，但不可不忠，你是有祖国的人！"

"一定要出去，一定要回来"，这是黄大年的信念。在参与有关中国的项目研究中，身在海外的黄大年了解到我国发展海洋经济的需求，深感自身责任重大。科学无国界，科学家却有自己的祖国，祖国利益始终是高于一切的。随着自身研究能力的提升和其参与的科研工作的逐步深入，黄大年回国的愿望愈加迫切，他在积累着能量并等待着机会。

2008年，国家制订了引进海外高层次人才的"千人计划"，面对来自祖国的呼唤，黄大年认为回国的时机已经到了。

黄大年毅然放弃了他在伦敦的一栋高级别墅，还有妻子苦心经营的私人诊所，选择回国。黄大年跟人讲起当初回国时的情形时，形容"像逃亡一样离开，房、车、满库房的药品，都顾不上了"。面对丈夫所做的决定，妻子也有不解，但黄大年说："我一定要回去，你要在这里过优越的生活，我们只有分开。"就这样，黄大年为了心中的信念，始终坚定不移。

黄大年的回国在当时的国内外引起了一场轩然大波。回到母校吉林大学的第6天，黄大年与母校签下了全职教授合同，并入选了国家"千人计划"。黄大年是国际航空地球物理研究领域的著名科学家，他的思维独特，方法超前，集纳各方研究成果，用于特殊领域。回国后的他并没有直接跟有关部委谈科研经费的事，但有关部门还是给予了他4.4亿元的科研经费支持。黄大年带领着全国各院校400多名师生开展跨学科研究，组成了面向全国的高层次跨学科科研团队。

开启地球之门

人类能看到地球深处多远？这个困扰着人类的难题正是黄大年团队的研究方向。黄大年参与研究的深部探测关键仪器装备就可以使神秘莫测的地球变得"透明"。

回国前，黄大年就已经是国际知名的科学家。他对关键核心技术的重要性有切身的体会。中国虽然在很多领域开始了自己的研究，但唯有"创新"才能"弯道超车"，抓住机遇赶超世界潮流。

回国7年间，正是怀着报效国家的一腔爱国热情，黄大年作为东北地区首位引进的"千人计划"专家，和400多名科学家一道，创造了多项"中国第一"，填补了我国"巡天探地潜海"领域的多项技术空白。更为难能可贵的是，他带领团队在对中国的"深部探测技术与实验研究"项目进行研究和技术攻关的过程中，仅仅5年中所取得的科研成果就远远超过了过去50年的。以著名的"深部探测关键仪器装备研制与实验"项目结题为标志，中国的深部探测能力已达到了国际一流水平，个别领域甚至已经达到了国际领先水平，为深地资源探测和国防安全建设做出了突出贡献。

国际同行纷纷发出感叹：中国一夜间就进入了"深地时代"。而黄大年课题组的下一个目标就是使我国在30～50年的时间内，能够在航空地球物理领域达到"巡天""探地""潜海"，正式开启地球之门。

而在这些辉煌成果的背后，是黄大年"拼命黄郎"式的工作方式。

黄大年工作是出了名的"拼命"，他的办公室所在地——长春地质宫每晚10点就要关门，但黄大年经常在办公室一坐就忘了时间，时常是工作到凌晨两三点才下班。有时候出差回来不回家，直接赶到办公室就开始准备第二天的工作。他的同事对此都习以为常，但楼下传达室的大爷不愿意了——因为深夜总被黄大年叫醒开门。后来有人告诉了大爷黄大年的有关事迹，这位传达室的大爷也深受感动，进而对黄大年产生了深深的敬意，每次遇到黄大年就说："黄教授，您无论多晚进出，喊我一声就行！"

最想当个教师

"严师""慈父"——这是学生们对他们的老师黄大年教授的定义。

"他最关心的是要带出一批像样的年轻人，就是能到国际舞台上，能够站得住脚，能够有话语权，甚至掌握领先科技的一批人。""他非常着急的就是这件事，最愿意做的就是教书育人，最看重的是教师身份。"吉林大学地探学院党委书记黄忠民非常了解黄大年。

2010年，著名的"李四光试验班"的班主任交由黄大年来担任。黄大年的助手于平教授说："在黄大年教授看来，每一个学生都是一块璞玉，只要因材施教都能成才。"

在生活上，黄大年就像父亲一样，事无巨细地呵护着自己的学生。在雾霾天，他自己掏腰包提前给学生们准备口罩；夏天很炎热，黄大年就让自己的妻子给学生们熬绿豆汤；学生出现了经济困难，他就给学生垫付生活费；遇到学生的亲属罹患疾病，他还会毫不犹豫地提供经济援助；很多贫困的学生在他的资助下出国留学，很多外出参加国际学术会议的学生归来都可以找他直接报销路费……

相反，黄大年对自己的生活却没特殊的要求。他的得意门生之一卢鹏宇回忆起了一次黄教授带他"吃米线"的故事：有一次他和黄教授出差到了上海，刚好有一个黄教授的同学在当地任所长，他听说黄教授到了上海，就专门安排时间请他们一行人吃饭。但黄教授不愿意去高级饭店，反而提出要到当地的一个"桂林米线店"吃米线！而且，接下来的几顿饭都是在那里吃的。

黄大年生命的最后时光是这样度过的：2016年11月28日晚，在北京飞往成都的飞机上,因腹部痉挛昏迷;29日坚持到达第七届教育部地学与资源学部年度工作会会场。12月8日黄大年从北京出差回到长春住进了医院。第二天,他就有计划地叫学生来病房布置学习计划,安排工作。第三天,他在短信里对校领导说"争取两周内重返岗位,治疗期间不会对工作有影响"。12月13日,把合作者王献昌等人让到病房沙发上,他坐在小板凳上与两人谈了两个半小时的工作。14日手术,昏迷。大家还清晰地记得他走进手术室,挽着袖子与大家告别时的情景,那神情倒像是他在安慰病人,与死神打交道的不是他。

"他是最单纯的忠心赤胆的海归科学家,单纯到为了祖国和科学事业的发展从不计较个人得失,倾注全部精力。他是一代人的楷模,是中国知识分子的楷模,是460万留学生的楷模,他的精神感染激励的是一个领域、一批学子、一代人。"中国科学技术协会副主席、清华大学副校长、中科院院士施一公这样评价黄大年。2017年5月,习总书记做出重要指示:我们要以黄大年同志为榜样,学习他心有大我、至诚报国的爱国情怀,学习他教书育人、敢为人先的敬业精神,学习他淡泊名利、甘于奉献的高尚情操。

"振兴中华,乃我辈之责"。黄大年的爱国,无须用多余的言语来表达,因为那份情感已经深深地融入了他的骨髓,他的先进事迹感人肺腑,他无愧于"全国优秀教师"的荣誉称号,也无愧于"时代楷模"的荣誉称号。

3. 景海鹏:矢志报国,逐梦太空

——三巡苍穹的英雄航天员

景海鹏,山西运城人,党员,原解放军航天员大队特级航天员,空军一级飞行员,安全飞行时间1200小时。1998年1月,景海鹏正式成为我国首批航天员。2005年6月，景海鹏入选"神舟六号"载人航天飞行乘组梯队成员。2008年9月，景海鹏执行"神舟七号"载人飞行任务，获得圆满成功，获得"英雄航天员"称号，同年当选"感动中国十大人物"。2012年6月圆满完成"神舟九号"任务。2016年11月圆满完成"神舟十一号"任务，2016年12月，被中共中央、国务院、中央军委授予"一级航天功勋奖章"，2017年7月荣获"八一勋章"，2018年12月被评为"三巡苍穹的英雄航天员"。

历经挫折考上航校

景海鹏是家中的长子，下面还有一个弟弟和妹妹。他从小性格内向，不喜欢在大人面前说话，但他从小就喜欢体育，尤其喜欢打篮球。虽然景海鹏个子不高，但他是个不服输的人，总找机会就上场。一开始，景海鹏打篮球总是坐冷板凳，但后来，他用自己的实力证明了自己的价值，从中学一直到部队，他都是篮球主力队员。一直到现在，他还是航天队伍中的篮球"钢铁前锋"。

读高中时的一天，景海鹏去运城中学打篮球比赛，在运城中学宣传栏里，景海鹏第一次看到了飞行员的照片。这一瞥似乎是命中注定，一看到那张照片，景海鹏的眼睛就不再愿意从照片上移开。回到家后，景海鹏异常兴奋地向父亲形容起来：飞行员的头盔是怎样的，飞行员的护镜是怎样的，飞行员的座舱是怎样的……

据景海鹏回忆，当时自己真的特别喜欢飞行员的服装，因为看起来特别威武。他当时就告诉父亲："我将来要当飞行员。"

1984年，空军来到运城组织招飞行员，景海鹏一听到这个消息，赶紧跑过去报了名。但因为当时景海鹏的学习任务非常重，集中学习时间过长致使眼睛过度劳累，他在体检时眼睛里出现了大量血丝。最终很遗憾，景海鹏的飞行梦没能实现。

虽然对别人来说这也许只是一次小遗憾，但对怀揣"飞天梦"的景海鹏来说无疑是个巨大的打击。他好几天都把自己关在家里不愿意出门，但更大的打击还在后面——他的父亲打算让景海鹏退学！有时候命运就是这么安排，当时村里的电工到景海鹏家串门，看到这个情况就劝景海鹏的父亲：可以让儿子再读一年。就这样，景海鹏转入解州中学补习。转入解州中学之后，景海鹏学习更加用功，每天最早进教室的是他，最晚离开教室的还是他，两三个星期都不回家。

最终，景海鹏从解州中学成功考上了河北保定航校（今中国人民解放军空军航空大学），为自己的圆梦之旅踏出了第一步。

开启飞行时代

1988年，从保定航校毕业的景海鹏转到了连云港的训练基地。许骥——时任景海鹏所在大队的副大队长和教员，就对这个山西小伙子印象特别深刻："他干什么事情都特别认真。"

1991年6月，景海鹏分配到南空驻无锡机场某部，正式成为一名空军飞行员。景海鹏凭借自己的出色表现，在几年后就被任命为领航主管。

在同批飞行员中，景海鹏是最刻苦钻研的。"每次带他们飞行，教员们都要在着陆后讲一讲训练当中的问题。海鹏对此特别重视，不光认真听，还会去翻很多资料，做些理论上的研究，再加以验证。"他的飞行教员许骥说。有一年，团里在太湖上空进行空靶实弹射击训练，这样的高难度课目训练团里是第一次组织。但景海鹏第一次就取得了全团最好的成绩。

有一次，当景海鹏的飞机降落时，意想不到的情况出现了：机场的跑道上出现了一些小石块，因为温度太高，飞机降落时轮胎触碰到石块时就立即爆掉了。但是,景海鹏沉稳而又迅速地进行了一系列正确的紧急处置:保持方向,放减速板,关掉其中一台发动机,放减速伞……这些操作都要求战机飞行员能够在很短的时间内迅速完成。景海鹏做到了,而且处理得很出色。一个突如其来的险情就这样化解。飞机停稳后,战友们纷纷赶过去查看飞机和人员情况。只见景海鹏镇定地走出机舱,丝毫没有刚刚经历生死考验的慌张,还很有条理地向团领导报告自己的处理过程。汇报完毕后还与战友们一起对跑机场道路面进行进一步检查。就这样在别人看来是那么惊心动魄的一幕,景海鹏处理起来却波澜不惊。

逐梦航天时代

早在 2005 年,景海鹏就入选了神六飞行梯队,但因各种原因最终没能正式上天。一直到 2008 年 9 月,景海鹏再一次入选神七载人航天飞行乘组梯队,并圆满地完成了任务。

"神舟七号"载人航天任务也是景海鹏的第一次航天飞行任务,这次任务计划中是要进行太空行走的。当打开舱门,一起执行任务的翟志刚正准备进行出舱行走时,太空舱内突然响起了刺耳的警报声!如同当飞行员时处理飞行事故一样,景海鹏异常冷静而又迅速地按照规定程序进行了处理。经查明这是一个"假警报",虽然最后天上和地面的工作人员都松了一口气,但那个警报如果处理不善,很可能神七的出舱行走任务就要被取消。

景海鹏在他第一次任务中的危机处置表现让他继而成为神九飞行任务的指令长。2012 年 6 月,景海鹏又圆满完成了"神舟九号"载人航天任务。2016 年 10 月—11 月,景海鹏与陈冬执行"神舟十一号"载人航天任务获得圆满成功……

景海鹏有什么特点?参与航天员选拔的医学工作者说:"景海鹏的特

点是身体强壮、反应敏捷，并且在高强度的压力下仍然能够保持沉着和冷静。"这种特质对航天员来说是难能可贵的。

　　但是，还有一个更重要的特点，那就是景海鹏对航天事业的无限热爱。在执行第三次航天飞行任务时，有人问景海鹏："你已经 50 岁了，也是一名将军，很多人都觉得你现在所获得的荣誉足够你光荣退休，是什么力量支撑着你还要去第三次出征太空？"景海鹏是这样回答的："航天员是我的职业，太空飞行是我的事业，也是我的本职工作，更是我崇高的追求和使命。人生中有许多事情值得付出生命，我所从事的职业就值得我付出生命！"

第二节

胸怀忧国忧民之心、爱国爱民之情

爱国主义自古以来就是中华民族的传统美德,流淌在华夏儿女的血液之中。新中国成立以来,一代又一代的青年学子,怀着他们对祖国同胞的赤子之心,在祖国各个不同的领域奉献着他们的青春,他们用汗水和热血书写着对祖国同胞的深情。

1. 袁隆平:一颗稻谷里的爱国情怀
——让所有的人远离饥饿的杂交水稻之父

袁隆平,男,汉族,1930年9月7日生于北平(今北京市),祖籍江西省九江市德安县,无党派人士。中国杂交水稻育种专家,中国工程院院士。1953年袁隆平毕业于西南农学院,现任中国国家杂交水稻工作技术中心主任暨湖南杂交水稻研究中心主任、湖南农业大学教授、中国农业大学客座教授、联合国粮农组织首席顾问、湖南省科协副主席和湖南省政协副主席。2006年4月当选美国科学院外籍院士,被誉为"杂交水稻之父"。

开启农学研究路

很多人可能认为,"杂交水稻之父"袁隆平可能对水稻一开始就有研究兴趣。其实,很多时候,一个人的兴趣往往是由许多偶然因素促成的。袁隆平走上农学研究之路,并非一开始就出于爱好,而是来自一个偶然机会。

据他回忆,在上小学一年级时,有一次外出郊游中,老师把他们带到了一个私人园艺场参观,当他看到桃树上结满了红红的桃子,葡萄架上一串串的葡萄,感到好像到了世外桃源。在那个年代,由卓别林主演的电影《摩登时代》正在热播,电影中有一个透过窗户就可以看到外面葡萄的镜头,袁隆平当时感到那种风景太美了,于是萌生了长大以后学农的想法。

高中毕业后,袁隆平如愿以偿地考上了西南农学院(当时的重庆相辉学院)。1953 年毕业后,他被分配到湖南安江农校当老师。从此开始,他真正走上了农学研究之路,并把自己的一生都献给了他所热爱的农学事业。用他自己的话讲:"我如果不在家,就一定在实验田;如果不在实验田,就一定在去实验田的路上。"这正是袁隆平生活的真实写照。

袁隆平的第一块实验田就在湖南安江农校。1968 年 4 月 30 日,袁隆平和他的助手们将 700 多株不育秧苗小心翼翼地插入该校中古盘 7 号实验田内。就在袁隆平等着观察试验结果的时候,18 天后的一个夜里,这些被袁隆平视为宝贝的不育秧苗被人全部连根拔除!虽然秧苗没了,但袁隆平并没有气馁,他把目光投向了日照时间更长、气温更适宜的祖国南方。紧接着,他就在广东、海南、福建等地留下了足迹,进而在这些省份适于耕种杂交水稻的地方都开辟了实验田,一时间,这些地方的田埂上、小路间都留下了袁隆平忙碌的身影。

1979 年,美国圆环种子公司的总经理威尔其带回了 1.5 公斤来自中国的杂交水稻种子。一到美国,威尔其就进行了试种,当年的水稻产量就让他十分惊叹:袁隆平的杂交水稻比美国当地的良种增产 25% ~ 35% 以上!

在东南亚,越南的杂交水稻的种植面积已经突破了 1000 万亩。而在菲律宾、印尼、孟加拉国、巴基斯坦、厄瓜多尔、几内亚等一些国家,杂交水稻已经普遍开始了种植,并在一定程度上解决了当地的粮食缺口问题。

培育"野败"

"野败"的全称是"花粉败育野生稻",对普通老百姓来说名字可能有点陌生,但对袁隆平的杂交水稻研究组来说,这个名词有着异乎寻常的含义。而这株关键的野生稻正是袁隆平的助手李必湖和冯克珊发现的,发现的地点就在海南南红农场附近的沼泽里。

1970 年 11 月 23 日的一个上午,李必湖和冯克珊和往常一样在野外搜寻野生稻。突然,他们俩在一个沼泽里发现了一片野生稻。经仔细观察,两人从中发现了 3 个雄花异常的野生稻穗——显然这是由一粒种子发育而成。后经报告袁隆平确定:这就是一株雄花败育的野生稻!听到这个消息后,大家都兴奋不已。

原来,20 世纪 50 年代的经典水稻理论认为:"水稻是自花授粉植物,没有杂种优势。"但袁隆平根据自己的研究,坚信水稻具备杂种优势,并且准备要用自己的实际行动进行验证,从而开启了他对杂交水稻的研究和探索之路。

当时,"三系杂交稻"的理论已经基本成型,但还仅仅停留在理论阶段,缺乏在实际中的配套。而所谓的"三系"——雄性不育系、保持系、恢复系。要达到"三系配套",首先就必须解决第一代杂交种子的问题,这个难题困扰了当时很多从事这方面研究的专家。因为在"三系"中,"保持系"和"恢复系"在寻常的水稻品种中就可以找得到,但"雄性不育系"的种子却很难找到,或者说不能肯定就能找到。

现在,袁隆平课题组终于把它找到了!这就像饥渴的旅行者在沙漠中突然发现了绿洲,师徒三人怎不欢欣鼓舞呢?很快,到1972年,我国就问世了第一个水稻雄性不育系和保持系——"二九南1号"。第二年,三系配套全面成功。到1976年,袁隆平的杂交水稻开始在全国进行大面积推广。事实证明,杂交水稻的产量比常规稻增产达20%,而袁隆平也成为世界上第一个将水稻杂种优势成功地应用于生产的人。

不计个人得失,只为老百姓有饭吃

由于袁隆平对杂交水稻技术的突出贡献,他在美国科学院外籍院士评选中获全票通过。2006年4月29日,袁隆平在华盛顿接受了美国科学院授予的外籍院士称号。在现场,他赢得了最热烈的掌声。

在授予袁隆平美国科学院外籍院士称号时,美国科学院院长西瑟罗纳在颁奖词中说:"袁隆平先生发明的杂交水稻技术,为世界粮食安全做出了杰出贡献,增产的粮食每年为世界解决了7000万人吃饭问题……"

虽然能够当选为美国科学院院士,但遗憾的是袁隆平曾数次与中国科学院院士失之交臂。

1991年5月,湖南省政府推荐袁隆平参选中国科学院生物学部委员(院士),没能入选。1992年,湖南省政府再次申报推荐袁隆平参选,依然是名落孙山。同年,湖南省以省委省政府的名义授予袁隆平"功勋科学家"荣誉称号。1995年,经湖南省政府再次推荐,袁隆平终于当选为中国工程院院士。

虽然很多旁人为袁隆平的数次落选而感到惋惜,但处在旋涡中的袁隆平本人却神情淡定："我研究杂交水稻不是为了当院士，而是为了老百姓有饭吃。"

袁隆平的淡泊名利不是在口头上，而是切切实实体现在日常的行动中。据中国科学院院士、省政协副主席姚守拙回忆："有一年，我坐飞机去北京，当时是坐在飞机上的普通舱，无意中发现袁隆平也坐在普通舱，我便问，'袁院士，你怎么也坐普通舱？'袁院士回答，他从来都是坐普通舱。"

几十年来，袁隆平所研究的杂交水稻从亩产600公斤发展到了亩产1200公斤。如今，袁隆平带领的科研团队已成功研究出耐盐碱地水稻品种，未来如果在我国2.8亿亩盐碱地都种上海水稻，将可以多养活人口2亿人。

2. 钟南山："把重病人都送到我这里来"
——把防治疾病工作看作最大政治的"医学权威"

钟南山，男，1936年10月生于江苏南京，福建厦门人，中共党员，首批国家级有突出贡献专家，中华医学会会长，广州医学院广州呼吸疾病研究所所长，教授，博士生导师，中国工程院院士。1960年，钟南山毕业于北京医学院（今北京大学医学部），先后获得全国五一劳动奖章、广东省模范共产党员、全国白求恩奖章、全国先进工作者等荣誉称号。1997年当选党的十五大代表，2008年当选第十一届全国人大代表，为全国政协第八、第九、第十届委员，2004年被评为"感动中国2003年度"十大人物之一，2016年获第十一届光华工程科技成就奖。2018年12月18日，党中央授予钟南山同志改革先锋称号。

我的事业在中国

钟南山的父亲早年曾留学美国，在国民党执政时期任中央医院院长。在那个特殊年代，有这层关系并不是什么好事，"当年我是华南师大附中的第一名，可以保送到苏联留学，但不让去。"1955年，钟南山考上了北京医学院，毕业后他并没能马上当上医生。直到1979年，钟南山考取公派留学资格，前往英国伦敦爱丁堡大学进修。

心怀抱负的钟南山刚到英国，就被迎头浇了一盆冷水。因为英国当时的法律不承认中国医生的资格，他的导师弗兰克教授当时也不了解中国，所以弗兰克教授一开始并不相信他的这位来自中国的学生。原计划两年的留学时间，被限制成8个月。这8个月能干什么？8个月也干不出什么成绩。当时的钟南山面临着极大的压力，这些压力现如今体现在了钟南山当时的日记中："这不仅是个人工作没着落，达不到学习目的，无颜见江东父老的问题。更重要的是这关系到中国医生的形象，关系到祖国的声誉。"钟南山暗暗下决心：一定要用实际行动为中国医生、为祖国争口气！在留学期间，钟南山开始拼命工作。他充分利用有限的时间，在留学期间一共取得了6项重要科研成果，并在权威研究机构发表了7篇学术论文。钟南山的勤奋和才干，彻底地改变了国外同行对这位中国医生的看法，同时也获得了他们发自内心的尊重和信任。后来，英国伦敦大学圣·巴弗勒姆学院和墨西哥国际变态反应学会分别授予了钟南山"荣誉学者"和"荣誉会员"的称号。

当钟南山完成他的两年学习期后，他的导师——爱丁堡大学的弗兰克教授代表学校一再挽留他，但钟南山回国的决心已定，他说："是祖国送我来的，祖国正需要我，我的事业在中国！"

2003年，震惊世界的SARS疫情在我国的局部地区爆发。一时间，国际上的个别势力就开始借机丑化中国。奋战在医疗战线上的钟南山拍案而起,作为防治 SARS 的权威专家,他转身投入了另一条战线:国际性学术会议。在会议上,钟南山引用具体的事实,有理有据地告诉各国的专家学者 SARS 事件在中国的真实发生情况。及时公布中国政府和人民在面对 SARS 疫情时所做的努力和取得的成绩。5 月 28 日,钟南山应邀在全美胸肺学会(ATS)上做了《中国重症急性呼吸综合征(SARS)发病情况及治疗》的专题学术报告,那个报告引起了美国主流媒体的高度关注。CNN 电视台在《今日美国》中评论:"中国大陆的 SARS 发病率已经明显下降,令人鼓舞。"正是通过钟南山一行人的不懈努力,我国在一定程度上打破了国外某些势力欲通过"话语垄断"的优势,凭借 SARS 事件再一次丑化中国的企图。同时也促使国际社会对中国当时的 SARS 疫情有了一个相对客观和公正的认识。

在对抗 SARS 的战役中,钟南山带领的医务组总是冲在最前面。每当有非典病人被送来时,钟南山都要亲自进行检查。有时候,他甚至拿起人工气囊直接为病人输氧。在病房探视病人时,有些医生唯恐受到感染,但钟南山为了详细了解病情,甚至把头凑到与病人不到 20 厘米的距离去观察……

在那段时间,钟南山一方面作为医生要在临床一线亲自救治 SARS 患者,另一方面作为学科带头人,又要负责协调各地的 SARS 防治工作。整个 SARS 战役钟南山都很少休息。老伴看着他心疼地劝他多抽空休息休息,甚至还为此发了脾气。但钟南山怎么停得下来?了解他的人都知道:他把为祖国服务、为党工作的有限时间,看得比健康、比生命更宝贵!

科学不能明哲保身

钟南山是一个极其严谨的科学工作者。早在英国留学时期,他曾在皇家医院参与了一个关于吸烟与健康问题的研究。为了直接获取可靠的一手资料,他让同事在向他体内输入一氧化碳的同时不断地抽血检验。当输入的一氧化碳在他的血液中浓度达到15%时,同事们都纷纷劝他停止,因为这个浓度已经开始威胁到了他的生命。但钟南山认为这样还达不到实验设计的要求。直到眼看着自己体内的一氧化碳浓度达到了22%,他才让同事停止一氧化碳输入。虽然实验达到了预期效果,但他却几乎晕倒。钟南山这种为了事业置自己安危于不顾的拼命精神使同事们深深折服。因为,大家都很清楚,一个人血液中一氧化碳的浓度达到22%时,相当于连续吸了60多支香烟,同时还要被抽掉800毫升的鲜血。

2003年2月18日,正值广东省防治SARS战役全面打响。据有关权威机构传来的消息:根据对广东的两例SARS死亡病例的肺组织标本切片进行研究,从中发现存在典型衣原体。所以,该机构给出的医疗建议是:对同类病例建议采取抗生素进行治疗。当天下午,广东省卫生厅召开紧急会议,征集医疗专家的意见和建议。当轮到钟南山发言时,他明确地表示他持反对意见,并且给出了自己的理由:大量的临床实践表明,典型衣原体并不是非典型肺炎的主要病因。他进而结合理论和临床症候进行分析,认为典型衣原体可能是病例致死的其中一个原因,但不是主要原因。钟南山的分析有理有据,并且结合他的实际临床病例进行论证。最终省卫生厅的领导采纳了钟南山等人的意见,坚持和加强了原来的防治措施。会后,有朋友私下跟钟南山说:"你独树一帜,就不怕判断失误吗?要是万一后面出了什么问题,你不怕你这个院士的声誉受到影响?"没想到钟南山平静地回应道:"科学只能实事求是,不能明哲保身,否则受害的将是患者。"3月6日,钟南山再一次通过媒体明确表示:在临床治疗过程中按照衣原体思路进行治疗是无效的。这就是钟南山,他始终保持着他一贯的风格:时刻保持着科学工作者的清醒,自己认定了的事就定会一往无前，坚持实事求是，坚持不畏权威。在钟南山等专家的坚持下，广东省的SARS病例死亡率全国最低，治愈率却是全国最高的。

在医疗专家们的努力下，SARS疫情逐步在往乐观的方向发展，社会各界也纷纷给出自己的理解：SARS疫情现在已经得到"有效控制"。但钟南山又再一次显示出了一位科学工作者的清醒，他警示公众：现在还不宜用"有效控制"，用"有效遏制"比较客观合适。因为到目前为止，SARS的病原并没有明确，我们还没有找到针对病原的处理方法。换一个字虽然看起来并没有什么大的区别，但对一个国家、一个省来说，却关系到各级对当时疫情形势的判断和接下来对疫情防治等重大原则问题的决策。钟南山深知，医疗领域来不得半点浮夸和虚假。

钟南山深知，谣言止于智者。要想消除群众对SARS的恐惧感，就必须用事实说话，而事实就是要让患者都尽早康复。为了达到让患者康复的目标，钟南山和他的团队日夜攻关，终于在短时间内摸索出了一套行之有效的救治办法：这就是世人皆知的"三早三合理"，即"早诊断、早隔离、早治疗"和"合理使用皮质激素、合理使用呼吸机、合理治疗并发症"。4月3日，由7名专家组成的"世界卫生组织专家小组"来华，他们专门到广东听取中国专家的情况汇报。钟南山再一次被推举进行情况汇报。他通过流利的英语向国际专家们历数广东成功的经验，同时详细汇报了广东的疫情和我国科学家的处理办法。钟南山深厚的理论功底和丰富的工作经验让外国同行高度认同，并提出让中国的专家们今早向世界同行介绍SARS防治经验。

培养更多的人才

钟南山一直致力于为年轻人的成长创造更广阔的空间。钟南山清醒地认识到，我国胸科的整体水平与欧美国际先进水平还存在一定的距离。况且科学永无止境，需要一代又一代人去继承和创新。了解钟南山的人都说他有一种强烈的紧迫感，就是特别渴望培养出更多的人才。是不是自己的学生成长了，本人的地位就受到了挑战？但他说，越多的学生超越我，我就越感到欣慰。十多年来，钟南山无论是担任研究所所长，还是担任医院院长、学院院长，他走到哪里，就会在哪里有计划地建立起人才梯队。

钟南山对培养学生有自己独特的见解。他要求学生"在学习上有独立性、在工作上有创造性、对病人有责任心、对环境有适应性、在集体中有合群性"，成为"肯干、能干、善干"的医学人才；他非常重视培养学生的思想政治素质，虚功实做，通过强调"学做人，学本领"的统一，把学生思想政治工作融入"全程德育"的教育实践中。

钟南山教带学生，总是会把自己的毕生所学都传授给他们。而当课题组的研究成果发表后，他总是把自己的名字排在最后。他就是这样，时刻以自己为榜样来影响自己的学生，以自己严谨的治学态度和埋头苦干的精神来教育自己的学生。现如今，钟南山带出来的很多学生已经成为所内或其他医院的业务骨干，很多人的研究成果都获得了国家级、省市科技进步奖等奖项。每当有国外的专家学者来到钟南山的研究所考察、交流，他不再像当初在SARS疫情中那样亲自上台做报告。反而会让自己的学生走到前台，向来宾们介绍所里开展研究的情况。就如同当时的钟南山一样，他的学生们用一口流利的英语，结合他们过硬的专业知识，高难度的研究课题和丰硕的成果，赢得了国外同行们的纷纷赞许，也赢得了他们的尊重和信任。

3. 黄大发：绝壁凿"天渠"，壮志凌山河

——奋进在脱贫攻坚路上的当代愚公

黄大发，汉族，1935 年 11 月出生，贵州遵义播州区平正仡佬族乡团结村半坎组人，1959 年 11 月加入中国共产党，先后担任草王坝大队大队长、村主任、村支部书记等职务。从上世纪 60 年代起，黄大发带领乡亲们在绝壁上凿出一条 9400 米长的"生命渠"，结束了草王坝长期缺水的历史。2017 年 4 月，黄大发获"时代楷模"荣誉称号，同年 11 月获第六届全国道德模范。2018 年 3 月，当选"感动中国 2017 年度人物"。

拼了命也要干

为了改变山村贫穷落后的面貌，从上世纪60年代起，黄大发就带领的乡亲们凿壁修渠。黄大发所在的草王坝村地质比较特殊，海拔有1250米，因为主要是喀斯特地质，虽然下雨比较多，但是雨水落地后大多顺着空洞和石头缝就流走了，打井根本没有多少水。多少年来，当地村民都是去其他的水源地挑水，来回需要走两个多小时的山路。村民们平时喝的水乍一看去往往都满是浑黄，平时的生活用水就更加紧张：第一遍水用来淘米洗菜，第二遍水才是洗脸洗脚，最后还有第三遍用来喂猪喂牛，村民之间为了争水打架的事情也是时有发生。

因为当地缺水，没有办法大面积种植水稻，只能种一些耐旱的玉米作为主要的农作物。这些玉米成熟后磨成粉，蒸熟后就成了当地人的主食。这种"苞沙饭"对我们大多数人来说实在是难以下咽，但也没办法，勉强养活了当地的一代又一代人。

缺水就意味着贫穷，而对于贫穷，黄大发比别人有着更深刻的体会。才几岁时，黄大发的母亲就去世了，而父亲又长期抽大烟，几乎败光了

家中的所有产业,在黄大发13岁时父亲也去世了,黄大发彻底地成了孤儿。对于摆脱贫困,他有着比别人更强的决心。

村里并不是没有想过要修水渠。在上世纪60年代,当地公社就牵头组织了三个生产大队共同修建"红旗大沟",当时的指挥长就是黄大发。

为了修这条水渠,村民们必须在大山中间打通一条隧道,由于当时缺乏足够的技术和资金支持,黄大发就带领村民们用农村的土办法来确定水平线,用耳朵听来确定打洞的方向,最终成功打通了一条长116米的隧道。

随着时间的流逝,当初用人工开凿的水渠经受不住时间的打磨,用黄泥巴敷成的渠壁也难经风雨的侵蚀,水渠修修补补十几年,最终在上世纪70年代被废弃。

但是,黄大发没有放弃。

1990年腊月,黄大发穿着一身单衣,踏着一双破旧的解放鞋,揣着一份沉甸甸的修渠申请找到了时任遵义县水电局副局长的黄著文。"我走了两天到县里,就是要找你。我要修螺丝河工程,想请你帮助立项。""我是村支书,有责任修通水渠,解决村里人畜饮水,不然贫困老是改变不了。""我要实现通水愿望,这一次,拼了命也要干。"……

党员带起头,大家一起干

非常幸运,水渠工程成功立项了!但马上就有一个新的问题摆在了黄大发面前:凑钱。

根据当时的政策:工程立项后,由国家补助材料、匹配一定资金,由村民投工投劳,剩余部分资金由村民自筹。综合算下来,水渠工程还需要村民自筹1.3万元,这在当时并不是一个小数目,要知道当年村民的年人均纯收入才80元。

回村后，黄大发立即召开村民大会，并率先拿出了100元。第二天一早，出村的小路上就满是赶着牲口，背着农产品的村民——他们要到附近集市把家里的农副产品卖了换钱。到第三天，剩余的1.3万元工程余款就全部凑齐了。

1992年底，修渠工程终于立项。第二年正月初三，水渠工程冒着大雪开工了，而此时的黄大发已年近六旬。

开山用的炸材，是黄大发步行36公里山路从镇上背回来的；筑渠用的水泥，也是他亲自到县城"押运"回来的。

新修的水渠要经过3座大山、9个悬崖、10多处峻岭，其中数大土湾岩、擦耳岩和灰洞岩最为险要。在擦耳岩段，黄大发把麻绳系在自己身上，让人拉着吊下悬崖亲自进行测量。在修一个隧道时，炮响之后黄大发第一个进洞打钢钎。钢钎拔出来才发现，上面的黄泥赫然粘着一根未引爆的雷管。

在组织放炮炸山时，大伙刚开始缺乏经验，险情一不小心就会发生。有一次，黄大发亲自上前装好药后，还没来得及走远，村民就开始放炮。随着一声炮响，有人发现黄大发还没走出来。大家事后赶紧跑过去查看，只见黄大发拍拍身上的泥土又站了起来，原来黄大发情急之下趴在地上用背篼罩头才躲过了危险。于是，工地上以后就多了一条"安全规则"：放药后以哨为令，1声准备，2声警告，3声点炮……

1994年，水渠的主渠贯通，甘甜的渠水第一次流进了草王坝村，流进了亘古干旱的坡地。1995年，一条跨3个村、10余个村民组，主渠长7200米、支渠长2200米的水渠终于全部竣工。从开工到所有支渠完成，前后总共花了约3年的时间。当地群众以黄大发的名字命名这条渠，叫它"大发渠"。

我交上答卷了

水渠修好了,吃水用水的问题已基本得到了解决,但黄大发并未因此而止步,为了带领大家彻底脱贫致富,决心再干三件事:办学、修路、通电。

首先是办学。水渠修通后,黄大发紧接着就召集大家开会商量集资修建学校的事。"如果有文化,渠早就修成功了。我们村文化低,出去都直不起腰杆,娃儿不读书将来哪会有出息?"于是全村上下又一次咬紧牙关,全力集工集资办学校。20多年过去了,草王坝村已经走出了20多个大学生。

接下来是修路。村里通往外界的唯一一条路是一条充满泥泞的山间小道。要通过这条小道就要蹚过两条河,还要翻过一处危险的悬崖。平时还好,一旦是遇上山间发大水,整个村庄就彻底断了跟外界的联系,成了孤岛。1995年一开春,黄大发只身前往遵义县,向政府申请修建通村公路。紧接着当年修渠的情景再现山村,4公里长的通村公路很快贯通。

最后是通电。1996年,村里正式启动了通电工程。和以往一样,黄大发再次带头拿出了自己的100元。村民们在他的组织下共筹集起了1万余元的资金。黄大发深知:这1万余元都是大家的血汗钱。为了节省经费,黄大发开会讨论,决定村里每2户村民负责"承包"1根电线杆。电线杆从哪里来?大伙自己上山砍树。电线杆有了,电线怎么架?大伙自己用人力拉。黄大发亲自带领村民,大伙排着队用肩头扛着一捆捆上百斤重的电线往前拉……终于,草王坝村第一次亮起了电灯。

三件事办完了,脱贫的热情逐渐涌动在草王坝的家家户户。路虽然修好了,但村里依然有许多贫困户。经过考察,黄大发认为辣椒和柚子是适合本村的致富产业。于是,当地政府决定将这两项产业作为草王坝村扶贫攻坚的重点产业进行推广。有了政府的支持，村里脱贫致富的希望就更大了，老支书挨家挨户地到村民家里做工作，给大伙解释当前的国家政策，帮大家展望美好的未来，最终成功地让扶贫产业顺利落地。"他有这样的号召力，我们相信他。"村民都这样说。

黄大发带领村民奋斗50余年，足迹踏遍了村庄周边的山山水水，但村外面的世界他最远只到过80公里外的遵义市。这位82岁的老支书把一辈子都交给了村里的工作，把所有的心力和精神都放在"领着大伙儿干"上。老支书有个心愿，那就是能够在有生之年去省城看一看。遵义市有关领导了解到这个情况后，决定满足他这个心愿。

时任平正乡办公室主任的徐飞到现在还清楚地记得，他到村里接老支书那天，一进村就远远看见黄大发和老伴已经穿戴整齐在村口等着了。

到了贵阳，老支书既没有提出到风景名胜去逛逛，也没有要求去商场转转，而是提出去要贵州省委看看。站在省委大门口，黄大发注视着高高飘扬的五星红旗，看着门口石碑上刻着的"为人民服务"五个大字，一言不发地站立着，默默地站了10多分钟。良久，老书记才回过身对陪同人员说："我的心愿了了，可以回家了。""到别处看看吧？"黄大发摇了摇头："党组织信任我，把草王坝村交给了我，现在，渠通了、电通了、路也通了，我交上答卷了。"

第三节

奉献祖国，奉献人民

爱国不是抽象的，而是具体的，青年人爱国就要做到立足岗位，无私奉献，对党对国家对人民敢于担当、勇于创新、积极作为，在为实现中华民族伟大复兴的中国梦而不懈奋斗的伟大征程中，放飞个人的青春梦想，实现自己的人生价值。

1. 焦裕禄：生也沙丘，死也沙丘，父老生死系
——与人民共命运的人民好公仆

焦裕禄，男，1922年生，1946年1月参加革命工作，山东淄博博山县崮山镇北崮山村人。1946年1月加入中国共产党。历任尉氏县副区长、区长，区委副书记，青年团副书记及团地委宣传部部长、副书记等职。1962年12月，焦裕禄任兰考第二书记、书记。1964年5月14日，焦裕禄积劳成疾在郑州病故，时年42岁。焦裕禄被誉为"党的好干部""人民的好公仆""县委书记的榜样""共和国的脊梁"，他在兰考县委书记任上所体现出来的"亲民爱民、艰苦奋斗、科学求实、迎难而上、无私奉

献"的精神,被誉为"焦裕禄精神"。

在暴风骤雨中成长

焦裕禄出生在一个贫苦的农民家庭。7岁上学,学习刻苦认真,考试成绩总在前几名。1932年,家乡遭遇灾荒,11岁的焦裕禄被迫退学,跟随穷乡亲推着独轮小车,运煤卖煤。抗日战争爆发,焦裕禄又被日寇抓到抚顺的一个煤窑做苦工,焦裕禄不甘忍受日寇的非人折磨,和工友一道同敌人进行了不屈不挠的斗争,最后冒着生命危险逃出了虎口,一路要饭到了江苏宿迁县(现为宿迁市),给地主当长工。

1945年秋天,北崮山解放了,在外流浪多年的焦裕禄终于回到了家乡。刚刚解放的北崮山村,墙壁上到处张贴着"毛主席是中国人民的大救星""共产党一来晴了天,劳苦大众把身翻"等大幅标语。看到这些标语,焦裕禄眼睛发亮,热血翻滚,决心加入这个为劳苦大众办事的共产党。在村里,他参加了民兵队伍,担任了村里的民兵班长。1946年春,焦裕禄经过自己的努力和党组织的考验,光荣地加入了中国共产党。他在入党申请书上这样写道:共产党是人民群众的救星,没有共产党,革命就不能胜利,穷人就不能翻身。我要听毛主席的话,跟共产党走,为推翻旧社会,建立新中国,实现共产主义而奋斗!

解放战争后期,焦裕禄同志跟随豫皖苏边区党委土改工作团来到了河南开封尉氏县,一直到1951年。在工作期间,他先后担任过副区长、区长、中共区委副书记、青年团县委副书记等职。后来,根据工作需要,焦裕禄先后又被调到青年团陈留地委工作和青年团郑州地委工作,担任过团地委宣传部部长、第二副书记等职。不管组织把他放在什么岗位上,他都对自己严格要求,认真负责,始终听从党的召唤、服从革命需要。

革命的暴风骤雨的磨炼,不仅坚定了焦裕禄对党绝对忠诚的政治品格,还培养了他真挚为民的深厚感情。焦裕禄在工作中见人有"三不说话":不笑不说话、不叫大爷大娘不说话、不叫哥嫂不说话。正是出于对穷苦人的无限热爱,才使焦裕禄到哪里都能和群众打成一片,赢得人民群众的信赖和拥护。

在工业战线上闪光

1953年,新中国第一个五年计划开始。为了加强工业建设,组织上开始从基层抽调大批优秀的年轻干部充实到工业战线。同年7月,焦裕禄被调到了洛阳矿山机器厂,参与新厂的筹建工作。到任后,因为缺乏工厂的建设经验,焦裕禄主要负责搜集洛阳的水文、地质和气象等历史资料,作为将来厂址选择的理论根据。

两年后,新建的洛阳矿山机器厂准备提前开工生产。焦裕禄又从洛阳矿山机器厂调到大连起重机厂,从一个机器厂的筹建处资料办公室秘书组副组长,转而当起了机械加工车间的实习车间主任。焦裕禄到任后心里没底,因为他没有管理机械加工车间的经验。他问身边的同志:"学会工厂中的管理业务,得多长时间?"对方告诉他说:"有一两年时间大致可摸到点门儿。"但焦裕禄偏偏不信邪,他相信自己不需要一两年。为了缩短实习时间,焦裕禄整天同工人一起劳动。在管理中遇到与业务有关的问题,他总是虚心学习,主动向老师傅请教。为了学会安排车间的生产计划,他从最基础的零件加工学起,有时候为了弄清楚某个加工程序一连跑好几个车间。

1959年,洛阳矿山机器厂全面投产。焦裕禄又被调回厂里任调度科长。这一次他已经初步具备了工厂车间的管理经验,工作起来也更加得心应手。但并没有因此而满足,反而在工作中更加细致、踏实。一到任,焦裕禄就经常深入车间了解情况,帮助车间解决困难和问题。厂里的工人们都知道,在焦裕禄的兜兜里经常装着好几本工作手册:上面分门别类,密密麻麻地记载着每个车间的详细情况。工人们说:"焦科长不仅谙熟业务,还善于抓政治,抓人的思想,跟着他再重再难的任务,我们都乐于接受。"

就这样,焦裕禄同志在党的培养下,很快就成了管理工业的内行。

县委书记的榜样

1962年冬,焦裕禄同志怀着改变灾区面貌的雄心壮志,来到了兰考县。

一到兰考县,展现在焦裕禄眼前的,完全是一幅无法预料的灾荒景象:两条黄河故道横贯全县;县里大片的土地是一眼望不到边的黄沙;白茫茫的盐碱地上,枯草在寒风中抖动;片片内涝的洼窝里,横梗着青色的冰凌。很多人看到这幅景象可能会顿生退意,但焦裕禄却说:"感谢党把我派到最困难的地方,越是困难的地方,越能锻炼人。请组织放心,不改变兰考的面貌,我决不离开这里。"第二天,焦裕禄就习惯性地来到群众中间。他拜当地群众为师,虚心向老百姓学习。一方面想详细了解县里的灾情及主要原因,另一个方面是想向群众请教救灾救荒的可行办法。

1963年2月,县委就成立除"三害"办公室,决定在全县范围内开展治沙、治水、治碱的"三治"运动。兰考的"三害"究竟有多大分量?新来的焦书记下决心要亲自去掂一掂。经过大规模的实际调查研究,县委基本上掌握了水、沙、碱发生、发展的规律,最终为县委制定出切实可行的改造兰考大自然的规划奠定了基础。通过一年的艰苦奋战,兰考的除"三害"工作取得了明显的成效。

虽然是县委书记,但焦裕禄始终保持艰苦朴素的作风,他还经常教育子女做脏活,到最困难的地方去,穿衣要朴素,生活要节俭。有一次,焦裕禄发现大儿子去看戏,问道:"戏票哪儿来的?"孩子说:"收票叔叔向我要票，我说没有。叔叔问我是谁，我说焦书记是我爸爸，收票叔叔没有收票就让我进去了。"焦裕禄听了非常生气，当即把一家人叫来"训"了一顿，命令孩子立即把票钱如数送给戏院。

1964年3月，焦裕禄被查出得了急性肝病。县委机关的同志和兰考的群众代表纷纷来到医院看望他。在医院的病房里，焦裕禄首先不谈自己的病情，首先问的是县里的工作和老百姓的生产生活情况。他的大女儿来了，他对自己女儿说："小梅，你参加革命工作了，爸爸没有什么送给你，家里的那套《毛泽东选集》，就作为送你的礼物吧。"当省里的各级领导来医院来看望他时，他的病情已经进一步恶化，只能用尽全身的力气断断续续地说："我……没有……完成……党交给我的……任务。……没有实现兰考人民的要求……心里感到很难过……我死了不要多花钱……省下来钱支援灾区建设……我只有一个要求……请组织上把我运回兰考……埋在沙丘上……活着我没有治好沙丘……死了也要看着兰考人民把沙丘治好。"

焦裕禄死后，人们在他的日记本上看到了这样一段话："我想，作为一个革命战士，就要像松柏一样，无论在烈日炎炎的夏天，还是在冰天雪飘的严冬，永不凋谢，永不变色；还要像杨柳一样，栽在哪里活在哪里，根深叶茂，茁壮旺盛；要像泡桐那样，抓紧时间，迅速成长，尽快地为人民贡献出自己的力量。"

这正是焦裕禄一生的真实写照。

2. 孔繁森：是七尺男儿生能舍己，做千秋鬼雄死不还乡
—— 以人民为中心的领导干部的楷模

孔繁森，1944年出生于山东聊城，1961年7月入伍，1966年9月加入中国共产党，历任中共莘县县委副书记、聊城行署办公室副主任、

党组成员，聊城地区林业局局长、党组书记，聊城行署副专员、党组成员。1988年，任拉萨市人民政府副市长、党组副书记。1992年11月，调任阿里地委书记、阿里军分区党委第一书记、政协阿里地区委员会主席。1994年9月被国务院授予"全国民族团结进步先进个人"称号。1994年11月29日不幸以身殉职。中共中央组织部追授孔繁森"模范共产党员""优秀领导干部"的称号。

初次踏上青藏高原

1979年，国家号召内地的干部到西藏去支援当地的建设，时任聊城地委宣传部副部长的孔繁森主动报名，写下"是七尺男儿生能舍己，作千秋鬼雄死不还乡"的条幅，毅然踏上了青藏高原。

孔繁森进藏本来是作为日喀则地委宣传部副部长选调的。但他报到后，区党委同志见孔繁森年轻体壮、意气风发，决定改派他到岗巴县担任县委副书记。岗巴县海拔4700多米，刚来西藏的孔繁森能不能经受得住这个考验？孔繁森的回答很坚决："我年纪轻，没问题，大不了多喘几口粗气。"原来从踏上青藏高原那天起，孔繁森就暗下决心：要把自己的一切献给祖国这块神圣的土地，献给勤劳、勇敢的藏族人民。

党的十一届三中全会闭幕后，国家开始在农牧区推广家庭联产承包责任制。为了带领藏区群众脱贫致富，孔繁森跑遍了每一个乡试点，在乡试点积累经验后紧接着又把经验在全县进行推广。在岗巴县的3年，孔繁森几乎跑遍了全县的乡村牧区。虽然他是副书记，但他的工作地点主要不是在办公室。他经常深入县里的各个乡村牧区，经常和牧区群众一起收割、打场、挖泥塘。久而久之，这位"平民书记"就与当地群众结下了深厚的情谊。有一次，孔繁森骑马下乡，不幸从马背上摔了下来。是当地的藏族群众抬着他走了30里山路，把他送到医院进行抢救。当他从昏迷中醒来时,看到守护在身边的是一圈又一圈的藏族群众。

孔繁森后来多次说过:"我这条命,是藏族老百姓给捡回来的。如果有机会,我愿再次踏上那片令人终生难忘的土地,去工作,去奋斗!"正是在短短 3 年援藏时间中,他与藏族群众结下了深厚的情谊,也正因为如此,在离开西藏的日子里,孔繁森无时无刻不想念着那里可爱的藏族人民,眷恋着那片壮丽、神奇的高原!

再次进藏

1988 年,孔繁森经过多个岗位历练,已经当上了聊城地区行署副专员。就在这一年,他再一次面临工作上的严峻考验。

为了接续做好援藏工作,山东省委再次在全省范围开展了进藏干部选拔工作。在组织讨论时,大家都认为孔繁森是最合适的人选,一是他政治上成熟可靠;二是他有西藏工作经验,比其他人更熟悉西藏,也更能适应西藏的工作环境;三是孔繁森工作经历丰富,在很多岗位工作过,能够满足不同工作岗位需要。

当组织上征求孔繁森个人意见时,他表态说:"我是党的干部,服从组织安排!"

其实,孔繁森何尝不清楚自己家里的情况啊!老母亲已经快 90 岁了,生活还不能自理,身边根本离不开人;三个孩子还小,都没有成年,需要有人照看;妻子曾做过几次大手术,身体虚弱多病。他知道,一家老小都离不开他,都需要自己的照顾,如果他去了西藏,全家生活的重担就全压在了妻子一人肩上……他也很想留下来,可是,与家人相比,藏族群众更需要他,于是,他毅然下定决心再次赴藏。

孔繁森再次进藏后,在拉萨市担任主管文教、卫生和民政工作的副市长。在副市长任上,孔繁森跑遍了当时拉萨市 8 个县区的所有公办学校和一半以上乡办、村办小学。正是因为这种工作习惯,上班时,在他的办公室很少能找到他。1991年,一次意外车祸不仅造成了孔繁森颅骨骨折,还使他因严重的脑震荡致引起高烧不退而陷入昏迷。即使在这种情况下,当孔繁森得知一所学校发生了问题时,硬是不顾自己虚弱的身体,跑出病房跨上自行车就要到学校去处理。在孔繁森担任副市长期间,拉萨市的适龄儿童入学率从45%提高到了80%。

1992年底,因工作需要,组织上再次考虑调孔繁森到阿里工作,而这一次比预计的工作时间要长。身边的同志劝他:"你是山东的干部,已经先后两次进藏,该吃的苦也吃了。凭你的政绩和能力,回去一定可以干得更好、进步得更快。"但孔繁森立即进行反驳:"怎么能说我是山东的干部呢?我们共产党员无论在哪里工作都是党的干部。越是边远贫穷的地方,越需要我们为之去拼搏、奋斗、付出,否则,就有愧于党,有愧于群众。"

藏族群众的好书记

在藏区,孔繁森把"为人民服务"这一根本宗旨融入了日常生活的点点滴滴。他总是随身携带着一个小药箱,里面是他自己花钱购买的一些常用药品。在工作之余,他会深入群众当中,亲自为藏族同胞看病。有时候遇到紧急情况还会口对口为病人吸痰,甚至用自己的胸口为聋哑老人暖脚。孔繁森从来没觉得自己是个多大的官,他始终把自己当作一个人民的服务员,虽然工资不高,但他还抚养了在地震中失去父母的孤儿。虽然自己的身体也经受不住藏区的严寒,但他依然把自己的毛衣毛裤脱下来,送给了当地的藏族老阿妈。1994年11月29日,孔繁森再次在考察途中遭遇了一场车祸。这一次,意外无情地夺走了他的生命。就在前几天,孔繁森还写下了"阿里亟待解决的十二个问题"。噩耗传到藏区、传回山东,人们简直不敢相信这是真的,也不愿意相信这是真的……

"出师未捷身先死,长使英雄泪满襟。"人们在料理孔繁森的后事时,发现了孔繁森留下的两件遗物:一个是他兜里的 8.6 元;一个是他写下的"阿里亟待解决的十二个问题"。

孔繁森去世后,他收养的两个藏族孤儿捧着他的遗像哭哑了喉咙:"波拉(爷爷),波拉!您不能走,我们舍不得您哪!"孔繁森身边的工作人员都悲痛欲绝,他们怎么也不会想到,孔书记就这样离开了他们,离开了他深爱着的西藏人民,许多人发自内心地说:"孔书记,我的好书记,让我替您去死吧!"一位阿里藏族老阿妈趴在孔繁森的灵前,大声哭喊,良久不起,她哭着说:"孔书记,您不该去呀!您对阿里恩重如山,我们不能没有您啊!"

"一尘不染,两袖清风,视名利安危淡似狮泉河水。二离桑梓,独恋雪域,置民族团结重如冈底斯山。"——这是藏区群众对他们"平民书记"的追思,这也是山东百姓对他们"家乡书记"的怀念。

3. 苏鸿熙:一生追随党

——一生赤子,一代名医

苏鸿熙,男,1915 年 1 月 30 日出生,江苏铜山人,心血管外科学专家,专业技术一级教授,博士生导师。1943 年毕业于国立南京中央大学医学院,1949 年赴美芝加哥西北大学附属医院及伊利诺伊州立大学研究医院进修。1957 年回国,先后任解放军第四军医大学附属医院外科主任、副教授、教授,解放军总医院胸外科主任。苏鸿熙是我国心血管外科学开拓者之一,1998 年被原总后勤部评为"一代名师",2017 年 11 月被评为"第六届全国道德模范",被誉为"医学界的钱学森"。

党徽伴随留学路

1949年4月,解放军攻入南京。刚刚解放的南京正需要各方面的人才。而此时,苏鸿熙刚刚获得赴美留学美方的批准。军管会能同意他去美国学习吗?苏鸿熙心里没底。去还是不去?他犹豫了很长时间。但最终,经过思想斗争后的苏鸿熙还是硬着头皮来到了南京军管会。

"到外国学习技术,这有什么关系呢?全国解放,我们要建设,需要大批人才,有机会可以去,但要早去早回。"刘伯承欣然答应了这位年轻人的请求,并将一枚沉甸甸的党徽放在了他的手中,也放进了他的心里,而这一放,就是一辈子。

刘伯承的支持给了苏鸿熙极大的鼓舞。这枚党徽,苏鸿熙在整个留学期间一直珍藏着:它闪耀着民族迎来解放独立的光明曙光和欣喜自豪,凝聚着新政府对报效国家英才的厚望和期盼!在赴美留学的客轮上,他写下了这样的诗句:

> 南大六年学医路,毕业踏上抗战途;
> 赴美留学梦成真,幸得市长相帮扶;
> 客轮载我赤子情,祖国恩情心中驻;
> 籍此小诗明鸿志,学成归来酬故土。

在美国的七年间,苏鸿熙从最初的外科麻醉医师逐步成长为一名颇有声望的心脏外科医生,年薪高达6000美元,两个州相继送来移民申请表,签上名字,他就可以成为美国公民了。连美国移民局的官员都找他谈话:"你是在美五十名优秀的中国科学家之一,我们不希望你回国。"

可埋藏在他心底的一个秘密,守了七年,如今,越来越迫切,他跟自己说:"该走了!"而此时,他的美国妻子杰妮已经怀孕,连他自己也早已被联邦调查局盯上。

艰难曲折的归国路

"学成归来酬故土",这是苏鸿熙刚踏上赴美留学之路时就写下的铮铮誓言。但"酬故土"的第一步,苏鸿熙迈得又是何其艰难。

1953年,美国开展了第一例体外循环心脏直视手术,苏鸿熙已经掌握了这项技术,迫切地希望把它带回新中国。

这段时间,苏鸿熙买来英文版的《中国画报》《中国建设》和《人民中国》,一页一页地翻给妻子杰妮看。杰妮知道他心里在想什么,问他:"你是更爱我,还是更爱你的祖国?"他说:"都爱!"杰妮说:"那你给我改个中国名吧!"苏鸿熙说:"什么意思?"杰妮说:"我跟你去中国。"《中国画报》里有苏鸿熙的家乡江苏,有江苏美丽的苏绣。杰妮说:"给我取个和苏绣有关的名字吧!"从此,"苏锦"这个名字就伴着她了。

当时,苏鸿熙是被美国当局限制返回中国的专家之一,但他们夫妻俩却一直在秘密地做着回国的各种准备。他们设法自费购买了两台人工心肺机,还买了很多医学书籍。如果两个人一起走,目标太大,肯定不行。尤其是人工心肺机这样先进的医学设备,更不允许被带往中国。但是,美国、英国、加拿大公民的往来,互相不需要签证。于是他们决定:杰妮先到加拿大去,然后去伦敦;苏鸿熙把心肺机交由货运公司运往伦敦,收货人是已经抵达伦敦的美国公民杰妮。苏鸿熙自己再坐轮船到英国。就这样,躲过监视和盘查,夫妻俩在伦敦会合。带上心肺机,他们又绕道法国、捷克斯洛伐克和苏联……

1957年2月23日,历时52天,辗转6个国家,行程近10万里,苏鸿熙和他的美国妻子终于回到了祖国的怀抱!

这段路，说短不短，因为山遥水远，路途艰险。

这段路，说长也不长，与他一生只为追寻一个信仰相比，又稍显短暂。

跨越世纪的忠诚

回到自己的祖国后，有关部门向苏鸿熙表示：带回来的心肺机可以折成现金进行奖励，路途的费用也可以报销。但苏鸿熙拒绝了，他说："组织的心意我领了，但我回来就是想报效祖国，不是来做买卖的。"有关领导又对他说："回来后你可以选择任何一家医院工作。"苏鸿熙没有选择北京的大医院，最后选择了远在西安的解放军第四军医大学，原因是他大学时的母校现在已经合并成了第四军医大学的一部分。

回国到任后不到一个月，苏鸿熙就在解放军第四军医大学建立了心外科实验室。1957年5月，苏鸿熙应用人工心肺机首次在国内进行了体外循环动物实验。1958年6月，苏鸿熙亲自主刀，在国内首次应用人工心肺机成功地进行了体外循环心内直视手术修补室间隔缺损。

手术的成功一时间轰动了全国，这标志着我国心脏外科技术在苏鸿熙的带领下达到了世界先进水平。苏鸿熙在中国的体外循环临床应用成功后，国内媒体纷纷进行报道，很多国内和国外的医疗同行也纷纷来信来电表示祝贺。在上个世纪50年代，由于种种原因，我国的西医水平在总体上还比较落后。但在体外循环技术领域，我国却超过了当时的加拿大、东欧、印度、日本和苏联等国家。

但苏鸿熙并没有因此止步，在继体外循环手术成功后，他在1963年再次成功地应用人造血管施行了主动脉——颈动脉搭桥术。最早阐明了心内直视手术并发颅内出血及血肿产生的机制，并提出了预防措施。

作为中国心脏外科学的奠基人和开拓者，苏鸿熙功绩卓著。到现在，他在国内首创的体外循环技术的应用范围已经扩展到了胸外科、神经外科、普外科、急诊抢救和脏器移植等,每年因此而获得救治的患者达到数十万人。

随着综合国力的显著增强,我国在国际上的地位也日益提升。苏鸿熙因此感到非常自豪。到2012年,苏鸿熙已经到了98岁的高龄,但他还是再一次郑重地向党组织递交了入党申请书,"我还是想入党,没有实现这个愿望,我会终生遗憾!"苏鸿熙所在的干休所随即向上级党组织做了详细的汇报。

2013年7月1日,解放军总医院金沟河干休所多功能大厅内,一位满头白发,年近百岁的老人坐在轮椅上被缓缓地推了进来。虽然身体略显不便,但脸上却多了一丝难以掩饰的激动。十几年前的一场脑出血,使得他的右手活动不便,甚至拳头都不能完全合拢。但宣誓时,他在工作人员的帮助下依然坚持举起了右手,那只手依然坚定而有力,就像64年前,他从刘伯承元帅手中接过党徽的那一刻。

"我志愿加入中国共产党,拥护党的纲领,遵守党的章程……"

这个信仰,像一颗种子,在他心里种了57年,因为海外关系、"文革"迫害、身体患病……他总是怕这颗种子不够茁壮,就一直默默浇灌它。其实,这颗种子早已长成了参天大树。

"这一刻虽然来得晚了些,但了却了我一生的心愿。"这一天,98岁的苏鸿熙在轮椅上宣读了他的入党誓言,这是埋藏在他心底半个多世纪的声音,气壮山河、震撼心灵……他用一生淘尽杂质,那如金般的信仰,越发耀眼。

青春宣言

钱学森——我要到大洋的彼岸，学习最先进的科学技术，让你早日在东方复兴。

钱学森——我是一个中国的科技工作者，我所学到的科学技术只服务于我的祖国，我活着的目的就是要为全体中国人民服务。如果说我有所求的话，那我想要的最高奖赏，就是全国人民对我工作的满意。

钱学森——我本人只是沧海之一粟，渺小得很。真正伟大的是中国人民，是中国共产党，是中华人民共和国！

黄大年——只要祖国需要，我必全力以赴。

景海鹏——我真的十分渴望再上一次太空、再当一回先锋、再打一次胜仗。

景海鹏——中国载人航天进入了新的高度，中国航天员在太空的工作生活条件更加完善，我们为伟大祖国感到骄傲和自豪！

袁隆平——中国完全能解决自己的吃饭问题，中国还能帮助世界人民解决吃饭问题。

袁隆平——我一生最大的愿望就是让人类摆脱饥荒，让天下人都吃饱饭。

钟南山——是祖国送我来的，祖国正需要我，我的事业在中国！

钟南山——什么是道德的核心？简单一句话就是：无论做什么事情都要想到别人。

黄大发——没有路我就要修路，没有水我就要修水，老百姓缺哪样我就要做哪样，这是一名党员的担当。

焦裕禄——为人民服务还分职务高低吗？我们都是人民的勤务员啊！

焦裕禄——咱们是群众的带路人。现在群众都在看着我们，越在困难的时候，领导干部越要挺身而出。

孔繁森——一个人爱的最高境界是爱别人，一个共产党员爱的最高境界是爱人民。

苏鸿熙——加入中国共产党是我一生的心愿，此生无憾。

第三章

新时代中国青年要担当时代责任

———■———

习近平总书记在纪念五四运动100周年大会上的讲话中指出:"新时代中国青年要担当时代责任。时代呼唤担当,民族振兴是青年的责任。"这一殷殷嘱托,是向当代中国青年担当民族复兴大任发出的新时代动员令。五四运动百年之际,站在这一新的历史起点,新时代中国青年须做自立、自强、自信的时代弄潮儿,以青春之我、奋斗之我,勇立潮头、争做先锋,如此方能不辜负党的期望、人民的期待、民族的重托。

第一节

在担当中历练，在尽责中成长

成长无捷径可走，经风雨、见世面才能壮筋骨、长才干。中国青年要不断深化对自身成长规律的认识，做起而行之的行动者，当攻坚克难的奋斗者，在摸爬滚打中增长才干，在层层历练中积累经验，在担当时代使命中快速成长。

1. 王继才：一朝上岛，一生卫国
——开山岛上不灭的灯塔

王继才，江苏灌云人，2003年11月加入中国共产党。自1986年起，王继才以海岛为家，与孤独相伴，开山岛上守岛卫国32年，为祖国的海防事业贡献全部青春。2018年7月27日，王继才突发疾病，经抢救无效去世，年仅58岁。2018年8月，习近平对王继才同志的先进事迹作出重要指示：我们要大力倡导这种爱国奉献精神，使之成为新时代奋斗者的价值追求。2014年，王继才夫妇被评为全国"时代楷模"。2019年2月18日，获得"感动中国2018年度人物"荣誉。

初衷：用民的淳朴扛起兵的责任

开山岛位于黄海前哨，是一座不起眼的灰褐色小岛，距离燕尾港 12 海里，面积仅 0.013 平方公里，"石多泥土少，台风时常扰；飞鸟不做窝，渔民不上岛"，自然环境十分恶劣。1986 年，驻扎在开山岛的边防连撤离后，地方武装部开始派民兵守岛。岛上先后去过 10 余个民兵，他们当中守岛最长的只待了 13 天，最短的还没等船靠岸，摆摆手又回去了。

有一天人武部政委找到民兵营长王继才，要他去开山岛守岛，那一年，王继才 26 岁，作为本地人，他当然知道岛上条件艰苦，但老政委期待的目光，让他感受到了沉甸甸的信任，他想了想说，"我试试"。

怕妻子王仕花不同意，王继才先瞒着妻子直接上了岛。在上岛的第 48 天，全村最后一个知道他守岛消息的妻子王仕花终于找到了"失踪"的丈夫。

看到了胡子拉碴、衣衫褴褛的王继才，看到岛上无淡水无电缺米的艰苦生活，王仕花哭了："别人不守咱也不守。""我们下岛吧！"王继才默不作声。第二天，王继才对妻子说："仕花，你回去吧，照顾好老人孩子！开山岛是海防前哨，你不守，我不守，谁来守？"他把妻子送上了船，随后，坚强的民兵战士再也绷不住，坐在岸上放声大哭。

没想到，几天后王仕花把两岁的女儿托付给老人，辞去了工作，上岛与丈夫一起守岛，就这样，王继才夫妇开始了"一座岛、两个人"的守岛生活，一守就是 32 年。

王继才的儿子王志国常常被周围的小孩嘲笑是没爹没娘的孩子，他总是埋怨父亲："别的爸妈都陪着自己的孩子，你们就从来没想过我，我到底是不是你们亲生的？"王继才听了只是默默地抽烟，王仕花则在一旁小声哭泣。

王仕花刚上岛时只是为了守着王继才，守着一个完整的家，慢慢地，她明白她守的是千家万户，守的是一个大国的疆土！

0.013平方公里的地方，王继才走了一辈子。当有人问王继才为什么这样选择时，王继才诉说着他的初衷："我是民，也是兵，身为民要守护家园，作为兵要保卫祖国。我只是尽了一个民兵的基本义务。"

坚守：家就是岛，岛就是国

刚上岛时，王继才和妻子王仕花的全部家当只有一盏煤油灯、一个煤炭炉、一台收音机。夫妇俩过了20多年没有水电的日子；给养不足时，吃过生米；妻子临盆时，王继才接过生；寂寞难耐时，他们面朝大海歌唱；女儿结婚时王继才因战备值班未能参加……

赶上台风，船只停航，小岛就成了孤岛。一次大风一连刮了17天，岛上的粮食吃完了，只剩下半桶淡水，他们用背包带拴在腰间，顶着狂风在礁石上捡海螺充饥，就这样撑了3天，才等到送给养的船只上岛。

生活虽然苦，心里虽然苦，可王继才夫妇毫无怨言，几十年如一日守着小岛，升国旗、巡岛、观天象、护航标……

王继才的舅舅曾参加过解放战争和抗美援朝，在听说他要守岛后，便叮嘱他守住了开山岛就守住了家门。每当想起舅舅的话，王继才就提醒自己，一定要让五星红旗在岛上高高飘扬！

32年来，每天清晨，王继才和王仕花就会扛着国旗走上山顶，一人展开国旗，一人肃立敬礼，这是他们在岛上最重要的仪式。虽然姿势看着不那么标准，但神情坚定而神圣。岛上的风大湿度大、阳光强烈，国旗一旦褪色破损，王继才就会立即换上新的。守岛32年，夫妻俩自己掏钱买了300多面国旗。32年间，他用坚守将这面国旗升到了顶天立地的高度，让这座小岛成为照亮众人心灵的"灯塔"。2012年元旦，天安门国旗护卫队了解他们的事迹后，专门向他们捐赠了一面曾经在天安门广场飘扬过的国旗，还从北京送来一座全钢移动升旗台和不锈钢旗杆。王继才将这面国旗视若珍宝，收藏至今。

开山岛的台阶，都处在嶙峋的山岩间，身患关节炎的王继才，坚持一日三巡。每天国旗同太阳一起在开山岛上升起后，王继才夫妻俩便会开始一天里的第一次巡岛，他们来到哨所观察室内，用望远镜扫视海面，看有无过往船只，看岛上的自动风力测风仪、测量仪是否正常。同样的巡岛场景晚上7点再次出现，不同的是，夫妻俩的手里多了一个手电筒。

一天的工作结束后，夫妻俩就要记录当天的守岛日志。32年来，11000多天，这样的工作流程重复了11000多次，一摞摞的巡查日志被王仕花装在大麻袋里，堆起来已有一人多高。

守岛不仅艰苦，还很危险。有一次，夫妻俩沿海边巡逻，王继才从礁石上摔下，断了3根肋骨，落入海中差点丧命。自此以后，夫妻俩就用绳子拴在一起巡逻。

开山岛的台阶，王继才在32年中不知走了多少遍；300多面自费买的国旗，和王继才一起见证了那些经历过的风雨。与开山岛亲密接触久了，王继才与这里的一草一木、一砖一瓦、一土一石都有了感情。"虽然很苦，但有一种精神在支撑着，有一种责任在鞭策着。只要能走得动，哪怕是再苦再累，也要看好这个门！"

奉献：背后有责任在鞭策

上岛前，王继才在苏南打工，家里日子过得有滋有味。上岛后，一家人的日子越过越紧。

有些人以为，王继才常年守岛，报酬肯定不低。其实不然，民兵是不脱离生产的群众武装组织，执勤、训练只有误工补助，没有正式工资。

儿子王志国回忆到，1995年年底，父亲提前下岛。他原本以为父亲是去置办年货，结果回来却一脸愁云。听母亲说，别人都觉得他在岛上没有经济来源，因此不愿借钱给他。

王继才拿着身上仅有的20元钱，买了40斤大米、一袋大白菜。对于他们一家来说，这哪是年货，这是一家5口一个月的口粮啊！

那些年，同村人陆续富了起来，但王继才家常入不敷出。在上海跑运输的大姐希望王继才离岛去给她帮忙，并承诺一年收入三五万元。王继才犹豫过，但最终还是选择留下。

他常说："小账大账怎么算？个人小账算不过来的时候，就算一算国防大账，一算心理就平衡了。"

为了生计，他跟渔民学习海产养殖，双腿泡在苦咸的海水中，捞鱼摸虾，捡贝类、铲海蛎、放蟹笼，大点的托渔船捎回港口上去卖，小点的才舍得自己解解馋，一年下来，最多也只能多挣三五千元。

有人也曾经给他指过"发财"的路。开山岛由于地域优势，走私的、偷渡的，打着旅游公司幌子开色情场所的人，一波接一波地找上门来。

有一次，一个"蛇头"私下上岛找到王继才，要他行个方便，在岛上留几个"客人"住几天，还掏出了10万元现金。王继才一口拒绝："我是民兵，只要我在这个岛，你们休想从这里偷渡！"对方恼羞成怒，威胁要让他"吃罚酒"，他毫不犹豫地向县人武部和边防部门报告情况，并协助警方抓获了这名"蛇头"。32年来，王继才在与违法犯罪斗争中练就了一双火眼金睛，他和妻子一起先后发现并协助公安边防部门破获6起走私、偷渡案件。

无论生活多困难，王继才都没有想过在守岛上动心思。当上级领导问有什么困难时，王继才总是回答说"没有"；当上级要给夫妻俩涨工资时，王继才总推辞说"够花了，再说吧"。

王继才用自己的实际行动践行了"开山岛是我国的领土，我一定要把它守好"的承诺,把一生奉献给了祖国的海防事业。王继才是军人的楷模,广大中国青年要学习他做一个有信仰的人,做一个胸中有家国的人,做一个敢于担当、乐于奉献的人。

2.曹彦生:为导弹"雕刻"翅膀
——以匠心报国的大国工匠

曹彦生,中国航天科工二院高级技师。从普通机床操作工人成长为大国工匠,曹彦生创造了多项奇迹般的纪录:24岁,成为中国航天科工集团最年轻的高级技师;25岁,获得全国技能大赛亚军;26岁,成为最年轻的北京市"金牌教练"……成绩的背后,是他对数控技术的热爱与追求,对"航天报国"的执着坚守。

潜心沉淀:练就"金字塔尖的技术"

学生时代,曹彦生就对数控加工技术产生了浓厚的兴趣。他自学了相关知识,利用课余、暑假时间,在学校的数控实训中心主动帮老师看门、做杂活,借机学习数控加工技术。就是这股子执着的精神令老师非常动容,在老师的指导下,他掌握了独立操作设备编程加工的能力。

2005年,曹彦生满怀憧憬与期望进入了中国航天科工二院283厂工作。原以为能接触先进的数控加工设备,结果每天都是最简单的铣平面工作,将笨重的导轨抬上龙门铣床,重复着简单的加工操作,这让曹彦生心灰意冷。

就在曹彦生心浮气躁的时候,一次操作失误让他彻底警醒。一次铣平面,输坐标的时候曹彦生输错了一个符号,瞬间,飞速旋转的刀具直接扎到了工作台上。

尽管第一时间停止了错误的程序,但是,工作台上留下了一圈刀痕,就是这圈刀痕深深地刻在了曹彦生的心里。

曹彦生慢慢认识到,看似简单的工作却是对自己心态和技能的全面锤炼。于是,沉下心的他在这个岗位上,一干就是三年。

为了储备专业知识,追踪学习先进数控加工技术,每天抽空上论坛、跑图书馆,成了曹彦生多年来"雷打不动"的习惯,连微信昵称都是"数控发烧友"。西单图书大厦所有关于数控加工的书籍他都一览无余,后来又研读了100多册最新数控著作,在多家杂志上发表了10多篇数控技术专业文章,参与编写出版了4本数控专业书籍。进口数控机床的操作说明书和按钮提示都是外文,他又自学了多种外语。

一边储备知识,一边练就技能。日常生活中,曹彦生只要看到一些复杂的结构,都要想办法加工出来。鲁班锁,一个看上去很普通的立方体,却有12个零件,100多个面。要想成功地加工一把鲁班锁,需要将工艺顺序、控制加工精度、配合精度等做到极致,哪怕一丁点的瑕疵都会失败。曹彦生正是通过加工鲁班锁来练就一身过硬的技能。他运用最先进的仿真制图技术,在一次次摸索实验中,加工出来的鲁班锁间隙只有0.005毫米,相当于头发丝的1/16,肉眼根本看不出一丝缝隙,是目前加工的极致。

如今的曹彦生,承担着航天科工二院多型号产品零部件加工任务,掌握了目前国内外主流先进数控设备操作系统,攻克了多个复杂产品零部件加工难题。他是第一个将高速加工技术和多轴加工技术复合应用于零部件生产的人,他发明的"圆弧面加工法"等绝技,获国家发明和实用新型专利,为企业节省成本上千万元。他参与研究的技术不断升级换代,为高精度导弹的研制和生产保驾护航。

万无一失：加工误差比一根头发丝的厚度还要小

制造航天产品讲究的是万无一失，这话里包含两层意思，一是质量过硬，二是技术顶尖。作为航天产品翅膀的雕刻师，曹彦生深知自己的责任所在。

一年夏天，283厂首次将五轴加工技术应用于某型号零件生产，凭借早期研读的相关知识，曹彦生主动请缨，他想利用参数化建模进行五轴加工程序编制。然而，加工过程并不那么顺利，由于可借鉴的经验少，零件加工精度要求极高，一道道程序的编制让工作进展一度停滞不前。

曹彦生开始陷入深深的思考，连吃饭、睡觉，甚至是走路，都在寻求解决问题的方法。

一天凌晨，曹彦生躺在床上，忽然灵光一闪，想到了解决问题的方法。得知同事们都在厂里加班，他兴奋地穿起衣服就冲到了厂房，和同事们一起验证，结果方案可行。就这样，该零件的加工难题顺利解决。

"其实，把简单的事做好，也是一种能力。"曹彦生说，虽然大多数时候，大家在做着重复的工作，但再简单的工作也应当做到让别人无可挑剔，这才是一名合格的"航天工匠"。

一次，厂里为国家某新型导弹加工空气舵。空气舵，导弹的重要构件，像是导弹的翅膀，直接影响着导弹的发射和飞行姿态。国家某重点型号空气舵结构复杂、厚度薄，控制形变和对称度难度极大，尤其是舵面对称度的加工精度要小于0.4毫米，一直是加工中的难题，两次做出来的产品都失败了，眼看整批次空气舵存在报废的风险，大家想到了曹彦生。

当时正值春节，曹彦生早就买好了回家的火车票，但是，为了完成任务，他一个人在车间里待了整整4天4夜，凭着扎实的技术功底，最终加工出来的舵面对称度达到0.02毫米的超高精度。一上测试台，所有人简直都不敢相信，连检验都以为打错了。多天来连续的高强度工作让曹彦生的体重锐减了 7 斤。

匠人精神的核心在于专注，专注的目的就是要将产品做到极致。曹彦生在一次次的创新中，挑战自我，追求卓越，用行动诠释了一个大国工匠的时代担当。

甘为人梯：大国工匠的责任担当

曹彦生所在的"马景来工作室"是以全国五一劳动奖章获得者马景来命名的班组。这个班组是航天科工集团工作室中的标杆，在国家层面上也有很高的知名度，人数虽然只占全车间总人数的 1/10，但每年完成的任务量却占车间总量的 20%，其中全国技术能手、首席技师、特级技师，比比皆是。导师带徒是工作室人才培养的基本模式，班组里的师傅毫无保留地传授，徒弟们则认真虚心地学习。

当年，曹彦生的师傅就是马景来。马景来的绝活儿是铝合金薄壁舱体加工，他加工的精度能达到 0.01 毫米，从基本的站姿、装卡，到自己的绝技绝活儿，马景来都手把手地教给了自己的徒弟曹彦生。生产任务繁重的时候，曹彦生几乎天天都要加班，早上 8 点钟来，晚上 11 点钟才能走，有时候还要干通宵，再加上收入不高，这让他感觉有点儿委屈。马景来察觉到了曹彦生的苦闷，便主动找他谈心，鼓励他发扬螺丝钉精神。在师傅的言传身教之下，曹彦生逐渐摆正了心态，潜心钻研，很快成为车间的顶梁柱，获得"全国技术能手"称号，并且成为北京市数控大赛的金牌教练。

师从马景来，曹彦生学到的不仅是手艺，更是航天的传承精神。现在的曹彦生，已经是工作室的核心骨干，在不断追踪顶尖技术的同时，曹彦生毫无保留地把拿手绝活传授给徒弟们，同时还鼓励大家共享经验和技术。

在曹彦生的影响下,他的 90 后弟弟毕业后也选择了投身航天事业,从事数控加工工作,并在 2015 年一举夺得全国职工职业技能大赛数控车工组冠军,并刷新了这项奖项冠军的最小年龄纪录。

"甘为人梯"是责任,更是胸怀,新时代中国青年要学习曹彦生这种甘于奉献的情怀,把事业发展放在首位,把公道正派记在心间,甘做"铺路石"、甘架"凌云梯"、甘当"孺子牛"。

3. 卓嘎、央宗姐妹:守望国土,建设家园
——扎根雪域边陲的最美格桑花

西藏自治区山南市隆子县玉麦乡,地处祖国西南边陲。在当地,群众常用"格桑花"来形容年轻貌美的女子。作为新时代西藏女性的杰出代表,卓嘎、央宗姐妹就出生在这个风景秀丽、民风淳朴的玉麦乡,她们几十年如一日,以放牧守边的方式,默默无闻地守护着祖国的这片领土,谱写了担当与尽责的时代赞歌。2017 年 10 月 28 日,习近平同志专门给卓嘎、央宗姐妹回信,褒奖她们爱国守边的行为:"希望你们继续传承爱国守边的精神,带动更多牧民群众像格桑花一样扎根在雪域边陲,做神圣国土的守护者、幸福家园的建设者。"2018 年 10 月 19 日,中央宣传部在全社会宣传卓嘎、央宗姐妹的先进事迹,授予她们"时代楷模"称号。

巾帼肩担起固边担

曾经,玉麦有几十户人家,人口达 300 多人。解放军进藏之初,山外匪徒散布的谣言迅速席卷了这个偏远小乡村,很多人受蛊惑赶着牲畜、带着家当,离开了故土,因此到 1996 年,桑杰曲巴家是这片土地上仅有的一户人家。一个爸爸,两个女儿,一栋房子,既是乡政府,也是他们

的家。

被重峦叠嶂的喜马拉雅山脉包围，玉麦乡其实离隆子县城的直线距离不过40公里。可是，以前想要进出玉麦却并不容易。两座海拔5000米以上的雪山横亘在玉麦人出山的路上，运气好的话一趟要走十几个小时，如果遇到极端天气就别想进出了。虽然印度洋的季风让玉麦雨水充沛，但这片土地里却怎么也长不出庄稼。半年雨半年雪，粮食需从山外运进。每一次，桑杰曲巴都要赶着牦牛，花上十几天，翻越3座海拔5000多米的雪山、跨过陡峭山谷、穿越沼泽遍布的原始森林，才能把一点珍贵的青稞驮回玉麦。

随着山外生活越来越好，邻居们纷纷外迁，再后来，卓嘎、央宗的阿妈病死在外出寻医的牦牛背上，小妹妹也在暴风雪中夭折，全乡只剩下父女三人。但桑杰曲巴始终坚信："只有人在，才能把家看好，这块土地才能守得住。"

2001年冬天，桑杰曲巴走了。临终前，老人将全家人叫到床前，交代："这是祖辈生活的地方，更是祖国的土地，要看好守好……"就这样，卓嘎、央宗两姐妹带着父亲的叮嘱，依旧坚守，每天行走在放牧巡边的山路上。

为了改善家里的生活，卓嘎姐妹俩每天凌晨四五点就要起床，放牧、挤奶、做酥油和奶渣。夏季，为了照顾牲畜，姐妹俩在放牧点一待又是一整季。

在这样的地方坚守，既要忍受着物资的匮乏，也要克服一年有大半年与外界隔绝的孤苦，凡事只能靠自己。一次放牛，卓嘎在砸桩子时，一不留神砸到了右手大拇指，鲜血一下子涌了出来。因为找不到医生，卓嘎只好撕下一块布条扎紧伤口熬了过去。至今，卓嘎的右手大拇指还外撇呈"八"字形。

再累再苦，卓嘎、央宗姐妹俩也没想过逃离，她们牢记父亲的嘱托，在玉麦这片只有 3644 平方公里的土地上，默默坚守。她们深知，守护土地，就是守护国家。

不畏艰难守卫国土

央宗还记得，第一次跟随父亲去仁措嘎山口巡逻的情景。那是 1982 年冬天，一大早三人便穿上厚厚的棉大衣、胶鞋，带着糌粑、酥油茶和烧水壶，迎着朝阳出发了。虽然从家到山口只有 40 多公里的路程，但一路上山路蜿蜒，雪厚路滑，父女三人直到傍晚才能抵达目的地。他们在附近觅得一处山洞作为临时休息点，生起火堆，轮流守护……这样的经历，在以后的日子里，渐渐成为常态。就这样，卓嘎和央宗跟着父亲，放牧巡边的脚步遍及玉麦的土地。

姐妹俩记得，阿爸每次去山外开会，都会给她们带回一些山外好吃、好玩的东西，还会给她们传达上级的指示。有一次，桑杰曲巴外出开会，带回了一些红布和黄布，姐妹俩本以为是阿爸要给她们缝制新衣裳，可阿爸在两块布上比来比去，量了又量，随后用剪刀把红布裁成方方正正的一块儿，又在黄布上剪出一颗颗五角星。央宗记得，平日里慈祥的阿爸那天非常严肃，不说话，全部的心思都在手里的一针一线上。终于缝好了，桑杰曲巴把孩子们叫到身旁，语重心长地说："孩子，这是中国最宝贵的东西，是我们的国旗！"

那一天，父亲带着姐妹俩举行了乡里的第一次升旗仪式，红旗下只有 3 个人，阿爸指着国旗说，这就是国家，有国才有家。年年飘扬的红旗，让卓嘎、央宗姐妹俩明白了，守护好脚下的土地，就是守护好国家。每次放牧巡边，就把国旗插到边境线上。

2013 年夏天，卓嘎、央宗姐妹俩随官兵一起对边境线的某山口例行巡逻，卓嘎扛着国旗一步步爬上山顶，突然一阵狂风将旗杆上的国旗卷走，央宗当即顺着河道追赶，突然脚下一滑，跌入河中，驻军官兵追了近百米才将她救起。被冻得瑟瑟发抖的央宗不顾腿上伤口血流不止，把国旗紧紧抱在胸前："国旗在，家就在。"

不仅对国旗饱含深情，卓嘎、央宗姐妹对护旗人也是同样爱戴。这一片区承担巡逻值勤任务的官兵都知道，卓嘎、央宗的家是玉麦最温暖的地方。巡逻归来，卓嘎和央宗总是把自己家腾出来给官兵住。雨天，怕官兵受冻着凉，姐妹俩就给大家倒上热腾腾的酥油茶，把自家柴火拿出来给官兵取暖。

西藏军区边防某部营长余刚至今念念不忘，2001年初冬，他和战友奉命到玉麦执行任务。当时已大雪封山，物资十分有限，但卓嘎、央宗姐妹俩还是冒着风雪，走过十多里山路，定期给执勤的官兵送土豆、牛肉等食物。无论官兵如何推辞，隔几天，部队宿营点上总会出现姐妹俩笑容可掬的脸。

代代相传守边梦

在卓嘎姐妹的带动下，现在的乡里，无论工作人员还是牧民，人人都是义务巡边员，放牧、巡边、守边已成为大家的自觉行动。

2018年初，央宗的儿子索朗顿珠毕业后也回到了玉麦。

索朗顿珠小的时候，外公桑杰曲巴就想让他当兵，回到玉麦保卫家园。每次巡逻，外公都要带着年幼的他一起去，到了山里，总会给索朗顿珠砍一把竹剑，告诉他要像战士一样守卫好家园。

大学毕业后，索朗顿珠本来有机会不用再回大山，他想去成都的一家滑雪场当教练，一个月就能挣一万多元。母亲央宗知道后非常生气："你忘了外公的嘱托了吗？这里有你的根，你一定得记住啊。"索朗顿珠说:"我很少见母亲发那么大脾气。"

索朗顿珠放弃了内地的高薪工作,回到家乡接过母亲和大姨的班,还加入了玉麦民兵班,穿上迷彩服,继续行走在祖辈用铁脚板丈量的边防线上。

"爷爷曾对我说,奶奶和小姨是在玉麦走的,我们也会在这里一一死去。人固有一死,但是中华人民共和国的领土一定要守住。"索朗说,"家是玉麦,国是中国,放牧守边是职责。对我们一家而言,爱国是流淌在血脉中的基因,是代代相传的。传到我这一代,不能断了。"

如今的玉麦乡变化很大,得益于西藏自治区边境小康村建设,基础设施建设得到了极大改善,通往玉麦乡的路进一步改造升级,卫生室、学校也建成完工,玉麦还被国家旅游局、国务院扶贫办联合列入10条中国"西部行"自驾游精品旅游线路。

2017年10月28日,习近平总书记给玉麦乡的卓嘎、央宗姐妹回信,信中指出:你们父女两代人几十年如一日,默默守护着祖国的领土,这种精神令人钦佩。

卓嘎和央宗姐妹说:"我们深知,玉麦旧貌换新颜,都是习近平总书记、党中央关怀的结果。我们一定牢记嘱托,带动更多牧民群众像格桑花一样扎根雪域边陲。"

第二节

培育迎难而上、挺身而出的担当精神

一代人有一代人的长征,一代人有一代人的使命。国家的前途,民族的命运,人民的幸福,是当代中国青年必须和必将承担的重任。在实现中华民族伟大复兴的历史征程上,应对重大挑战、抵御重大风险、克服重大阻力、解决重大矛盾,迫切需要当代中国青年具备迎难而上、挺身而出的担当精神。

1. 王进喜:天南海北来会战,誓夺头号大油田
—— "拼命也要拿下大油田"的铁人

王进喜,甘肃玉门人,新中国第一批石油钻探工人,全国劳动模范。曾率领1205钻井队艰苦创业,打出了大庆第一口油井,并创造了年进尺10万米的世界钻井纪录,为我国石油事业立下了汗马功劳。王进喜以"宁可少活二十年,拼命也要拿下大油田"的顽强意志和冲天干劲,给后人留下了宝贵的精神财富——"铁人精神"。后因日夜操劳,终致身心交瘁,积劳成疾,于1970年患胃癌病逝,年仅47岁。

"铁人"般的担当,为了钻井不惜身家性命

1960年2月,东北松辽石油大会战打响。王进喜主动请缨,带领1205钻井队加入轰轰烈烈的大会战中。刚刚到达萨尔图车站的王进喜走出火车车厢,一不问吃、二不问住,先问钻机到了没有、井位在哪里、这里的钻井纪录是多少,恨不得一拳头砸出一口井来。

那时正是滴水成冰的季节,在朔风呼啸声中,1205钻井队的队员们脚下是一片少有人迹的荒原,他们即将面对的是异常艰苦的战斗……

钻机到了,没有吊车和拖拉机,汽车也不足,王进喜就带领钻井队,用绳子拉、撬杠撬、木块垫,硬是将60多吨重的钻机一寸一寸地运到了井场,奋战了3天3夜,就把38米高的井架竖立在茫茫荒原上。

井架立起来后,没有打井用的水,为了抢时间,王进喜组织职工到附近的水泡子破冰取水,带领大家用脸盆端、水桶挑,硬是靠人力把50多吨的水端到井场。

1960年4月19日,第一口井萨55井胜利完钻,进尺1200米,王进喜首创了5天零4小时打一口中深井的纪录。

就在1205钻井队准备往第二口井搬家时,王进喜的腿被滚落的钻杆砸伤了,医生要王进喜住院治疗,王进喜却挂着拐杖连夜从医院回到钻井队,继续指挥打第二口油井。

在一次钻井中,由于地层压力太大,打到700米时突然发现井涌迹象。一旦井喷,整部钻机都可能被陷进地层,还会引起火灾,烧毁设备。危急时刻,1205钻井队恰恰没有重晶石粉,王进喜当机立断决定用水泥代替;但是,水泥却沉在泥浆池底,现场没有搅拌设备。紧要关头,王进喜不顾腿伤,毫不迟疑地扔掉双拐,纵身跳进泥浆池,用身体搅拌。在王进喜的带动下,1205钻井队的工人们相继跳进泥浆池,经过三个多小时的奋战,一场井喷事故避免了,可王进喜和工人们的身上已被碱性很强的泥浆烧起了大泡。

在新中国经济最为艰难的1960年,王进喜和1205钻井队的工人们在极端困难的情况下艰苦创业,"宁可少活二十年,拼命也要拿下大油田","有条件要上,没有条件创造条件也要上",仅用三年半的时间就探明了面积达860多平方公里的特大油田,从根本上改变了中国石油工业的落后面貌。

"铁人"般的奋斗,冲锋陷阵战斗在油田

王进喜出生于一个贫苦家庭。6岁讨饭,10岁给地主放牛,15岁到玉门石油公司当工人,直到玉门油矿解放。1950年春,王进喜通过考试成为新中国第一代钻井工人。从1950年春招工到1953年秋,王进喜一直在老君庙钻探大队当钻工,他勤快、能吃苦,各种杂活抢着干。艰苦的钻井生产实践,锻炼了他一往无前、永争第一的顽强斗志。

1956年王进喜加入中国共产党,同年6月任贝乌5队(1205队前身)队长。王进喜将全部心思和精力都用在干事创业上,带领贝乌5队在石油工业部组织的以"优质快速钻井"为中心的劳动竞赛中,提出了"月上千,年上万,钻透祁连山,玉门关上立标杆"的口号。1958年,王进喜带领全队月钻井进尺5009.3米,创当时全国最高纪录,贝乌5队被命名为"钢铁钻井队",王进喜被誉为"钻井闯将"。1959年,王进喜出席全国"群英会",被授予全国先进生产者称号。

在大庆石油大会战初期,王进喜和1205钻井队的工人们日夜奋战在井场上,饿了就啃几口冻窝头,困了就躺在钻杆上睡一觉。为了快速地给大庆油田打出第一口高产油井,他们的"苦干加巧干"充分展示出新中国第一代石油工人的勤劳与智慧。王进喜吃在井场,住在井场,从安装钻机到他们钻的第一口井完钻,一连七天七夜不下"火线"。老百姓看到王进喜整天领着工人没有白天黑夜地干,饭做好了也不回来吃,感慨地说:"你们的王队长可真是个铁人哪!"从此,"铁人"这个响亮的名字,传遍了整个大庆油田。

1961年2月,王进喜被任命为钻井指挥部生产二大队大队长,负责管理分布在大荒原上的12个钻井队。他经常身背干粮袋,骑着摩托车或步行,深入各井场,调查研究,检查工作,帮助基层解决各种实际问题。

1965年,王进喜被任命为大庆油田钻井指挥部副总指挥,领导1205钻井队在1966年创造了年进尺10万米的世界钻井纪录,超过了当时美国的"王牌"钻井队和苏联的格林尼亚"功勋"钻井队,成为世界顶尖级钻井队,再一次为中华民族争了光、争了气。

"铁人"王进喜以高度的主人翁责任感和强烈的历史使命感,战天斗地、拼搏奉献,带领工人们以创造性的劳动,创出一个又一个优异的成绩,谱写了一曲曲迎难而上、奋斗不息的激越赞歌。

"铁人"般精武强能,以"识字搬山"的意志攻坚克难

王进喜从小当童工,新中国成立后在玉门油矿当工人后开始学认字,一直到大庆油田,他以"识字搬山"的毅力努力学习文化知识。为了学认字,他开会硬着头皮记笔记,遇到不会写的字他就先画个圈,回去再跟人请教。在那个全国人民学毛选的年代里,毛主席的著作也是他每天必修的课程。学习《矛盾论》,王进喜不会写"矛盾"两个字,就在本子上画一个贫农,代表自己,画一个地主,代表曾经的压迫,用它们表示"矛盾"。再忙再累王进喜也坚持学习,挑灯夜读是常事。别人笑他,他却认真地说:"学习也像打井一样,井要一尺一尺地打,字要一个一个地认。"凭着这种顽强的意志,他读完了四卷《毛泽东选集》。读书学习开阔了王进喜的眼界,提高了他的思想觉悟,使他不断获得进步。

东北松辽石油大会战期间，面对极端困难和恶劣环境，人们有各种不同的思想，是迎着困难前进，还是畏难不前？面对这种情况，会战领导小组做出了学习毛主席《实践论》和《矛盾论》的决定。王进喜组织1205队职工认真学习了"两论"。通过学习，王进喜认识到："这困难，那困难，国家缺油是最大困难；这矛盾，那矛盾，国家建设等油用是最主要矛盾。"就这样，1205队在王进喜的带领下，有条件要上，没有条件创造条件也要上，迎着困难，把会战打了上去。

王进喜学习技术知识始终坚持学以致用。他说："干，才是马列主义。不干，半点马列主义也没有！"他带领工人们不断地从实际需要出发搞技术革新。为提高钻井速度，他和工人改革游动滑车；为了打好高压易喷井，他带领工人研究改进泥浆泵；为提高钻井质量，他和科技人员一起研制成功控制井斜的"填满式钻井法"；他还在多年的钻井工作中摸索出一套高超的"钻井绝技"，能根据井下声音判断钻头磨损情况。

"铁人"王进喜是一面旗帜，是一面指引中国青年奋勇拼搏、开拓进取的先锋旗帜，我们要充分继承和发扬王进喜这种为革命"练一身硬功夫、真本事"的科学求实精神，像"铁人"那样，以更加昂扬的斗志和奋发有为的精神状态，在本职岗位上，锐意进取、刻苦钻研，全力打好人生和青春的大会战。

2. 刘传健：传奇背后都隐藏着坚守和执着

——完成"史诗级"备降的中国民航英雄机长

刘传健，中共党员，四川航空公司飞行员。2018年5月14日，川航3U8633航班在成都区域巡航阶段，驾驶舱右风挡玻璃突然破裂脱落，生死关头，刘传健果断应对，带领机组成员临危不乱、正确处置，操纵飞机平安着陆,保障了119名乘客和机组成员的生命安全。2018年12月,中央宣传部、退役军人事务部决定授予刘传健同志"最美退役军人"称号;2019年2月18日,获得"感动中国2018年度人物"荣誉。

挑战飞行极限,勇当国家财产、人民生命的守护者

2018年5月14日6时26分,刘传健驾驶3U8633航班于重庆江北机场起飞,6时42分进入成都区域,飞行高度为9800米。

7时08分,"砰"的一声,驾驶舱右侧前风挡玻璃爆裂,驾驶舱的仪表盘上开始闪烁预警信息。"准备下降高度,备降成都。"刘传健迅速向管制台报告,同时示意副驾驶发出遇险信号。

话音未落,一声巨响,这块玻璃突然爆裂被吸出窗外,强气流灌进驾驶舱,驾驶舱气温骤降至-40℃,许多飞行仪表不能正常使用,飞机开始剧烈抖动。

自动驾驶完全失灵,仪表盘损坏,在无法得知飞行数据的情况下,如何确定方向、航向,返航机场的位置?这对飞行员来说是个巨大的考验。

幸运的是,刘传健并未失去对飞机的控制,"握住操纵杆的那一刻,我就有信心让飞机安全落地。"

在缺氧、极寒、座舱释压等极端环境下,刘传健开始了艰难的手动驾驶。下降的过程是非常痛苦的:如果下降过程太快,驾驶员身体受到的冲击会很大;如果下降的速度慢了,就意味着在高寒缺氧的环境下待的时间更久。最后,刘传健折中选取了合适的下降速度,从9800米下降到6600米,再下降到3900米,直到最后飞机安全落地。

7时46分,他驾机成功备降,旅客无一人受伤。这场历时34分钟的手动备降过程,成为中国民航史上一次"史诗级壮举"。

成功迫降双流机场之后，刘传健机长并没有闲着，他很快召集了此次航班的机组人员召开了新闻发布会。在此次会上，他一再感谢机组其他人员的支持和配合，他也感谢机上乘客对他的信任。

事后，习近平总书记专门邀请四川航空"中国民航英雄机组"全体成员参加庆祝中华人民共和国成立69周年招待会，并在人民大会堂亲切会见他们，评价他们说："我很感动，为你们感到骄傲。授予你们'英雄机组''英雄机长'的光荣称号，是当之无愧的。"

扎实的专业理论，精湛的飞行技术，严谨的职业精神，刘传健身上的这些特质在危急时刻体现得淋漓尽致，他用自己的英雄壮举，书写了英雄机长的传奇。

千锤百炼，用百分之百的努力应对万分之一的隐患

刘传健曾说过："'机长'两个简单的字，所肩负的责任重如泰山，唯有经过千锤百炼才能铸成。作为一名机长，必须用百分之百的努力去对付万分之一的隐患。"

在刘传健身上，这一锤一锤的敲打，从他任空军第二飞行学院的飞行教员时便开始了。在空军第二飞行学院，每一个学员都要进行特情处置训练，其中玻璃爆裂后如何处置是必训科目。当时常用的一款螺旋桨初级教练机是初教-6，这款机型长期服役于中国空军及地方航校，是中国空军初级教练机主力机型。刘传健执教期间，经常用这款飞机进行特情处置训练，模拟飞行过程中，机舱顶的玻璃突然向后滑落。这样的演练，每一个学员在为期一年的训练周期中，至少有一两次。而执教多年的刘传健则经历过无数次这样的训练。正是这些特情训练，练就了他处变不惊的心理素质和过硬的应急反应能力。

高教机放单飞时，刘传健还曾遭遇过一次真实的特情！1995年6月，刚飞行200余小时的刘传健迎来了飞行生涯的一个关键时刻：放单飞。单飞过程一切顺利，他按程序放下起落架，对准跑道准备降落。

就在这时，塔台指挥传来命令，要求刘传健拉高高度，准备通场。来不及多想，刘传健立即果断操作，执行指令。通场中，刘传健才明白指挥员的用意，原来是他驾驶的飞机前起落架没有完全放好，这种情况下，如果降落，可能导致机头直接着陆。

一圈、两圈、三圈……飞机在机场上空盘旋，直到第6次飞过塔台时，飞机显示油量不足，必须降落。刘传健及时向塔台报告，要求降落。在塔台指挥员的指挥下，刘传健紧握操纵杆，镇定地驾驶飞行，全力保持飞机后轮着地的姿态向前滑行，最终，稳稳地停在跑道上。

转为民航飞行员后，刘传健仍坚持在艰苦危险的环境中磨炼飞行技术，凡是急难险重任务都主动承担，出色完成。仅2017年暑运期间，刘传健就成功执行了35个高原特殊机场的航班任务。

"5·14"事件成功处置绝非偶然，正是平时练就了过硬本领，关键时刻刘传健才能凭借自己高超的技能快速、准确、成功地应对和处理。

孜孜不倦，以持之以恒的劲头培塑过硬品质

在刘传健看来，除了过硬的飞行技术之外，一名合格的机长还必须具备三项特质："一是严谨，机长的字典里不能有'随意'两个字，要比规章和制度更严格要求自己；二是慎独，机长是一架航班上的绝对权威，在没有人监督的情况下，更要按照规章去做，不能有任何疏忽；三是担当，要把保障旅客的安全作为义不容辞的责任。"

严谨、慎独、担当——多年的飞行生涯，已经将这三项特质深入了刘传健的骨髓里。

当年，空军招飞，学员们无不是千里挑一。但进入了飞行学院，也并不意味着就可以留下来。学员有70%的淘汰率,有时候进来二三十个人,最后可能只有一两个人能留下来。在这种环境下,刘传健养成了一刻不放松的习惯。凭着刻苦钻研,刘传健在同批学员中脱颖而出,毕业时留校当了飞行教员,他又将这种好习惯以身作则地传递给学员。

"他对自己要求非常高,也要求我们做到最好。"空军运输航空兵某师一级飞行员、如今安全飞行7000余小时、荣立了二等功的许宁浩,对刘传健当年的带教记忆犹新。

像许宁浩这样的"雏鹰",刘传健带教过30余名。随着带教学员一期期的毕业,刘传健从教员成长为中队长、副大队长、训练股长,多次立功受奖,安全飞行2700余小时。

2005年底,军队院校体制编制调整,刘传健停飞转业,并被上级机关作为优秀人才推荐给四川航空公司,身份转变成一名民航飞行员。"以前飞的是战斗机,追求的是灵活机动;现在要飞民航客机,必须将安全摆在首位。两者的理念完全不同。"尽管已经有了11年空军飞行教员的经验,进入民航后,刘传健意识到,自己还是需要在很多方面完善、转变,一切从零开始,但不变的是他对自己百分之百的严格要求。

工作上,刘传健对自己的要求甚至到了苛刻的地步,每次飞行,每个动作,他回家后都会不断总结反思。卧室的案头,始终摆放着与航空相关的书籍,临睡前翻看学习,是他十数年如一日养成的习惯。若是碰上了与飞行相关的问题和疑惑,刘传健更是会展现出一股非弄清楚不可的劲头。

为了保证最好的状态,刘传健很少外出,有一次回老家给他爸爸扫墓,早晨祭奠之后,午后就回家了,因为第二天要飞早班。即使是在休息时间,朋友们也很难约刘传健出来,因为他总是更愿意把这些时间用来锻炼身体,"不抽烟、不喝酒、不熬夜"是他在朋友圈里众所周知的标签。

平凡孕育伟大，伟大出自平凡。不是所有人都能创造刘传健式的壮举，但其实尽心干好本职工作，干一行，爱一行，钻一行，精一行，就是英雄。诚如刘传健感慨：英雄不是瞬间爆发出来的，是在平凡岗位上、点点滴滴形成的。只要履行了自己的职责和担当，把自己的工作干好、做精，就是英雄。

3. 杜富国："你退后，让我来！"
——冲锋在强军路上的扫雷英雄

杜富国，贵州省遵义市湄潭县兴隆镇太平村人，南部战区陆军云南扫雷大队中士。2018年10月11日下午，在边境扫雷行动中面对不明爆炸物，杜富国对战友喊出"你退后，让我来"，突遇爆炸，英勇负伤，失去双手和双眼。2018年11月18日，杜富国被授予一等功一次。12月20日，杜富国被评为陆军首届"四有"新时代革命军人标兵。2019年2月18日，获得"感动中国2018年度人物"荣誉。同年5月22日，中央宣传部授予他"时代楷模"称号。

生死险境，把生的希望留给战友

2018年10月11日下午，南部战区陆军云南扫雷大队四队在云南省麻栗坡县某雷场执行扫雷作业。这片雷场，是西南边陲最为复杂的雷区，地下到处散布着地雷、手榴弹和炮弹。当天，作业组长杜富国带战士艾岩在一个爆炸物密集的阵地雷场进行搜排，突然发现一个少部分露于地表的弹体。杜富国经初步判断，这是一颗危险性高的加重手榴弹，且下面可能埋着一个雷窝。

杜富国随即向分队长报告。当接到"查明有无诡计设置"的指令后，他跟身边的战友艾岩说了句：你退后，让我来！

随后，杜富国小心地按照规程，开始一点点地清除掉弹体四周的泥土。就在这时，意外发生了，只听"轰"的一声巨响，弹体爆炸了。强大的爆炸力和冲击波让杜富国瞬间成了血人，两只手当场就炸没了，脸上血肉模糊，眼球严重毁损伤，厚重的防护服也被炸成了棉絮状。

杜富国当场昏迷休克，伤情极其严重，现场军医给他进行了简单的包扎处理后，火速把他送到了麻栗坡县人民医院抢救。部队医院也立即抽调各科室的专家，成立应急抢救小组，赶往麻栗坡医院。经过3个多小时的紧急抢救，杜富国的伤情得到了有效控制，生命体征逐渐平稳，虽然救治及时但还是没能保住他的双手和双眼。负伤时，27岁的杜富国刚结婚，有8年军龄的他在家中四兄妹中排行老大。或许是因为作为兄长的担当，在雷场上，他始终冲在最前面，把危险留给自己。

因为杜富国那有意识的一挡，战友艾岩捡回了一条命。在艾岩记忆里，杜富国对他说得最多的一句话，就是"离我远点！你退后，让我来！"特别是爆炸发生后的几天，这句话一直在他脑海里盘旋，仿佛杜富国就在身边，一边小心翼翼地排雷，一边对旁边的他这样说："你退后，让我来！"

"你退后，让我来！"当那枚埋藏于地下的手榴弹爆炸的瞬间，杜富国用自己的血肉之躯挡住危险，用失去双手双眼的代价，把生的希望留给了自己的战友。

为人民扫雷，无悔的选择

就在杜富国出事前不到一个月，一名服役期满的战友私下问他"走不走"。他答道："活没干完就退伍，谁来扫雷！"

雷场，被看作和平年代的战场，寂静无声的土地下，藏着凶险与未知。中越边境云南段中方一侧土地里遗留着上百万枚地雷和其他爆炸物，丛林里、山峰上、道路旁，处处矗立着漆有骷髅头的"雷区"警示牌，让人毛骨悚然。2015年夏，杜富国从云南省军区原某边防团来到扫雷大队，第一次见到了生活在雷区附近身体残缺的老乡们，那一刻，他读懂了"为人民扫雷，为军旗增辉"的誓言，暗暗下定决心："一定要把这片雷场清除，还边境人民一片净土。"

在并不太长的军旅生涯中，杜富国有三次重要的人生选择，但他次次选择的是生死雷场。第一次，参军来到云南某边防团的他，原本可以成为一名优秀的边防战士，却主动选择进入更具挑战性的扫雷队；第二次，来到扫雷队后，队长发现他炊事技能不错，想派他到炊事员岗位，但杜富国坚持要到扫雷一线；第三次，排雷遇险时，他选择了让战友退后，自己独自上前。

从他的请战书上，我们可以寻得些许他做出这样选择的原因。2015年，当云南边境第三次大面积扫雷任务下达时，他这样写道："加入解放军这个光荣集体，我思索着怎样的人生才是真正有意义有价值的。衡量的唯一标准，是真正为国家做了些什么，为百姓做了些什么……我感到，冥冥之中，这就是我的使命。"

战友们都说，杜富国是排雷最多的人之一。战士们每天排了多少雷，常在本子上用"正"字计数，但对杜富国这样的排雷老兵来说，早已不在意也不统计自己排了多少雷。杜富国给自己的微信起名为"雷神"，三年来，他进出雷场千余次，累计作业300余天，搬运扫雷爆破筒15余吨，在4号洞、265号界碑、马嘿、老山等14个雷场累计排除地雷和爆炸物2400余枚（件），处置各类险情20多起。扫雷大队四队队长李华健说："'杜富国'这3个字，是对讲机里呼叫频率最高的。他总是忙不完，大家都叫他'雷场小马达'。"

扫雷队有个好传统，新同志第一次进雷场，必须由党员干部在前面带着。"跟着我的脚印走！"这是他们常挂在嘴边的一句话，就这样，大队长教会了中队长，中队长教会了班长，班长又教会了战士……队里发展党员时，有人问杜富国："你为什么要入党？"杜富国诚恳地说："我入了党，就有资格走在前面挑担子、带头干！"

不放过一寸雷区，不遗漏一枚地雷，征战"死亡地带"的勇气和底气，是一名扫雷战士对人民的承诺。多年来，正是有了一群又一群像杜富国这样正值青春韶华的兵，他们用青春、汗水、热血，甚至生命，换来了背后一片安宁的净土。

做了，就要做到最好

负伤住院后，杜富国依然像在军营一样严格要求自己，起床、学习、体能训练，一如平常。

"做了就要做好，还要做到最好。"这是杜富国的口头禅。

在大伙眼中，杜富国不算天资聪慧。刚到扫雷队时要先学理论，可初中毕业的杜富国学起来很吃力，第一次理论考试只考了32分，全班倒数第一。但就是这样一名略显笨拙的兵，却有自己执着的做事原则。他加班加点背记扫雷知识，别人学一个小时，他就学两个小时，书上满是圈圈写写，考核成绩直线上升，有时候还考满分。

为了练强探雷针手感，杜富国拿草皮练习，像绣花一样将草皮翻个遍，每天练习上万针。分队长张波说，有段时间每次吃完午饭，都会看到杜富国一个人在外面"戳"地雷。

杜富国还请战友随意埋设铁钉、弹片、硬币，通过混合、斜放、深埋增加难度，就为了训练"听声辨物"本领。

最终，杜富国熟练掌握了多种地雷的排除法，综合考核中，取得课目全优的成绩。

在刻苦的排雷训练过程中，杜富国还根据自己的经验，创新了一些小招法、小发明，提高了扫雷效率和安全性；完善了十字交叉排雷法，能更精准地定位地雷的位置；制作了10多种存放爆炸物的沙箱，提高了转运爆炸物的安全性和工作效率……

负伤后，曾有人问杜富国："你后悔去扫雷吗？"他摇摇头，答道："如果再有一次机会，我还选择上雷场！"如今，为了"讲好扫雷故事"，杜富国一边坚持康复治疗，一边学习播音。妻子王静陪他听录音，练发声。"播音员就要有播音员的样子。"杜富国说，虽然自己离专业播音员差得还很远，但他相信，"就像当初学扫雷一样，即使从零开始，只要不断坚持，一定能进步。"

"并非与生俱来，而是百炼成钢。"这是扫雷大队对杜富国的评语。入伍以来，杜富国曾被表彰为"优秀士兵""优秀士官"，多次获嘉奖，先后干过四个专业，始终干一行、爱一行、钻一行、精一行，把每一次角色转换都当作锤炼自己的机会，用行动诠释了做了就要做到最好的真谛。

第三节

勇立时代潮头，争做时代先锋

青春只有充分融入时代，树立与这个时代主题同心同向的理想信念，才能创造更大的价值。100年前，五四一代的先驱们上下求索、挺身而出，把小我融入时代变革之中，开辟出广阔的新天地。100年后，一代又一代中国青年，勇立时代潮头，争做时代先锋，执着追梦，永不低头，切实肩负起时代赋予的使命，为实现中华民族伟大复兴的中国梦贡献智慧和力量。

1. 罗阳：用生命托起祖国战机
——用生命诠释报国情怀的国防科技工作者

罗阳，辽宁沈阳人，中共党员，研究员级高级工程师，曾任歼-15舰载机工程总指挥，航空工业沈阳飞机工业（集团）有限公司董事长、总经理、党委副书记。投身祖国航空事业的30年间，罗阳始终秉持航空报国的志向，兢兢业业，攻坚克难，带领工程技术人员完成了多个重点型号研制，直至生命的最后一刻。2012年11月25日12时48分，因突发心肌梗死、心源性猝死，多方抢救无效，因公殉职，终年 51 岁。2012 年，罗阳同志获得感动中国年度人物。2018 年 12 月 18 日，党中央、国务院授予罗阳同志改革先锋称号，颁授改革先锋奖章。

航空报国、初心不改的北航学子

罗阳，1961 年出生于一个军人家庭，1978 年，他从武汉考入北京航空航天大学就读飞机制造系高空设备专业。那年，罗阳只有 17 岁，是班里最小的小弟弟，但他热爱学习，数一数二的用功。

在那个年代，刚刚恢复高考，根据考试分数，罗阳可以选择除了清华、北大之外的任何一所学校。就是因为心中怀揣着一个航空梦，他依然选择了北航。

9 月的北航，8551 班的学子们迎来了开学第一课。老师带领他们参观了北京一号，这架由北航师生自己研发的飞机，凝聚着北航人的心血，也象征着北航开拓创新的精神。老师认真地讲解北京一号的每一个精妙之处，那时起，北京一号就像一颗种子，深深地埋进了罗阳航空报国的理想里，而罗阳的理想，也和北航乃至整个国家的理想，紧密地结合在了一起。

1982 年，结束了四年大学学习的罗阳，迫切地想把自己所学的知识技能服务于振兴我国的航空事业，于是他主动申请到沈阳的航空系统工作。后来，他如愿地被分配到了沈阳 601 所。

罗阳在沈阳 601 所一干就是 20 年。这期间，他经历了航空工业不景气、军工日子不好过的十多年岁月，有的人走了，有的人跳槽，甚至还有国内同行成功后的压力。但罗阳一直咬牙坚持，默默坚守！

到了沈飞，罗阳当了一把手，整整 10 年，他同时担任几个重大项目的负责人，面对西方的技术封锁和项目研制倒计时的要求，他凭着一股韧劲儿，把巨大压力变为攻关的动力，始终坚守在研制一线！沈飞每年的工作计划都排得满满的，但是为了技术进步、为了企业发展，罗阳还要自己再加班，有的时候连续攻关加班十天、二十天！有的项目国家没有立项，按理说罗阳完全可以不干，而且这个项目恐怕到他退休也还没形成利润，但罗阳坚持把项目启动，他说这是给下一代人打基础的，我们这代人做事不能只想着自己，一定要想着企业长远的、未来的发展。

这就是罗阳，从北航开始，他剩下的三十多年时光，都被用来追梦航空。

三十年兢兢业业，罗阳用一生践行了"埋头苦干，献身航空"的使命担当，用一生诠释了"空天报国，敢为人先"的北航精神。

以身作则，恪尽职守的领军人

"他太累了"，这是罗阳去世后每一个与他相熟的人对他的叹息，也是他作为一个航空工作者工作状态的真实写照。

提到罗阳的工作时间，就必须说到"711"和"724"工作制。"711"是每周工作 7 天，每天工作 11 小时；"724"是一周 24 小时通宵达旦。

虽是一句戏言，确是沈飞人的真实写照。沈飞人从来不把艰难困苦放在眼中，只要有着技术攻坚的需求，只要国家有需要，沈飞人就会不知疲倦般地工作在第一线。而作为沈飞的领导人，罗阳更是以身作则。

他的工作日程排得异常紧张，只要不出差，晚上办公室的灯总是亮着。除了必要的休息，罗阳几乎把所有时间都用在了科研上。有时候为了抢时间，饿了就啃口凉馒头，困了就趴在图板上打个盹儿，醒来继续干。每次出去开会，罗阳都是事先订好返程票，会议一结束就马上离开，极少参加会议主办方安排的参观活动。因为工作忙，罗阳很少有时间陪家人，女儿参加高考时，才罕见地请了半天假陪她。

工作中，罗阳一直兢兢业业，但压力也是实实在在的。作为研制现场的总指挥，很多事情都需要他调度、决断。所有人都说他太辛苦、太累了，但他总说，一线工人更辛苦、更劳累。

一次深夜，某分厂领导和技术人员做一项产品的试验，对这个产品关注很久的罗阳想到了一个突破新技术的好点子，他连夜赶到分厂，跟着大家一起反复地做实验，等到生产出合格产品，天已放亮。这样的工作强度，已成常态。

就这样，沈飞在罗阳的带领下，锐意改革、开拓创新，公司迈入持续发展的快车道。在产品研制过程中，罗阳带领班子成员不断创新项目管理模式，一大批新技术、新工艺得到了广泛应用，带领沈飞实现了歼击机从二代机到四代机的跨越，为我国国防工业做出了重大贡献。

严谨细致，呕心沥血，成就航母战机自由翱翔

罗阳生前说过："中国一定要有自己的航母舰载机，中国的航空业要赶超世界先进水平，中国一定要强大。"这是罗阳为之奋斗和献身的崇高理想，为此，他付出了无数个不眠的日日夜夜。

2012年11月18日，早上6点多，罗阳初登"辽宁舰"，为了尽快熟悉情况，他像个陀螺一样忙个不停，向海军询问下一步海试飞行的工作要求；向部队询问今后对飞机制造的要求；向总设计师孙聪询问飞机试飞时还需要做哪些改进；向司令员和参谋长询问舰载机能否满足中国海军的需求。他在为下次随船海试做着严谨细致的准备工作。

在沈飞，作为研制现场的总指挥，罗阳就是个将军，整个集团，还有部分沈阳601飞机设计所的员工，加在一起万余人的队伍都在他麾下听命。然而，登上航母辽宁舰，罗阳是孤独的，身后的千军万马都没有了用武之地，研制团队成员不可能出现在他身边，从某种程度上讲，此时的罗阳,几乎是"孤军作战",千根针,万根线,都压到了罗阳一个人身上,所有的问题都靠他一个人解决,所有的数据都靠他一个人提供,所有的疑问都靠他一个人解答。

海风在刮,海浪在涌。一架架歼-15从天空掠过,俯冲向辽宁舰,触舰复飞。罗阳站在舰岛上,仔细观察每架飞机在触舰那一瞬间的飞行状态。冬天的大海,比岸上还要湿冷。罗阳左手掐着记录本,右手握着笔,一笔一笔记录着。凛冽的海风吹僵了他的手,但他还在坚守。

"罗总心思缜密、做事认真,有一个记事的工作习惯。"罗阳的秘书任仲凯回忆道,以前每天上班,第一件事就是要为罗阳准备好记事本,这些记事本记录了只有罗阳自己才能看懂的数字和符号,像看宝贝一样,开会时带着,吃饭时也揣兜里。

或许只有亲身经历,才能体验在航母上实验舰载机到底有多大的压力。舰载机起降被比作"刀尖上的舞蹈",罗阳作为总指挥,参与了这场凌厉的演出。即便在一旁观看都会提心吊胆,而起飞时巨大的轰鸣声,更会震得心脏难以承受。罗阳坚持记录了每批架次的起降、触舰等动作,而他的观看点离飞机从未超过20米。

11月24日下午1时,"辽宁舰"首批舰载机全部完成航母起降飞行训练,所有起落,十分完美。整个辽宁舰完全沉浸在亢奋的状态。没人再敢说辽宁舰是纸老虎,歼-15的成功着舰,宣誓了中国航母具备了形成作战能力的条件。中国有能力走向海洋,维护世界和平。

可罗阳还是觉得有许多事情没有做,他不会放过各个部门的技术专家全在现场这个机会,与他们充分地交流、讨教、拜师,完善自己的飞机。

直到所有的问题都问到了,罗阳才放任自己休息。11月25日,罗阳最后一个从舰上下来。相较于大家的激动,他只有疲惫的微笑;面对大家的疑问，他只是浅淡地回应：有点儿累。

12时48分，罗阳的生命永远地定格了，他就这样，卸下重负，安静地离开了人间。

斯人已去，但罗阳一生中，那些默默无闻地拼搏奋斗、献身国防的岁月，将被铭刻在莘莘北航学子心头，永志不忘；那些闪耀着金子般光辉的精神与意志，在新时代的今天值得我们每一名中国青年不断学习，薪火相传。

2. 邓中翰：腾飞的"中国芯"
——矢志创新的中国芯片之父

邓中翰，全国政协委员、中国工程院院士、"星光中国芯工程"总指挥、"中国芯片之父"。他是最年轻的中国工程院院士，41岁新增入院士名单，刷新了工程院院士的年龄线。他将自主研发的数亿枚芯片打入国际市场，彻底结束了中国无芯历史。他所创办的企业，如今成功占领了全球计算机图像输入芯片市场60%以上的份额，位居世界第一。

刻苦攻读，超级学霸敲开伯克利大门

1968年9月5日，邓中翰出生于南京，六朝古都的文化氛围和家庭环境的熏陶，使他从小就爱问十万个为什么。在那个崇尚科学的年代，"学好数理化，走遍天下都不怕"的口号是当时整个时代精神的生动投影。正是在这种气氛的熏陶下，邓中翰1987年成为中国科技大学地球与空间科学系的学生。

邓中翰的认真和"钻"劲是出了名的，就是这股子"钻"劲让他获得了物理学教授胡友秋的赏识。那是一次物理课上，胡友秋教授讲解了一道关于电磁学的题，邓中翰对老师的讲解提出了质疑，于是，他把自己的想法写了整整 8 页纸投到了胡友秋的信箱。就是这封信，让老教授关注到了这个有潜力的年轻人，还将邓中翰推荐给黄培华教授。从那时开始，这个大二的学生就开始走上了科研之路。

当黄教授将一沓厚厚的英文资料交到他手上时，邓中翰就再也没有空闲了。那个寒假，邓中翰甚至比平时上课还要努力，除了吃饭睡觉，他几乎把所有的时间都用在看资料上。一个月下来，他不仅读完了那近一尺高的文献，还罗列出了自己的观点。这件事让黄教授破例接纳了他，让一个本科生进入自己的科研小组。

当时，邓中翰写了一篇用量子力学解释空间射线对地球矿产物质晶体结果产生影响的论文，发表在《科学通讯》上，获得了"全国大学生科技竞赛挑战杯奖"的大奖，这件事使邓中翰意识到，一个人的价值在于创造的科研结果，他进一步确定了自己的人生目标。

1992 年，邓中翰拿到了加州大学伯克利分校物理系的入学通知书。伯克利物理系被高傲的中科大物理系学生视为传统归宿，而邓中翰竟然来自地球与空间科学系，这在中科大一时引起不小的轰动。在这个产生诺贝尔奖大师最多的高校里，邓中翰感受到硅技术和信息技术最前沿的冲击，他决定选修与自己专业有一定距离的电子工程专业。为此，他找到了伯克利的传奇校长，美国历史上担任顶尖大学校长的第一位华裔——田长霖教授。

然而，田校长却对邓中翰能否顺利完成知识结构的调整提出了质疑，邓中翰据理力争，告诉他自己在大学时代就做过非常超前的科研，还在世界一流的杂志上发表过论文，完全有这个能力。最后，田校长妥协了，答应给他一个学期考验。邓中翰开始闭门苦读，最终以全 A 的成绩顺利拿下了电子工程博士学位。其后，他又攻读了经济学，彻底摆脱了自己从专业技术角度看世界的狭隘。

在伯克利,邓中翰是一个不折不扣的传奇。普通的学生拿下一个博士学位一般需要6年时间,而他只用了5年便拿下了电子工程学博士、物理学硕士和经济学硕士。当商业思维和技术思维交织在一起时,邓中翰的人生也开始向着更为宽阔的道路迈步行进。

听从召唤,学成归国艰苦创业

对于自己的科研创业经历,邓中翰表示,这是一个科技工作者的使命。

毕业后的邓中翰曾在美国硅谷打下一片天下,创办了一家名为Pixim的研制高端平行数码成像技术的公司。上天对邓中翰似乎格外优待,他很快获得了成功,公司市值顶峰时达到1.5亿美元。看起来,他已经实现了富裕而安逸的美国梦,沿着这条硅谷生活的既定轨迹,前途不可限量。

就在这时,邓中翰遇到了中国科协主席周光召。周老向邓中翰介绍了中国芯片领域的发展情况,其实中国科学院早在1965年就开始了集成电路的相关工作,直到1990年,我国仍未能在此类产品的大规模产业化方面取得建树,1990年后的两次冲击也都无果而终。

听完介绍,邓中翰意识到:作为电子信息领域的核心,中国的芯片技术必须发展起来。

不久,另一件事儿给了邓中翰更大的震撼,他开始更强烈地感受到祖国的召唤。

那是新中国成立50周年的庆典,邓中翰受邀回国参加并在天安门广场观礼台观看了盛大的阅兵式与群众游行。站在观礼台上,邓中翰看着工农教科各个领域的彩车从面前驶过,接受人民的检阅,内心充满骄傲、激动,也有一些惭愧和不安。"我从小受国家的培养,享受到改革开放、出国留学这种机遇,可是还没有为自己的国家做出贡献。现在国家把我当成一个青年代表,给予这么高的礼遇,让我站在观礼台上,我心里有一种惭愧。"

于是,1999年的7月,为了祖国集成电路芯片事业的起步,邓中翰毅然放弃了在美国的成功事业和优裕生活,正式踏上了归国创业之路。在工信部(原信息产业部)、科技部等主管部委和北京市政府的支持下,带领团队承担和启动实施了"星光中国芯工程",在中关村创建中星微电子公司。

20年来,中星微电子在邓中翰的带领下申请了3000多项国内外专利,将数亿枚芯片打入苹果、索尼、三星、戴尔等国际巨头的产品中,两次获得国家科学技术进步一等奖,公司也于2005年成为第一家在美国纳斯达克上市的中国芯片设计公司。

自主创新,打破中国"无芯"历史

芯片产业对于一个国家的产业发展具有关键作用,也是容易发生"卡脖子"的领域。它不是一个人的事情,也不是一个企业的事情,而是一个国家、一个民族的事情。2018年4月16日,美国商务部宣布,对中兴实施为期7年(直至2025年)的技术禁售令。这期间,禁止美国公司向中兴销售零部件、商品、软件和技术。这一突然而来的禁令,对中兴瞬间造成致命打击,邓中翰说:"让我们终于清醒地认识到,核心技术是讨不来的,还是需要自主创新来实现。"

对于如何做到这一点,2018年两会期间,邓中翰曾在委员通道上提出发展自主芯片应该"跟跑、并跑、领跑"同时推进的理论,引发极大关注。

对于在国际上已有成熟先进技术的领域，中国企业要争取追赶，缩小与国际巨头的差距；在市场旺盛的一些新兴领域，可以和国际巨头"并跑"，争取弯道超车；要有"换道超车"的思维，敢于在国际前沿的无人地带自主创新，制定标准，打造新动能、新模式和新产业链，实现"领跑"。

邓中翰是这样说的，也是这样做的。1999年，邓中翰带领"星光中国芯"团队回国，致力于自主芯片的研发工作。由于条件简陋，资金不足，邓中翰与其团队度过了一段十分艰难的创业时光。

没有场地，就在地下仓库搭建一个临时的实验室，冬天阴冷潮湿，邓中翰和他的团队成员常常一待就是一整天，直到最后生了冻疮，甚至被冻病。为了科研，他毅然和创业团队几个成员拿出个人财产作为抵押，向银行申请了300万美元的贷款。

功夫不负有心人，2001年3月，第一枚百万门级超大规模数码图像处理芯片"星光一号"正式研制成功。第一块芯片推出后，很快拿下三星、飞利浦、苹果等知名电脑品牌，到2002年，全世界已有100万台笔记本电脑的摄像头装入"星光一号"芯片。

2005年，邓中翰领导开发设计出的"星光"系列数字多媒体芯片，实现了八大核心技术突破，拥有该领域2000多项技术专利，成功占领了计算机图像输入芯片全球市场份额的60%以上，位居世界第一，被国内外知名企业大批量采用。我国第一个拥有自主知识产权的集成电路达到了全球市场领先地位，彻底结束了中国"无芯"的历史。

"星光中国芯工程"参与了由中央政法委牵头，公安部、工信部等国家部委联合建设的"天网工程"等国家重大信息化工程，利用图像采集、传输、控制、显示等设备和控制软件，组成对固定区域进行实时监控和信息记录的视频监控系统，以便满足城市治安防控和城市综合治理需要。

邓中翰的团队在这一领域已经研发出针对公共安全视频监控的深度学习人工智能芯片，其具有采集、上传、识别、自动报警功能，已经申请多项专利，制定国家标准，建立了"全域覆盖、全网共享、全时可用、全程可控"的世界最大的公共安全视频监控网络。

虽硕果累累，但邓中翰又有了更远的目标，"新时代'中国芯'团队一定会继续坚持走自主创新道路，为芯片强国、科技强国做出新的贡献。"

创新是一个民族进步的灵魂，也是国家发展的不竭动力。邓中翰凭借先进技术，为祖国填补了无"芯"的空白，既成就了自己，又推动了祖国科技的发展。只有不断涌现出更多的"邓中翰"，中华民族才能复兴，中国才能屹立于世界科技强国之林。

3. 赵志全：直面挑战，改革潮头写担当
——不惧风浪急的沂蒙赤子

赵志全，1956年11月生，中共党员，山东省鲁南制药集团股份有限公司原董事长、党委书记兼总经理。他用了整整27年的时间，把一个濒临倒闭的小厂建设成一个净资产60亿元的现代化制药集团公司。他为新时期沂蒙精神做出了生动注解，用行动回答了"如何做人、如何做企业家、如何做新时期共产党员"。2014年11月14日因病去世，享年57岁。2016年9月，中宣部追授赵志全为"时代楷模"。

敢闯，改革路上一往无前

1987年，郯南制药厂（鲁南制药集团的前身）濒临倒闭，一年的利润几乎为零。当时的临沂地委决定选择郯南做全区首家公开招标承包经

营的试点厂，年仅 30 岁的赵志全一举中标担任厂长。当时制药厂生产原料只能维持三天，账面净资产只有 19 万元。竞标时，赵志全提出"当年扭亏为盈，到 1991 年实现产值 1000 万元"的目标，让现场所有人目瞪口呆。在一片质疑声中，赵志全在承包合同上郑重地签下自己的名字。

上任伊始，赵志全找准病灶，大刀阔斧地推行制度改革，人事、劳动、分配制度改革三管齐下，能上不能下、能进不能出、论资排辈的"老规矩"彻底改观。

个别利益受损者强烈不满，多封诬告信引来了国家四部委 100 多人调查组的调查，让全部人马不过 200 余人的郯南制药厂"热闹非凡"。后来，调查组证明了赵志全的清白。风波虽然过去了，但企业仍无法走出产品单一、市场狭窄的窘境，赵志全开始把目光投向新产品的研发上。为了鼓励科研创新，鲁南制药的科研改革极为彻底，资金不设上限，研发环境宽松，赵志全对科研"有求必应"。

1990 年，与山东省中医学院合作，利用沂蒙山区药材资源，开发出国内首创的新药"银黄口服液"。郯南制药厂正式更名为鲁南制药厂，当年产值达到 1700 多万元，利润 160 万元，提前超额完成了第一个承包期目标。

1994 年前后，赵志全抓住股份制改革的机遇，将企业改组为山东鲁南制药股份有限公司，进一步推行分配制度改革。他的做法引起既得利益者的强烈反对，甚至遭到了恐吓威胁。赵志全毫不畏惧，反而坚定了改革的决心："不管改革的路有多难走，我就认一个理儿：为了企业的发展、职工的利益，不改革不行。改革也许会失败，不改革一定是死路一条。"

在赵志全的带领下，一个岌岌可危的小厂逐步发展成一个国内领先、世界一流的国际化综合制药集团。走过风云岁月，鲁南制药时刻不忘初心，以专注和奋斗不断开启新的时代篇章。

敢拼，攻坚克难不言败

在鲁南人的记忆中，最艰难的是"96决战"。

1995年年底，大环境影响和新产品市场开发缓慢、货款回收等难题把企业拖入谷底，资金短缺、生产窘困、人心不稳，这些种种，让刚刚稍有起色的鲁南制药厂再次面临生死抉择！正是这一年，赵志全吹响了以市场为中心的"96决战"号角：备好沂蒙大煎饼，去前沿，到业务第一线去！他承诺："我每月只领200元生活费，年底前扭转不了局面，自动辞职！"

决战打响后，赵志全马不停蹄，带着业务团队一个城市一个城市地跑，奔波于全国各地。他在那辆破旧的桑塔纳车里，装上一大包煎饼和大葱，饿了就在车上啃几口煎饼，困了就蜷缩在后排座椅上休息，两个司机轮流驾驶。最多一次，他9天跑了东北三省18个城市。1996年11月下旬，赵志全从南京办完事直接飞奔长沙、合肥，到合肥他已经两天两夜没合眼了。因为太累了，在下楼的时候一脚踏空把小腿摔骨折了，但他仍坚持开完会，直到晕了过去。

靠着这种"拼命三郎"的精神，1997年年底，鲁南制药在全国6700家药企中排名第52位，一跃成为国内举足轻重的制药企业。

正是靠着这种"拼命三郎"的精神，"96决战"取得了决定性胜利。鲁南制药也培养了一支善打硬仗、高度团结的队伍，培育了"不怕困难，挑战困难，战胜困难"的企业精神。

2002年，鲁南制药开始进入生物制药的新阶段，迎来了又一次历史性跨越。同年，赵志全被查出患胸腺癌晚期。

当时，为了企业的稳定发展，赵志全对身边仅有的几个知道病情的人下了死命令：谁都不能说！病痛并没有让赵志全有半分消沉，反而激起了他更大的斗志，赵志全暗暗下定决心，要争分夺秒，用尽毕生心血，把企业推向巅峰。做完开胸手术后的第十天，赵志全就在病房里召开了领导班子会议；手术后不到一个月，就不顾医生劝阻回公司召开了业务大会。

从被诊断出罹患癌症到溘然长逝，赵志全与病魔顽强抗争了 12 年，这也是鲁南制药快速发展的 12 年。其间，鲁南制药累计为国家上缴税款 30 多亿元，连续多年位列临沂市工业企业纳税第一名。赵志全凭借着他超常的乐观精神和对未竟事业的热爱，创造了生命的奇迹。

2014 年 11 月 14 日晚上 11 点，赵志全用颤抖的手批阅完最后一份关于企业改革与发展的文件，猝然倒在办公桌前，生命的时钟定格在 57 岁。

敢爱，不亏欠这片土地

在鲁南制药员工中流传着这样一句话："你不在鲁南，就不知道赵总对我们有多好！" 2008 年，公司一位业务员的家属做换肾手术，赵志全听说后二话没说，用专门为救助困难员工设立的生活备用金，捐助该员工 9 万元；2010 年 5 月份，职工尹良的妻子查出了乳腺癌，治疗费近 40 万元。走投无路之际，他敲响了赵志全的门。"这没啥张不开嘴的，党组织永远是职工坚强的后盾。"赵志全一边安慰脸涨得通红的尹良，一边为他办理 28 万余元的药费报销手续。

在鲁南制药，赵志全就是"家长"，用心呵护每一名员工。"员工满意了，我就满意了；员工高兴了，我就高兴了。"在赵志全心中，鲁南人就是他的"家人"。只要有空，他就去餐厅与员工一起就餐、聊天、谈心。有一天，赵志全看到一位年轻员工在用餐时只打了一份青菜、两个馒头。心细的赵总便坐下来与他攀谈，才得知这个新员工家里贫穷，因举债供他上大学现已到了举步维艰的地步，他要省下钱来接济父母。赵志全来自穷苦的农村，是沂蒙山区恢复高考后的第一届大学生，他深知农村供养一个大学生的不易。赵志全让工作人员做了深入细致的调查研究，最终给每名有类似情况的员工每月增加300元的生活补助。仅这一笔支出，全厂一年就多花了上千万元，但赵志全却说："只要群众发自内心说党好，我就知足了。"

结婚、买房是大部分职工步入职场后面临的重要大事，如何平衡工作与家庭之间的关系，鲁南制药在16届集体婚礼与分房仪式上给出了答案。自1999年起，鲁南制药连续为员工举办集体婚礼，为新人提供免费住房、安家费、蜜月旅行。每年7月份，员工除了享受一个月带薪休假外，还有1200元的旅游金；对入职满一年的硕、博士免费分配一套住房；公司设有附属幼儿园，解决员工孩子上学问题；为了让年轻人多参加文体活动，先后投资2亿多元建起了篮球馆、体育馆、游泳馆、职工礼堂、舞厅、电子阅览室……

在临沂市鲁南制药集团的办公楼一楼大厅中，"造福社会，为员工创造美好生活"的标语尤为醒目。这句话出自赵志全本人，是鲁南制药的经营宗旨，更是他一生矢志不渝的追求。

敢闯敢拼敢爱，赵志全用一生的忠诚和智慧践行了沂蒙精神，用生命创造了鲁南的奇迹。新时代中国青年要学习赵志全这种勇往直前、持之以恒的拼搏精神，在各自岗位上，以担当书写人生，用实干诠释忠诚，在改革发展实践中创造新业绩，续写新篇章。

青春宣言

王继才——我是民,也是兵,身为民要守护家园,作为兵要保卫祖国。我只是尽了一个民兵的基本义务。

王继才——岛就是国,守岛就是守国门,开山岛虽小,但这是神圣领土,必须每天升国旗。

王继才——虽然很苦,但有一种精神在支撑着,有一种责任在鞭策着。只要能走得动,哪怕是再苦再累,也要看好这个门!

曹彦生——把数控技术钻研到极致,让更多人享受到数控加工的乐趣,为国防事业出一份力,是我人生最快乐的事情。

央　宗——我们要让乡亲们一来就懂得这个亘古不变的道理:家是玉麦,国是中国!

王进喜——我从小放过牛,知道牛的脾气,牛出力最大,享受最少,我要老老实实地为党和人民当一辈子老黄牛。

王进喜——我是个普通工人,没啥本事,就是为国家打了几口井,一切成绩和荣誉都是党和人民的。我的小本本上只能记差距。

刘传健——英雄不是瞬间爆发出来的，是在平凡岗位上、点点滴滴形成的。只要履行了自己的职责和担当，把自己的工作干好、做精，就是英雄。

杜富国——加入解放军这个光荣集体，我思索着怎样的人生才是真正有意义有价值的。衡量的唯一标准，是真正为国家做了些什么，为百姓做了些什么……我感到，冥冥之中，这就是我的使命。

罗　阳——中国一定要有自己的航母舰载机，中国的航空业要赶超世界先进水平，中国一定要强大。

罗　阳——航空报国不是荣誉，而是责任！

邓中翰——年轻人选择自己的发展道路和领域都存在很大不确定性，很多时候也没有办法提前设计，但我觉得有这种初心，为国家更好的发展做一份工作，踏踏实实把每一个任务做好，慢慢就会形成一系列成果。

邓中翰——今后我们要在成熟的技术路线上追赶国际水平，继续发挥"两弹一星"精神，走自主创新的道路，为芯片行业、科技行业做出新贡献。

赵志全——也许我们并不能预见未来，但我们相信自己，我们能创造未来。

第四章

新时代中国青年要勇于砥砺奋斗

———■———

"自信人生二百年，会当水击三千里。"五四运动以来的100年，是中国青年接续奋斗、凯歌前行的100年，是中国青年用青春之我创造青春之中国、青春之民族的100年，是中国青年积极投身党领导的伟大事业，为人民战斗、为祖国献身、为幸福生活奋斗的100年。进入新时代，民族复兴的使命要靠奋斗来实现，人生理想的风帆要靠奋斗来扬起。新时代青年要继承和发扬永久奋斗的好传统，用奋斗装点青春最亮丽的底色，勇做走在时代前列的奋进者、开拓者、奉献者。

第一节

继承和发扬永久奋斗的好传统

毛泽东同志曾说,中国的青年运动有很好的革命传统,这个传统就是"永久奋斗"。今天,我们的生活条件好了,但奋斗精神一点都不能少,永久奋斗的好传统一点都不能丢。新时代中国青年当继承发扬永久奋斗的革命传统,在永久奋斗中为民族复兴铺路架桥,为祖国建设添砖加瓦。

1. 王进:行走在云端,守护着岁月通明、灯火万家
——在"刀锋"上起舞的人

王进,国家电网山东省电力公司检修公司输电检修中心带电班副班长,1979年4月生,中共党员,高级技师。在20多年里,王进把线路高空当作战场,在电力高压线上行走着,守护着岁月通明、灯火万家。他做过的带电作业有300多次"零失误",700多个小时,爬过3000多基铁塔,如果把高空走线的距离累加起来有4000多千米,相当于从济南走到新加坡,为国家避免了数以亿计的经济损失。他先后荣获全国劳动模

范称号、五四青年奖章、全国五一劳动奖章、中国电力楷模，以及2018年"大国工匠年度人物"等荣誉。

在平凡中坚守，常年穿梭在电网的"生命禁区"

大部分人对于"带电作业"可能很陌生，简单说来，就是在不停电的情况下检修高压输电线路。这项特殊的工作对工作人员的身心都有很高的要求，工作人员既要克服恐高晕眩、体力等身体问题，更需要克服的是人体与线路接触的一瞬间产生长达数十厘米电弧的恐惧心理。可以说，每一次带电作业都是对生命的考量，都是一场穿越"生命禁区"的生死较量，因此，超高压带电作业在电力行业被称为"在刀尖上跳舞的工作"。

1998年，刚从技校毕业的王进，是一个对带电作业充满了恐惧的"菜鸟"，一登高就腿软，听到放电就发抖。

2001年，王进第一次参加带电作业培训。看到有的同伴爬铁塔爬到一半就吓哭了，他也有点打怵。当公司安排他真正进行第一次带电作业的时候，他顺着铁塔往上爬，电晕声在耳边嗡嗡作响，王进感到头皮都发麻了。在进电场的一瞬间，手跟导线产生的电弧，以及由此带来的巨大声响，都让他忐忑不安，甚至想停下脚步。但随后他很快调整心态，然后牙一咬、心一横，一把抓住了高压线，迅速地进入电场，成功实现等电位，他的第一次带电作业任务圆满完成，实现了职业生涯的第一次突破。这次经历可以说是"惊心动魄"，也就在"摸电"的那一瞬间，他与带电作业结下了不解之缘。接下来，只要一有时间，王进就埋头研究各种输电线路的参考书和塔形金具的图纸以及相关知识技能资料，把它们一一学懂吃透并学以致用，在带电作业的实践当中不断地积累经验。

2008年的夏天，山东电网500千伏辛聊线有一处导线破损，如果不及时处理,破损将更加严重,后果不堪设想。按照有关规定,断股超过 25%,就必须切断电源,重新压接导线。但如果此时辛聊线断电,影响甚大,最终公司决定带电处理。王进主动请缨,在当时铁塔表面温度达到 60 摄氏度的情况下,爬上 50 多米高的铁塔实施带电修补。虽然在修补过程中出现了中暑的症状,但他还是咬紧牙关一步一步完成了操作。下塔后的王进已经全身湿透,肌肉也出现了轻度痉挛。

工作 20 多年来,王进立足本职岗位,埋头苦干,长期扎根特、超高压输电线路带电作业一线,始终把确保输电线路可靠供电作为自己的首要责任。

在创新中奋斗,用科技降伏世界首只超级"电老虎"

王进一直坚信,带电作业是一门科学,科学技术是带电作业工人的"护身符"。他把那些热爱创新的工友组织起来,组成了"卓越带电作业创新团队",从而把创新人才个体优势、"单打独斗"整合为团体创新合力。以他名字命名的工作室被评为"全国示范性劳模和工匠人才创新工作室""山东省劳模创新工作室""山东省第三批高技能人才创新工作室"。

有人说,高压电是只凶悍的"老虎",带电作业无异于"虎口拔牙"。"工欲善其事,必先利其器",王进的创新,始于一副手套。线路工作人员在距离地面 50 多米的高压线上行走,两手要紧紧抓住上面两股线平滑向前移动,由于长时间的电腐蚀,运行中的导线表面特别毛糙,普通手套一会儿就磨破了。王进团队经过半年的反复试验,一种由 6 个铝合金滑轮组成的特殊的"走线专用手套"被发明。这种手套特别耐磨,手心处使用了特殊设计,使原来的走线安全轻便了很多。

2011 年,世界首次 ±660 千伏银东直流线路带电作业,让王进走向了职业生涯的"高峰"。有着"不能停电的线路"之称的 ±660 千伏银东直流输电线路占山东省总负荷的近十分之一。王进和带电班的成员为成功挑战这世界首只超级"电老虎",自线路建成之日起,他们就连续两个月吃住在训练场,白天上塔演练操作,晚上研究作业方案。天道酬勤,2011 年 10 月 17 日,王进在不到 1 个小时里,出色完成了带电检修任务,成功挑战世界首次 ±660 千伏直流输电线路带电作业,被誉为 ±660 千伏带电作业"世界第一人",为社会节省电量 1000 万千瓦时。

这样的成绩得益于王进团队在实践中不断积累、不断创新。2015 年 1 月 9 日,是一个值得永远铭记的日子。这一天,王进与众多院士、教授、科学家们一起走进人民大会堂,参加国家科学技术奖励大会。王进团队自主研发的"±660 千伏直流架空输电线路带电作业技术和工器具创新及应用"的成果被授予国家科技进步二等奖。其中,《±660 千伏直流输电线路带电作业技术导则》先后成为国家电网公司企业标准和电力行业标准,在很多方面填补了世界技术空白。

在实战中锤炼,锻造大国工匠的"盖世绝技"

很多人对王进的印象,始于他在 2011 年成功挑战世界首次 ±660 千伏直流输电线路带电作业,而这"一战成名"源自多年与线路杆塔的无数次"亲密接触"练就的一身工匠技艺。他专心学习相关的理论知识,苦心练习带电作业的各项技能本领,经过不断摸索,潜心练就了"微声辨伤""双手同工""一把抓线""精准预判"等绝技。

"微声辨伤"。导线在线路带电运行中会发出电晕的声音,如线路出现异常,声音也将产生变化。王进可以在距离线路数十米的地面上凭耳朵听线路声音的细微变化,就能准确判断线路的损伤位置以及损伤程度,而这些微小的铝绞线都不超过两毫米细。就整个国家电网来说,掌握这项绝活的也没有几个人。

"双手同工"。在数十米甚至上百米的高空,作业人员一般会根据工作需要坐在一根导线上,用一只手开展作业,用另一只手辅助身体平衡。而王进却能仅用双腿就可以稳定地坐在一根导线上,使双手脱离导线来完成作业。正常需要一个小时完成的带电作业,王进只需半小时就能完成。这需要超强的毅力、耐力和从容不迫的心态才能做到。

"一把抓线"。开展带电作业时,有时作业人员要使用"秋千法"进电场,如果稍有不慎,就会导致撞线或无法进入电场。在这一过程中,王进既能通过合理发力控制身体稳定,用最理想的方式进入电场,而且还能精准判断出自身与带电线路的距离,一把抓住导线迅速进入电场。

"精准预判"。目前,特超高压线路带电作业进电场有"软梯法""跨二短三"及"秋千法"等多种方式,作业人员也要根据线路缺陷的位置和性质不同,选择不同的方式进入电场。经过多年实战经验的积累,王进练就了一双"火眼金睛",能够在最短的时间内综合判断线路缺陷,并迅速准确找到进入电场的最合理方式,同时能够快速罗列出作业过程中的安全注意事项以及需要使用的工具,为之后检修做好准备。

"飞身上塔身轻如燕,进出电场凌波微步",这是同事们对王进高超技艺的评价。谁也没有想到,这么一个身怀绝技的"高手",曾经却是一个听到放电就发抖的技校生。

在平凡中坚守、在创新中奋斗、在实战中锤炼,王进用"敢于有梦、善于追梦、勤于圆梦"的不懈奋斗,浇灌出实现美好"中国梦"征程上的青春之花,唱响了新时代最美的劳动者之歌。

2. 秦文贵：青春与奋斗是永远的关键词
——戈壁荒漠上的石油之子

秦文贵，河北平山县人，1961年9月出生，中共党员，高级工程师，中国石油天然气集团公司"学科带头人"。他是戈壁荒漠上的石油之子，他将人生最美好的青春年华奉献给了我国环境最艰苦、海拔最高的青海油田。他曾先后获得中国青年五四奖章、当代青年的榜样等荣誉，在中华人民共和国成立60周年之际，当选为"100位新中国成立以来感动中国人物"。

大学生变石油人，在钻塔上找到人生信念的坐标

柴达木盆地被称为中国西部的"聚宝盆"，能源和矿产资源极为丰富。然而对于柴达木盆地，当地流传的民谣是这样说的"天上无飞鸟，地上不长草，风吹石头跑，氧气吸不饱"，这里平均海拔2700米以上，自古以来就被视为生命的禁区。

1982年，秦文贵从华东石油学院开发系钻井工程专业毕业，当时21岁的他满怀一腔热情，怀着"头戴铝盔走天涯，昆仑山下送晚霞"的憧憬和兴奋，奔赴远在大西北柴达木盆地的青海油田。初来乍到的秦文贵被柴达木盆地恶劣的自然环境和艰苦的工作条件所震惊，甚至可以说给他泼了一盆冷水，而且他还出现了难以忍受的高原反应。但是，凭借着吃苦耐劳的毅力和坚定的信念，秦文贵从校园到高原，踏上了由一名大学生向柴达木石油人转变的征程。

当时，秦文贵所在的探井队在钻探我国当时海拔最高的一口探井时发生了强烈的井喷，如不及时处理，后果不堪设想。虽然当时正值严冬，滴水成冰，但是看到工人师傅们毫不犹豫地跳进齐腰的泥浆中时，秦文贵被深深地震撼着、感动着。突然，有人用力将正在井口拆卸被堵管线的秦文贵推向一边，随之100多米长的放喷管突然飞了出去，连他手里的管钳都连带着飞出好远。好悬啊！最终，经过全队拼死奋战，终于制伏了井喷。经过这次生死考验，秦文贵渐渐地明白了，残酷的环境和艰苦的条件铸造了工人们一种艰苦奋斗、顾全大局、为油而战的精神，正是这种精神，让这些普普通通的石油工人甘愿牺牲、无私奉献，正是有了他们，中国的石油事业才能不断发展。于是，秦文贵在那挺立的钻塔上，找到了自己人生信念的坐标，那就是：只有为社会创造价值的人，自己的人生才会有价值。

在这种信念的支撑下，秦文贵坚持战斗在钻井战线上，逐步锻炼成长。长期的实践使他深深感到，油田的发展不仅需要艰苦创业的精神，更需要科学技术的支撑，对于石油工业的发展来说，科技同样是第一生产力。作为一名知识分子的秦文贵义无反顾地肩负起这个重任。他常年奔走在戈壁荒漠中，边实践边研究，刻苦钻研技术，攻坚克难，改进工艺，使钻井速度得到极大提高，大大节约了成本。几年下来，他成了公司里小有名气的工程师钻井队长。

拒绝国外高薪聘请，毅然选择报效祖国石油事业

1992年，秦文贵经过严格的考试，因成绩突出，被确定为加拿大国际发展署和外经贸部联合举办的人才培养项目的专业人才，赴加拿大卡尔加里大学进行为期13个月的学习，这是中国石油系统唯一入选人员。临行前，他来到冷湖烈士公墓，看望长眠在这里的那些曾经为青海油田建设献出宝贵生命的先辈英烈，其中还有他尊敬的师傅和相熟相知的工人兄弟。为了祖国的石油事业，他们把生命永远地留在了那里。秦文贵默默地在墓碑前站了许久，最后抓了把带着油香的沙土，裹在一帕白方巾里包好，然后深深地鞠了三个躬。

在加拿大学习期间，秦文贵如饥似渴地学习国外石油工业的先进技术。他上午在校学习，下午到 AKITA 石油公司跟班作业，一有时间就钻进图书馆学习。由于刻苦学习钻研，他的学习心得报告多次受到高度评价，还曾在其他学员中间转发传阅。甚至得到他所在公司董事长的赞赏，他的勤奋好学、做事扎实得到大家的认可。

在 13 个月的学习将要结束时，这家公司邀请他留下来工作，承诺给他 10 倍的薪水，还许诺给他办理爱人和孩子定居海外的手续。但面对人生的岔路口，秦文贵有着自己的信念，在他看来，国家培养了自己，又送自己出国深造，学成回国，理所当然。于是，他毅然选择了回国，带着当初带走的那捧沙土最终又回到了柴达木，去完成先辈们未竟的事业。

1993 年秦文贵被提任公司的副总工程师。回国后的几年间，在秦文贵带领下，青海油田迅速发展，先后完成了高海拔地区油田多项科研项目，推广的新技术、新工艺达数十种，大量生产技术难题得以破解，而这些科技成果的每一次推广应用，为油田带来的经济效益都非常可观。

另外，秦文贵主持的钻井简化套管科研项目取得成功，4 口深开发井用事实验证了这项成果，而每口井能够节约 2500 米技术套管，节约近 700 万元的综合钻井成本，这是青海油田开发史上具有里程碑意义的一个创举。而在攻关的半年多时间里，当时只有 34 岁的秦文贵一头黑发竟在不知不觉中白了大半，连自己的女儿都不认得他了。

2000 年 1 月，秦文贵再次获得出国学习的机会。2002 年 6 月，他获得美国得州农业和机械大学商学院工商管理硕士（MBA）学位。2003 年，因工作需要，秦文贵被调到北京，任中国石油天然气集团公司工程技术分公司副总经理。

扎根戈壁荒原，在为社会创造价值的奋斗中实现自身人生价值

从1982年到1999年，除了在加拿大留学，柴达木、青海油田陪伴秦文贵走过了人生最美好的青春年华。在这期间，青海油田原油年产量不断攀升，钻井井深纪录不断被刷新，制伏井喷用时不断缩短……创造了一个又一个彪炳史册的纪录。

秦文贵，作为当代青年知识分子，用真学实干走出了一条在艰苦环境中奋斗并成功成才的成长路径，为当代青年竖起了一面旗帜。他用爱岗敬业、尽职尽责的主人翁精神，大公无私、忘我工作的奉献精神，舍小家、顾大家的大局情怀，不图享乐、报效祖国的爱国精神，将新一代石油工人的优秀品德展现得淋漓尽致，他始终忠实地实践着自己的人生信条——"在为社会创造价值的奋斗中实现自身人生价值"。

有信念、有梦想、有奋斗、有奉献的人生，才是有意义的人生。2019年，恰逢五四运动100周年，又迎来祖国70岁华诞。习总书记指出："奋斗不只是响亮的口号，而是要在做好每一件小事、完成每一项任务、履行每一项职责中见精神。奋斗的道路不会一帆风顺，往往荆棘丛生、充满坎坷。强者，总是从挫折中不断奋起、永不气馁。"[①]对仍在为祖国的石油事业奋斗而不知疲倦的秦文贵来说，青春与奋斗似乎是永远的关键词。"在为社会创造价值的奋斗中实现自身人生价值"，这不是一句简单的口号。在利益多元化的今天，我们青年人要向秦文贵学习，牢固树立共产主义远大理想与社会主义共同理想，立足国家与社会需要选择职业，在面对人生的岔路口时，能够坚定理想信念不动摇，将个人理想融入国家梦想之中，并为实现梦想而在自己的行业不懈奋斗、勇于担当，方能成长成才。当前，中国特色社会主义进入新时代，在这个更加广阔

---

① 习近平：《在纪念五四运动100周年大会上的讲话》，载《人民日报》2019年5月1日。

的舞台上,我们需要更多像秦文贵这样的热血青年发光发热,为实现中国梦贡献力量。新时代的青年只有将自己的命运与国家、民族的命运紧密相连,将实现自身人生价值融入为社会创造价值的奋斗中去,将远大理想付诸艰苦奋斗,才能谱写无悔于人生的青春华章。

3. 王顺友：山路上的"流动邮局"
——马班邮路上的忠诚信使

2005年10月19日,来自中国的一个普普通通的乡村邮递员,打破了瑞士伯尔尼万国邮政联盟总部会议131年的惯例,成为这个会议有史以来第一个被邀请的来自最基层的邮递员,他就是王顺友。王顺友,1965年10月出生于中国四川省凉山彝族自治州木里藏族自治县,中共党员,木里藏族自治县邮政局投递员。他先后荣获全国五一劳动奖章、全国劳动模范、四川省优秀共产党员、全国优秀共产党员、"100位新中国成立以来感动中国人物"等荣誉和称号。

爱岗敬业,愿做光荣的"信使"

木里县地处青藏高原东南缘,地形极其复杂,在本世纪以前,木里大部分的乡镇都没有公路和电话。当地乡政府和百姓与外界保持联系的唯一途径就是以马驮人送为手段的邮路,被称为"马班邮路"。全县除县城外,15条邮路全部是"马班邮路",而且绝大部分在海拔4000米以上的高山上。

1984年,年仅19岁的苗族小伙子王顺友子承父业,从乡邮员的老父亲手里接过了马缰绳,成为四川省凉山彝族州木里县一名普通的马班邮路乡邮员。"送信就是为党做事,为党做事的人要吃得起苦。"这是当时接过父亲的衣钵时，老父亲对王顺友的郑重嘱托，他把父亲的话铭记于心，踏上了马班邮路的漫漫征途，从此过上了与马为伴的日子。自此之后，他一直承担着木里县城至白碉、三桷垭、倮波乡的马班邮路投递工作，每月投递两班，一个班期为 14 天，一个班期的往返里程就有 360 公里。

一个月里，王顺友有 28 天奔走在路上。察尔瓦山和"九十九道拐"是他的必经之地，一个一年中有 6 个月冰雪覆盖，气温达到零下十几度；一个稍有不慎，就会连人带马摔下悬崖掉进波涛汹涌的雅砻江。

1988 年 7 月的一天，王顺友在给倮波乡送邮件时，到了雅砻江边，他像往常一样把溜索捆在腰上向雅砻江对岸滑过去。没想到，眼看就要到达对岸了，溜索上的绳子突然裂断，他从两米多高的空中摔在河滩上，但是邮件包却不幸掉到雅砻江中顺江漂去。不懂水性的王顺友在这个时候"呼"的一下爬起来，抓起一根树枝就跳进江中拼命地打捞邮件，当他用尽全力从汹涌的江水中把邮件包抢了上来的时候，人也累得瘫倒在河滩上。可他只稍作休息，便又背上邮件艰难地朝目的地走去。

除了邮路坎坷危险，另一个挑战就是寂寞孤单。一年中有 300 多天奔波在这条邮路上，王顺友一肩挑、一人扛，没人能替他分担这近乎残酷的艰苦。当万家灯火、家人团聚的时候，他只能一个人蜷缩在露天雪地上或者山洞、牛棚、树林里，唯一与他相伴的就是一匹骡马。夏天一身泥，冬天一身雪，饿了就吃青稞面充饥，渴了就用山泉水或者冰块解渴。由于常年风餐露宿，喝酒驱寒，王顺友的身体一堆毛病。但是在这条路上，他比谁都乐观，他以苦为乐，苦中作乐。

牢记初心，送信就是为党做事

不忘初心，方得始终。《百位共产党人百篇小传》用"党员之品格，寂寞足以炼其诚；楷模之荣光，困苦难以动其念"给予王顺友高度评价。作为一名党员，王顺友始终牢记父亲的嘱托："送信就是为党做事，为党做事的人要吃得起苦。"

王顺友特别爱看讲述英雄故事的电影，最佩服的英雄人物是《英雄儿女》中的王成。他觉得自己和王成一样，都是不怕死的人，是为了党，能豁出性命的人。处在和平年代的王顺友，始终坚信，把信送好就是为党做事，如果为这项工作而献出生命，死得其所。他是这么想的，也是这么做的。

在马班邮路上，王顺友要面对的艰难困苦太多了，有恶劣的天气，有险峻的环境，有一路的孤独寂寞，有时还有各种抢匪的袭击。比如，2000年7月的一天，王顺友翻过察尔瓦山，途经树珠林场时，从树林中突然跳出两个抢匪，离他非常近，只有两丈远，他们凶神恶煞地冲王顺友嚷道："把钱和东西全部交出来！"面对抢匪的恫吓，王顺友不但没有一丝胆怯，而且还非常镇定从容地用更高的声音正义凛然地喊道："我是乡邮员，是给大家送报纸信件的！要钱没有，要命一条！"一边说话一边靠近自己的马，顺手从背篓中拔出了刀子，欲与匪徒搏斗。两个匪徒见他一身正气，听他说话也没有一点恐惧之意，而且还穿着邮政标志服，又带着刀，就有点傻眼了，不知如何是好。这个时候，王顺友急中生智，趁抢匪不注意，纵身上马从匪徒身边冲了过去，成功脱险。王顺友面对的险境又何止这些，而这个外表矮小、干瘦、驼背的共产党员毫不畏惧，几十年如一日，以顽强的意志和艰苦奋斗的品格战胜了邮路上的各种艰难险阻和孤独寂寞，每年有300多天在路上，投递8400多份报纸、840多份函件、330多份杂志、600多件包裹。

将生死置之度外的王顺友说："搞好本职工作是我的责任，再大的苦也要忍了，不能给党丢脸。"作为一名党员，同时也是一名邮递员，王顺友在自己平凡的岗位上用实际行动践行着"为人民服务不算苦,再苦再累都幸福"的人生追求,用自己对工作的忠诚赢得广大藏族同胞的尊敬和爱戴。

甘于奉献,在小事中做出大境界

对于普通人来讲,送信似乎是一件非常微不足道的工作,而对于王顺友来说却是大事。1998年8月,木里县遭遇泥石流,邮路上的白碉乡因此变成了"孤岛"。按规定,这趟邮班王顺友完全可以不用跑的,但当他在邮件中发现两封大学录取通知书时,他坐不住了,急急忙忙骑上马就出发了。当他历尽千辛万苦到达目的地时,包括通知书在内的15公斤邮件依然干干净净的,被完好无损地送到乡亲们手中。接到入学通知书的学生和家长,看着身上沾满了污水、泥土和鲜血的王顺友,感动不已,而王顺友却觉得这只是自己的本职工作。

由于邮路沿线环境复杂,很多偏远山区的群众进出非常困难,大家也就不能及时了解党和国家的大政方针,这就严重影响了这些地区的经济发展和群众生活水平的提升。于是,在做好本职工作的同时,王顺友还甘愿绕路、甘愿贴钱、甘愿吃苦,为偏远地区的群众捎去生产生活用品,为农民群众带去科技信息、致富信息,为改变农村面貌、发展农村经济办好事、办实事。多年来,他成了邮路沿线百姓联系山外的纽带,在绵延数百公里的木里县雪域高原上,架起了与外部世界的一座桥梁,一个人、一匹马、一条路、一颗心,成了当地老百姓心中最温暖的形象。

王顺友总是说:"乡亲们需要我,我也离不开他们。"在王顺友眼里,乡亲们的需要就是对他最大的褒奖,也是他的人生价值所在。在那些送信的岁月里,每到达一个地方,见到乡亲们,他的脸上总是不由自主地挂着微笑。他常常一个人走在路上自言自语,久而久之,那些话变成了山歌。

多年来,王顺友一路奔波,任劳任怨,战胜孤独和寂寞,演绎了一段世界邮政史上的传奇。几十年来,王顺友送邮行程长达26万多公里,这相当于走了21趟二万五千里长征,绕地球赤道6圈。期间,没有延误过一个班期,没有丢失过一封邮件,投递准确率达到100%。他将党和政府的温暖、时代发展的声音和外面世界的变迁不断地传送到雪域高原的村村寨寨,把党和各族群众的心紧紧地连在了一起……

今天,木里县传奇的"马班邮路"已然成为了历史,马班邮递员也改用摩托、汽车送信了,但王顺友他们的这种奉献精神值得我们每一个青年人学习。空谈误国,实干兴邦、无论时代如何变迁,千千万万的基层党员,只要坚守信仰,脚踏实地,一步一个脚印地前进,涓涓细流亦可汇集成汪洋大海,我们的生命就能得到升华,就会有千千万万个在小事中做出大境界的王顺友,描绘出新时代的亮丽景色。

第二节

奋斗是青春最亮丽的底色

青年之字典,无"困难"之字,青年之口头,无"障碍"之语。青年人朝气蓬勃,正在兴旺时期,就好像早晨八九点钟的太阳。新时代青年要立鸿鹄志、做奋斗者,不为风险所惧、不为浮躁所扰、不为安逸所诱,用行动点燃青春奋斗的梦想,以奋斗求解青春"最优方程式"。

1. 甘远志:用生命书写新闻
——汗水铺就光明路的记者

甘远志,男,出生于1965年,四川省广安县人,1998年加入中国共产党,生前系海南日报社经济部主任记者,2004年9月,年仅39岁的甘远志在海南省东方市采访途中,突发心脏病不幸逝世。从事新闻工作18年,在新闻界,大家对他的敬业精神都敬佩不已。尤其是2001年6月调到海南日报社后的1095个日子里,他采写的稿件达1051篇之多,100万字的见报稿。作为"新世纪中国新闻史上的杰出代表"的甘远志,他的发稿量惊人,其中有很多有分量、有影响力的新闻作品,如《碑,是人民树的》《掌声，15次响起》《南充发生五·二三严重事件》等多次获全国和省级好新闻，在社会上引起强烈反响。

"记者就是要深入基层，不下去怎么出新闻？"

实践才能出真知，毛泽东曾指出："你对那个问题的现实情况和历史情况既然没有调查，不知底里，对于那个问题的发言便一定是瞎说一顿。"① 没有调查，就没有发言权。对于新闻工作者来说，这个问题尤为重要。2001年6月，甘远志来到海南日报工作时，他原本不需要整天出去跑新闻，是可以坐办公室的，但是他却反复向领导要求到基层采访，要到最偏僻落后的地方驻站采访。因为他的信念就是"记者就是要深入基层，不下去怎么出新闻？"因此，他认为只有第一时间赶到现场，才能为读者提供最鲜活、最真实的报道。在省报工作的甘远志看来，了解基层、了解省情是极其重要的事情，也是新闻工作者的职责所在。在他的执意要求下，领导派他到海南西部较为偏僻的东方市当一名驻站记者。当时的东方记者站工作已经接近瘫痪，工作条件也十分简陋，房间狭窄且久未打扫而布满灰尘，没有电脑，没有交通工具，只有"嗡嗡"作响的老式空调。甘远志看到这样的工作环境，没有一句怨言，相反却十分珍惜这个在基层工作的机会，于是很快投入工作当中去，他跑农村、厂矿、政府，和群众打成一片，报社从甘远志手里源源不断地收到反映基层情况的稿件。

两年后，因为工作需要，甘远志被调回报社经济编辑部工作。他认真、负责地和每个部门对接好工作，总是第一时间赶到新闻现场，为的就是给读者提供鲜活的报道。甘远志是一个常年奔跑在采访一线的经

---

① 《毛泽东选集》第1卷，人民出版社1991年版，第109页。

济报道的主力,他那不知疲倦的身影在新闻现场处处可以看到。作为一名记者,一年365天没有节假日、没有周末、没有休息,工作几乎占用了他全部的时间和精力。几年下来,他将以前少有问津的部门,跑成了"热门";他从以前报道空白的领域,源源不断地挖出新闻;枯燥的、难采访的题材,别的记者都看不上、不愿跑的部门,却变成甘远志报道中最活跃的领域进入公众视野。甘远志还用手中的笔写出了许多至今让人回味无穷的鲜活的新闻作品,如《小腌瓜挺进大市场》《把假干部通通清退》《"金大田"香蕉跑赢市场》等等。

"当记者,就要为老百姓说话"

随着市场经济的深入发展、利益日趋多元化,记者的行为和观念也深受媒介市场的激烈竞争和利益驱动的影响。现实生活中,不乏立场不坚定之人。甘远志是家里的顶梁柱,上有老、下有小,但是他为人正派、清正廉洁。作为记者,甘远志对这份职业始终保持一颗敬畏之心。他一直以来都秉持这样一条工作原则,那就是"当记者,就要为老百姓说话"。他始终认为"吃人家嘴软,拿人家手短。新闻记者要是与采访对象扯不清楚,就丧失了独立和权威",就会使新闻失去该有的客观和公正,就会影响民众对于真相的认知与评判,这是甘远志绝对不允许的。所以他一直严格要求自己,不该拿的钱,他一分也不收。这就是他高尚的职业道德和职业操守。例如,他以敏锐的洞察力,及时对农机服务收费、农村供电收费和中小学收费混乱等现象敲响了警钟;他将个人安危置之度外,不畏权贵深入虎穴,最终将海南私彩泛滥背后的"保护伞"揭露出来,让真相暴露在阳光下。无论刮风下雨,只要有新闻,甘远志每天都背个采访包在现场采访。对于新闻采访,奔波在一线的他从来不提任何要求,大多数时候,都是自己出钱解决吃饭和交通问题。即使跟随政府人员下乡采访，他也从来不收"车马费"。

但是，在采访中有需要的时候，他却会为了挖掘新闻而常常自己出经费。比如，在"发现油气"的系列报道过程中，甘远志会慷慨解囊去帮助有需要的人。

作为传播新闻信息、记录时代进步、引导大众舆论的新闻记者，甘远志不仅能够做到在利益诱惑面前独善其身，而且在新闻报道中能够坚持公正客观的原则，尤其是那些事关老百姓切身利益的问题，他更是始终坚持自己的新闻理念与职业道德，听取民意，真实地反映民声。不是真实的，即使给他金山银山也买不动他；该监督批评的，即使遭遇威胁恐吓也阻拦不了他报道，从而能够保证自己客观公正全面地向社会报道新闻。《孟子·滕文公下》有云："富贵不能淫，贫贱不能移，威武不能屈。此之谓大丈夫。"甘远志就是这样一个纯粹的人，一个坚守信念、顶天立地的大丈夫。

"记者，应该永远在路上"

甘远志每天不是在采访，就是在去采访的路上。每天除了采访、写稿、发稿、发稿后大量的询问、反复的核对，还要处理后续各方的反应和各种评论，甘远志承受的压力和劳累可想而知，但是他始终以一个新闻人的姿态奔波在路上，从他嘴里听不到一点一滴的抱怨，在他身上看不到一丝一毫的懈怠。同事们每次看到他的时候，他都是高高兴兴的。有人劝他歇歇，但他总认为"记者，应该永远在路上"，这种忘我的精神，赢得了大家的肯定。甘远志对新闻工作这份职业的无限的热情和动力，源自他对这份职业由衷的热爱。

作为报社记者，有人擅长用数据，有人擅长用图片，有人擅长用文字……对于甘远志来说，他还善于用真情报道、用心血报道乃至用生命报道，这也是最令人钦佩和感动的地方。他将职业生涯、生活方式和生命形态融为一体，正因为如此，他的新闻报道中充满了生命的活力。他一直在用生命书写着对新闻事业的忠诚。他的事迹一经报道，不仅感动了海南，也感动了整个中华大地。如今，在海南日报社，新入社的同志入社第一课就是学习甘远志的先进事迹，传承甘远志乐于奉献、爱岗敬业的职业精神。同时，每年11月8日记者节这一天，报社的同志们都要在甘远志的塑像前献上鲜花，以纪念这位杰出的新闻工作者。

甘远志是杰出的新闻人，是当代中国青年的杰出代表。不管生前还是身后，他都无愧于人们对他的敬佩和尊重，因为他是一个纯粹的记者，一个纯粹的人。他用一个青年新闻工作者的良知、责任与激情，为这个行业树起了一面旗帜。甘远志是一个人又是一群人。一代又一代的新闻人在甘远志事迹的感染和激励下，秉承着新闻人追求真实、公正、正义的原则，记录社会发展、报道百姓生活、反映民生百态，兢兢业业地尽着自己的一份力。甘远志虽已离去，但是甘远志精神将永存。活跃在中华大地上的新闻人，正在甘远志精神的感召和影响下发光发热，用手中的笔、镜头、话筒履行着新闻人的职责、肩负起新时代的使命，用青春热血诠释着新闻从业者的价值和意义。

2. 李春燕：守护乡村的"白衣天使"
——感动中国的"赤脚"医生

李春燕，出生于1977年，苗族，2005年3月加入中国共产党，贵州省从江县丙妹镇大塘村卫生室（博爱卫生站）副主任医师。十几年来，她默默奉献、守护苗寨，做出了突出贡献。她先后被评为感动中国十大人物、全国优秀乡村医生、中国十大杰出青年、全国卫生系统先进工作者、"100位新中国成立以来感动中国人物"、全国劳动模范、贵州省优秀党员等。

扎根苗寨,治病也治愚

在过去的中国广大农村,尤其是偏远农村,由于缺医少药,"小病扛、大病顶,实在不行把巫师请"的现象非常普遍,李春燕所在的贵州省从江县大塘村也不例外。在大塘村的多年行医历程,让李春燕见证了农村百姓生病从"请巫师"到"找医生"这个过程的艰难转变。2000年,李春燕毕业后跟随丈夫来到大塘村。从卫校毕业的李春燕来到大塘村后,发现这是一个从来没有过医生的地方,是一个被医学完全遗忘的角落。在这里,一旦有人生病,要么请巫师驱邪,要么就得花几个小时抬到县城或者跑去县里花高价租车把病人拉去县城医院。小孩子生病也不重视,更说不上护理。

李春燕心想,村里要是有个卫生室该多好,这样她就可以为村民看病了。她的想法得到了家人的支持,丈夫卖掉了家里的2头耕牛,给她筹资2000元开办了大塘村有史以来的第一个卫生室。卫生室刚刚创办,由于资金紧张,她连一个像样的药箱也没有,只好找来竹篮子代替药箱,一些简单的医疗器械也买不起,都是从当医生的父亲那里借来的,但是这些都没有动摇她为村民们服务的热情和决心。

但是卫生室开始运转后,并没有出现村民热烈欢迎的场面。因为长期相信巫师的村民们对这个挎着竹篮的年轻姑娘抱有怀疑的态度,所以找她治病的村民寥寥无几。于是,一场医学与巫术的争夺战在这个苗族村寨悄然进行着。有一次,李春燕路过一家村民家,看到他们的孩子得了肠炎没钱治疗,正请来巫师给孩子"治病",她便上前去询问,并对孩子的病情进行诊断后,当场为患者开了药,没几天,孩子的病治愈了。

大塘村的潘红胜在外出打工后发现自己得了肾结石，在花光积蓄之后病还是没治好，只好回家养着了。后来被李春燕发现了，于是就让他来卫生室打针，而且说收费的事以后再说，最终，潘红胜的病被治好了，而他没交一分钱的医药费。他说李春燕虽然没有白衣，但依然是最美丽的天使。

越来越多的患者被李春燕治愈，越来越多的村民开始信任她，而找巫师"治病"的人越来越少。

默默奉献，医德高尚

大塘村是一个有着 2500 多人的苗族村寨，山高路陡，交通闭塞，老百姓生活贫穷。村卫生室创办之初，由于当地老百姓大多没钱看病吃药，所以从卫生室看完病拿了药之后，经常是赊欠记账，少则五角、一元，多则几元、几十元不等。李春燕出诊看病，无论白天黑夜，不管路途多远，她从来不收诊费，对于特别困难的村民，甚至连药费也不收。看病的同时，她还为村里的产妇接生。接生一个孩子，得到的回报也寥寥无几，很少超过 5 元钱，有时候守一整晚，也只有几角钱，而每年村里都有几十个新生儿由她接生。时间一长，本来就资金紧张的卫生室越来越困难，为了给村民买药，李春燕还跑到县城药店去赊药，家里为此还背上了 7000 多元的债务，只好卖掉家里剩下的唯一的一头耕牛来抵债，最困难的时候，家里所有值钱的东西包括结婚戒指都被卖掉了，但还是还不上药店的药费，这让她感到非常无奈和沮丧。李春燕甚至一度想要关闭卫生室外出打工赚钱，但是村民们听说以后纷纷赶来，他们七拼八凑出 100 多块钱还给李春燕，让她留下来，虽然杯水车薪，但是李春燕知道村民们需要她，本来就舍不得离开的她又留了下来，继续艰难维持着给村民看病。

2004年10月3日中午，李春燕为大塘村一个贫穷的农民家接生了一个不满7个月的早产儿，但是，孩子出生4个小时后，出现了呼吸困难，李春燕马上赶去抢救。在路上，几位进行社会调查的志愿者和记者遇到了她，便一起到了孩子家里。

李春燕看到孩子脸色发紫，已经没有任何生命迹象了，她判断是气管堵塞，这是由于早产导致体内器官发育不全，出生时吸入过多羊水造成的。抢救几分钟后不见效果，她就试着用自己的嘴对准孩子的小嘴轻轻一吸，结果，吸出来一口黄色液体，就这样一口一口地吸，孩子仍然没有任何反应。最后，在志愿者的帮助下找到了一辆车送孩子赶往县城医院，李春燕一路上都在给孩子做着人工呼吸……孩子被转送上急救车，她一下车就昏倒在了路边。但是，在孩子出生8个小时后，县医院尝试了所有的抢救方法，还是没有留住这个幼小的生命。

李春燕的行为感动了随行的志愿者和记者，他们便将她的故事写了下来。故事一经公布，李春燕这个为了乡亲们的健康而艰难守护的赤脚医生一时间家喻户晓。很多好心人为她提供资助，帮她还上了欠药店的钱，使卫生室能够正常运转。

模范带头，建设家乡

李春燕的事迹感动着亿万人民。很多热心人士把爱心传到大山深处的月亮山区，温暖了整个从江大地，百姓的生活也越来越好。在各界人士帮助下，还建成了使用面积达270平方米的大塘村新卫生室，卫生室的医疗条件得到极大改善。2006年，中国红十字基金会的全国第一座"博爱卫生站"——"大塘村博爱卫生站"竣工挂牌。李春燕化身爱心使者，她通过自己的影响力将爱心传递给家乡，为家乡建设多做实事。比如，帮助村民解决吃水问题、改善交通状况，还帮助两个邻村建设村卫生室等等。

作为一名党员,李春燕觉得自己不仅要治病救人,带领村民致富也是党员的责任。大塘村拥有近 1000 亩的果园基地,但是 90% 都是平榅柑,品种非常单一,且榅柑的成熟时间是在 11 月份以后,此时也正值水果上市旺季,导致大量水果滞销,果农损失惨重,一筹莫展。李春燕看着也非常着急。所以,在行医的同时,她开始思考大塘村产业发展的问题。2008 年李春燕承包了 150 亩果园,她根据市场行情,改变过去水果品种单一的问题,分别试种夏橙、无籽榅柑、温州柑等新品种。经过几年的努力和尝试,2011 年,仅温州柑就获得 7 万多元的收入。在她的带头示范下,大塘村果农也逐渐转变了思想观念。现在大塘村水果品种越来越丰富,果农收入也不断增加。

为了让更多村民尽快富裕起来,李春燕夫妇还带头创办了一个肉猪养殖场。她协同村"两委"积极向有关部门争取政策扶持,帮助群众解决销售问题。在她的带领下,现在大塘村家家户户都养有至少 5 头肉猪,有 5 家农户养猪超过 30 头,养猪成为群众增收致富的又一个重要途径。

行医十几年,李春燕诊治的病人一个又一个,经她双手接生的婴儿一个又一个,所垫付和免收的药费自己也记不清。她成了大塘村老少的"贴心人",成了病人的精神支柱,乡亲们信任她,只要有她在,大塘村 2500 多村民的健康就得到了保障。李春燕,她是照亮苗乡的月亮,她不仅用自己的高尚医德守护着一方百姓的生命健康,而且还用自己的智慧带领群众共同致富。李春燕用青春与热血书写出了艰苦奋斗的华美篇章。

3. 青春"天团"：助力"嫦娥"、强壮"北斗"、照亮"神舟"回家路
——航天报国的青年英杰

"航天报国的嫦娥团队、神舟团队平均年龄是 33 岁，北斗团队平均年龄是 35 岁。这样的青年英杰数不胜数！"①在纪念五四运动 100 周年大会上，极富青春气息的中国航天三大团队——嫦娥团队、神州团队和北斗团队受到习近平总书记的高度赞扬，称他们是"青年英杰"。

自主创新助"嫦娥"

创新是一个民族发展的不竭动力。中国从站起来、富起来到强起来，每一步都离不开科学技术的发展创新，可以说，科技创新深刻改变着中国面貌。

2019 年 1 月 3 日 10 时 26 分，嫦娥四号惊鸿一落，完成了月球背面软着陆，这也意味着中国成为世界上首个在月球背面实施软着陆的国家。嫦娥四号的关键技术包括中继、着陆、巡视、月面长期工作等，都是中国自主进行创新研发而成，属世界首创。

李飞，航天五院一位标准的 80 后，负责嫦娥四号探测器系统着陆器总体设计。他负责的嫦娥四号探测器的着陆器上装有对月球测速、测距等的敏感器，还有用于分析月面上地形情况的激光三维敏感器，着陆器自己根据这个情况来控制着陆的速度、高度，以及最终的安全着陆点。这是人类首次将人工智能应用到探月工程。

黄程友，航天科工集团三院 33 所高级工程师，是被称作"高精度加

---

① 习近平：《在纪念五四运动 100 周年大会上的讲话》，载《人民日报》2019 年 5 月 1 日。

速度计组合"装置的主要研制者之一，正是这一装置一路为"嫦娥"保驾护航，它通过测量"嫦娥"飞行加速度，以确保"嫦娥"在地月转移变轨、环月轨道和动力下降的不同阶段，能够实现精确变轨控制和平稳、准确的着陆控制。而面对成绩，黄程友非常谦逊，将成绩归于师长的帮助、引导。1999年至2006年，他先后就读于哈尔滨工业大学航天学院控制专业和航天科工三院33所的导航、制导与控制专业，在这两个机构，他遇到了一大批学识渊博、治学严谨，对学生严格要求、循循善诱的知名学者和科学家。黄程友从他们身上不仅学习了专业知识，还学到终身受益的治学方法。自身的成长经历，让他更加明白了习总书记说的："青年要顺利成长成才，就像幼苗需要精心培育，该培土时就要培土，该浇水时就要浇水，该施肥时就要施肥，该打药时就要打药，该整枝时就要整枝。"[1]

"在浩瀚的宇宙中，嫦娥四号降落在行星邻近的卫星，或许看起来微不足道，但在人类航天史上无疑是值得称道的一小步，也是中国航天人追梦的标注。"[2]新时代的青年，要有时不我待的紧迫感，为我国科技自主创新添砖加瓦，为航天事业贡献力量。

不懈奋斗强"北斗"

"四五十年间，从第一颗卫星上天到拥有了30多颗星组成的卫星导航系统。……时间的标尺丈量出一个又一个梦想，仿佛瞬息即达，但这向上的每一步，汇聚了多少人日夜不息的脚步，蕴含了多少个日夜交替的酸甜苦辣，这大概就是让梦想升腾起来的强大动力。"[3]这支北斗导航卫

---

[1] 习近平：《在纪念五四运动100周年大会上的讲话》，载《人民日报》2019年5月1日。
[2]《日夜交替，汇聚梦想不息的动力》，载《人民日报》2019年1月4日。
[3]《日夜交替，汇聚梦想不息的动力》，载《人民日报》2019年1月4日。

星团队平均年龄35岁，其中，约60%是80后，20%多是90后。这些年轻人都有一技之长，如果跳槽，收入也会是现在的两三倍。但是，他们选择了为祖国的航天事业不懈奋斗，将自我价值的实现融入祖国的飞天事业。

习总书记强调，爱国主义是我们民族精神的核心，是中华民族团结奋斗、自强不息的精神纽带。正是在以爱国主义为核心的民族精神和以改革创新为核心的时代精神的激发下，北斗团队在氢原子钟研制攻关过程中，干劲十足、忘我奋斗，实现了一系列技术突破，为北斗导航系统建设奠定了坚实基础。

星载原子钟被誉为导航卫星的心脏。2006年，27岁的部英男刚刚进入星载氢钟研制团队，他满怀为国奋斗的强烈责任感和使命感投入其中。从一开始，他就清楚地意识到，他必须全力以赴按照国家已经制定的北斗工程建设目标和时间表，保质保量完成好所承担的星载氢钟研制任务，这项工作对于中国北斗事业意义重大。

在攻关最关键的那两年，团队中无论是负责人还是青年人，几乎所有人都放弃了所有休息日，全年无休地扎根在了实验室，历经数年不懈努力，首次装载星载氢钟的北斗卫星终于一飞冲天。结果显示，星载氢钟的多项技术性能显著优于前期采用的星载原子钟。目前，北斗团队已研制出多批次星载氢钟产品，为"北斗"全球组网提供了强有力的支撑。2018年12月部署完成北斗三号基本系统星座，"北斗"服务迈向全球。20年左右的时间里，中国"北斗"从无到有，从亚太走向全球，千千万万个青年人参与创造了这项世界航天发展史上的奇迹。虽然成绩斐然，但是今天，"北斗"团队依然在奋斗，他们要为中国创造新奇迹做出更多贡献。

习总书记指出，"奋斗是青春最亮丽的底色"。新时代的青年，不论是成就自己的人生理想，还是担当时代的神圣使命，"都要珍惜韶华、不负青春，努力学习掌握科学知识，提高内在素质，锤炼过硬本领。"①唯有如此，才能抓住中华民族发展的最好时期建功立业。

建功立业在"神舟"

说到"神舟"团队，大家一定都对一连串的名字如数家珍，杨利伟、费俊龙、聂海胜、景海鹏、翟志刚、王亚平等，他们都是用热血青春为祖国航天事业无私奉献的航天人。习近平总书记在2018年新年贺词中指出，"幸福都是奋斗出来的"。从"神舟五号"首飞成功到"神舟十一号"稳定苍穹，在这胜利的背后既有航天员的不懈努力，更有千千万万航天工作者的艰苦奋斗和无怨无悔的牺牲奉献。

"回收一号"雷达，由中国航天科工二院自主研制，是神舟飞船顺利回家的守护者。从1999年到2011年的12年里，从"神舟一号"到"神舟八号"，"回收一号"雷达历经8次天地追寻，一次又一次地守护飞船顺利回家。

2009年，中国航天员已经实现了自主出舱活动，空间交会对接技术亟待突破，大步挺进载人空间站建设。新的飞船回收任务需要优异设备，而已经服役10年的"回收一号"，一些部件老化，亟待全面升级。因此，中国航天科工二院23所研发团队开始对"回收一号"雷达进行升级改造，目的是提高系统性能、维修性、可靠性。

朱颖，硕士，2009年毕业于电子科技大学，所学专业正是航天科工集团二院23所急需的雷达领域的重要技术——波束控制，于是他选择加入航天科工，由此开启了自己的航天报国之路。入职两个多月后，朱颖

---

① 习近平：《在纪念五四运动100周年大会上的讲话》，载《人民日报》2019年5月1日。

就被安排参与"神舟"飞船返回的雷达跟踪系统"回收一号"的升级工作，刚刚毕业就获得参与"国"字号工程的机会。朱颖认为，自己之所以有这样的航天报国的机会，既源自师长引导、自己努力，但更重要的是因为快速发展的中国航天提供的机遇。而他的专业能力正好学以致用，他既感到幸福，更感到责任重大。

改造后的"回收一号"，虽然外形变化不大，但是系统性能得到很大的提高，已属第二代雷达，为未来的载人航天打下了良好基础。2011年11月17日19时14分31秒，升级改造后的"回收一号"雷达首次亮相，就提前捕获目标，以超出任务要求的起始跟踪距离足足372公里的战绩圆满完成任务，为"功勋雷达"的史册上增添了新的光彩。

历史和现实告诉我们，青年始终是整个社会中最积极活跃、最富有朝气、也是最富有创新精神的一支力量，无论过去、现在还是未来，青年兴则国家兴、青年强则国家强。党的十九大提出要建设航天强国的宏伟目标，时代呼唤担当。每一个航天人将继续弘扬不怕牺牲的奋斗精神，用自己的青春与热血，为实现中华民族新时代的飞天梦想，向宇宙更深更远的地方不断航行！

第三节

勇做走在时代前列的奋进者、开拓者、奉献者

"宝剑锋从磨砺出,梅花香自苦寒来。"好儿女志在四方,有志者奋斗无悔。新时代中国青年要勇做走在时代前列的奋进者、开拓者、奉献者,毫不畏惧一切艰难险阻,在披荆斩棘中开辟天地,在攻坚克难中继续前进,用青春和汗水创造出让世界刮目相看的新奇迹!

1. 胡福明:以真理的精神追求真理
——勇开思想先河、勇立时代潮头的改革先锋

2018年是改革开放40周年。在人民大会堂的庆祝大会现场,当《春天的故事》那熟悉的旋律再次响起,特写镜头逐一对准在主席台就座的100名改革先锋时,一位坐在轮椅上的银发老者微笑着向大家摆手致意。他,就是被誉为勇开思想先河、勇立时代潮头的改革先锋的胡福明,即1978年《光明日报》特约评论员文章《实践是检验真理的唯一标准》的主要作者。

心系国运兴衰,青年哲人不忘历史担当

《诗经》云:"周虽旧邦,其命维新。"是说周虽然是旧的邦国,但其使命在于革新。纵观人类文明发展史,每一次深刻的社会变革,都以解放思想为先导。中国改革开放风起云涌的历史,也必然追溯至这个起点。中国航船的起碇,始于思想的破冰;中国巨轮的前行,源于思想的解放。而青年哲人胡福明就是在中国历史的转折关头,发出时代和人民的呼声的思想破冰者和探路人。

胡福明,1935年7月出生在江苏无锡一个贫苦农民家庭。后在的党关怀和哺育下,凭借自己的刻苦努力逐渐成长为一名新中国的知识分子。党的培育让胡福明笃定了听毛主席话、跟共产党走的信念。历史积淀的无锡读书人的书生本色,让胡福明懂得了读书人的天职,他愿意用生命去阐释对"风声雨声读书声声声入耳,家事国事天下事事事关心"这22个字的理解。他觉得,读书人最有力的武器是思考与表达。

1959年夏天,胡福明从北京大学毕业,经学校安排在中国人民大学读了3年的研究班。毕业后来到了南京大学工作,主持哲学系的教学和日常工作。在对入学新生的入学教育中,胡福明语重心长地告诫学生:"要练好笔杆子和嘴巴子,要有敏锐的思想洞察力。接受马克思主义教育要真信、真用。"

1976年10月,"四人帮"被打倒了,整个中国沉浸在粉碎"四人帮"的喜悦中。人民是历史的创造者,人心向背来是最好的解释。同许多老百姓一样,胡福明满怀激情地投入揭发和批判"四人帮"的斗争中。他敏锐地认识到,中国正面临历史变革的重大机遇,要改变"以阶级斗争为纲"极"左"路线了,知识分子应当为推动这个重大的历史转折尽一份自己的力量。于是,他在南京大学学报上发表文章,揭批张春桥的荒谬论点和反革命目的,批判"文革"的错误主张。接着他一鼓作气,连出重拳,接连发表系列文章,主张建设社会主义的现代化才是党和人民的主要任务，反对继续以阶级斗争为纲。"我是党组织一手培养出来的，这是真心话。因此作为知识分子，我要有骨气和担当，特别是在大是大非面前。"胡福明如是说。

马克思主义的战斗檄文，敲响"两个凡是"的丧钟

正当人们满怀信心地要推动全面拨乱反正，党内外同志越来越强烈地要求纠正"文化大革命"的错误时，1977年2月7日，中央"两报一刊"发表《学好文件抓住纲》的社论，明确提出了"两个凡是"的方针："凡是毛主席作出的决策，我们都坚决维护。凡是毛主席的指示，我们都始终不渝地遵循。"针对"两个凡是"，邓小平以一名共产党员的身份给华国锋、叶剑英和中共中央写信，提出与之根本不同的唯物主义的立场和态度，指出："要用准确的完整的毛泽东思想来指导我们全党、全军和全国人民，把我们党的事业、社会主义的事业和国际共产主义运动的事业推向前进。"①"准确、完整"是与"两个凡是"的观点相对立的，它击中了"两个凡是"的要害。

就在邓小平写信抨击"两个凡是"的时候，胡福明也陷入深深的思考：判断认识和决策是否正确的标准究竟是什么？判断是非的标准究竟是什么？怎么能搞"两个凡是"？这完全是教条主义，是宣传个人崇拜，不符合马克思主义的哲学观。他觉得他有义务批驳"两个凡是"的僵化思想。

"作为一个理论工作者，我能做什么呢？我唯一能用的就是这支笔，用马克思主义书本上的道理，去解决当前面临的问题，我能使用的只有这个武器。"②就这样，一段探索真理标准的思想苦旅开始了。那时正赶上

---

① 《邓小平文选》第2卷，人民出版社1994年版，第42页。
② 中央广播电视总台编著：《见证：我亲历的改革开放》，中国方正出版社2018年版，第3页。

胡福明妻子生病住院，他把《马克思恩格斯选集》《列宁选集》《毛泽东选集》带到医院，一边陪护妻子，一边撰写提纲，等妻子出院时提纲已写好，并将题目定为"实践是检验真理的标准"。接着又利用暑假时间，一边陪妻子，一边写作，直到完成文章初稿。他把文章寄给《光明日报》社，编辑们对胡福明的文章进行了修改。总编辑杨西光看了文章的大样后，感到主题重要，就邀请中央党校理论研究室的孙长江和《光明日报》的马沛文等同志一起来研究和加工文稿，最终形成了6600多字的新稿，这就是敲响"两个凡是"丧钟的战斗檄文《实践是检验真理的唯一标准》，文章强调"实践不仅是检验真理的标准，而且是唯一的标准"，锋芒直指"两个凡是"。1978年5月10日，文章首先在中央党校内部刊物《理论动态》发表，11日《光明日报》以"特约评论员"的署名公开发表，新华社当天向全国转发。12日,《人民日报》《解放军报》全文转载。

"我不入地狱谁入地狱"：为追索求是之道无所畏惧

在"文革"余悸未消、"左倾"思想仍甚嚣尘上、中央旗帜尚不明朗的政治环境下，在理论上批判两个"凡是"是需要极大勇气的。《实践是检验真理的唯一标准》的出笼就如石破天惊，立即掀起了轩然大波。在《人民日报》发表文章的当天，就有人给人民日报打电话，对文章提出严厉批评。还有人给其扣上"砍旗"的大帽子，中央主要领导相继点了《理论动态》《光明日报》《人民日报》的名。这时，他们批评的已经不是一篇文章，而是将其视为严肃的政治问题。时任华南师范学院教授的黎克明提醒胡福明，这件事风险很大，要有思想准备。胡福明很清楚这一点，他想，人生难得几回搏，我不入地狱谁入地狱。作为一个共产党员、一个马克思主义理论工作者，有责任正本清源，还马列主义、毛泽东思想的本来面目。但他还是感受到极大的压力，甚至准备去坐牢、杀头。

就在这个关键时候，邓小平讲话了，他说："现在发生了一个问题，连实践是检验真理的唯一标准都成了问题，简直莫名其妙。"不久，邓小平在全军政治工作会议上发表重要讲话，深刻阐述了实事求是、一切从实际出发的基本观点，尖锐地批评了个人崇拜、教条主义和唯心论，号召要"打破精神枷锁，使我们的思想来个大解放"。在邓小平等老一辈革命家的支持和领导下，从理论界到实际工作部门，从高层到基层，从城市到农村，一场席卷全国的真理标准大讨论轰轰烈烈地开展起来。

《实践是检验真理的唯一标准》开了当代中国解放思想的先河，它所引发的关于真理标准的大讨论，极大地解放了人们禁锢已久的思想，使我们党重新确立了实事求是的思想路线，为党的十一届三中全会实现伟大的历史转折，做了充分的思想理论准备。以思想破冰为引领的中国改革开放的大幕就此拉开，正如诗人艾青借用春天万物复萌"去问开化的大地，去问解冻的河流"，比喻"解放了的思想"所造就的时代洪流。

40多年前，在伟大的历史转折之中，以胡福明为代表的一批青年知识分子站了出来，为人民拨开了迷雾，将科学的真理推到了群众面前，也推动了中国巨轮的发展。今天，新时代青年肩上的责任更重大，使命更艰巨，必须始终保持改革创新的勇气、敢为人先的锐气、蓬勃向上的朝气，以锐意进取的责任感推进思想再解放，以奋勇当先的使命感推进改革再深化，将自己的青春无私无悔地全部奉献给祖国和人民。

2. 吴仁宝：生命不息，服务不止
——华西村改革发展的带头人

吴仁宝，江苏江阴人，中国共产党的优秀党员，农村基层干部的杰出代表。在他担任华西村领导人时，坚持走以集体经济为主的共同富裕发展道路，使华西村成为"天下第一村"。2018 年 12 月 18 日，党中央、国务院授予吴仁宝改革先锋称号，颁授改革先锋奖章。

为百姓脱贫致富、为人民谋幸福的人民公仆

坐落在江苏省江阴市的华西村在中国家喻户晓，号称"天下第一村"，这里户户住别墅，家家有汽车，人人有存款，被誉为美丽和谐的"农民天堂"。可半个世纪前的华西村是远近闻名的穷村，地少人多，草房破烂，垛墙歪倒，水洼河沟遍布，村民们经常挨饿，集体负债累累。"高的像斗笠帽，低的像浴锅塘。半月不雨苗枯黄，一场大雨白茫茫"，这是 1961 年华西村的真实写照。

谈到华西村，不得不提吴仁宝。从 1954 年参加工作到 2013 年去世，吴仁宝一生都没有离开华西，他是中国农村党员干部中的一名杰出代表，他把一生心血都奉献给了华西。从 1957 年开始，吴仁宝在华西村党支部、党委书记的岗位上一干就是几十年。几十年的风雨兼程，几十年的呕心沥血，他带领华西人起早摸黑，肩扛手推，重造山河，"白天干了，晚上还要干；晚上干了，第二天天不亮就要下地。"正是凭着这种勤劳吃苦的精神，华西村先后成为中国第一个"电话村""彩电村""空调村""汽车村""别墅村"，进而成为全国农业样板村，创造出一个又一个为世人称道的致富传奇。

吴仁宝曾说："我是穷过来的，看到有人穷我就心疼，最大的心愿就是让穷人过好日子，这是我的原动力。无论任何时候，我都坚信一点，共产党是要为大多数人民谋幸福的。什么是社会主义？人民幸福就是社会主义。"他用质朴的语言、实在的行动诠释了什么是社会主义，他以一种近乎偏执的坚守，以一种近乎忘我的执着，坚信"人民幸福就是社会主义"，始终站在农村改革发展的最前列，率领华西村民经过战天斗地般的"七十年代造田、八十年代造厂、九十年代造城、新世纪腾飞",走出一条富有华西特色的共同富裕之路。

吴仁宝深谙"一村富了不算富,全国富了才算富"的道理。通过创造性的"扩容"举措,把周边20个经济薄弱村纳入华西共同发展、共同富裕进程,还分别建成"黑龙江华西村""宁夏华西村",形成"大华西"格局,开垦荒地上千亩,兴办企业几十家,帮扶受益村民数万人,走出一条先富帮后进的成功实践路子。此外,他通过培训数以十万计的农村基层干部,为全国的基层党组织建设和社会主义新农村建设做出了杰出贡献。

敢想敢试、敢闯敢干的改革者

在华西村华丽巨变的历史进程中,吴仁宝谈不上是设计者,更不是理论家,他更多是一名实干家,是改革的一员"闯将"。他勇立潮头,"甩开膀子"做改革先锋,既有"春江水暖鸭先知"的才识,又有"咬定青山不放松"的坚韧,不等、不靠、不要,通过敢想敢试、敢闯敢干,先人一步,做成别人不想为、不敢为、不能为之事。

上世纪六七十年代,当邻村忙着背语录、跳忠字舞,穷得揭不开锅时,华西村却在悄悄搞生产、闷声发大财。吴仁宝提出"多插一棵秧,多种一亩地",结果,华西村农业生产获得丰收;当全国割资本主义尾巴时,吴仁宝带领村民偷偷办起了小磨坊和小五金,成为腾飞的起点;进入80年代,1982年中央一号文件下发,"包产到户"在全国推开,可吴仁宝早先一步,将全村600多亩良田交给30人耕种,开始实行劳动力转移。为了让村民早点富裕起来,他跳出单一农业经营的思想框框,调整经济结构,积极外引内联,先后办起了以冶金、纺织、有色金属为主的多个企业,逐步把华西村建成了江苏最大的村级乡镇企业集团,华西村面貌因此发生了根本变化;随着改革开放的深入推进,全国掀起了乡镇企业改制浪潮，此时的吴仁宝又提出了"一村两制"的构想，村民既可以进入集体企业也可以从事个体经营；当不少人对股份合作制这种新事物议论纷纷，把它看作是对集体经济的冲击时，吴仁宝已经在华西村实行了多年股份合作制。在带领村民奔向共同富裕的改革探索过程中，吴仁宝总是能够把中央精神同华西村的实际紧密结合起来，创造性地、灵活地走出了一条发展集体经济的路子，找到了在社会主义条件下把集体利益和农民自身利益有机结合的有效途径，比如，在分配上，华西村既不搞"大锅饭"，又不搞"独吃饭"，实行真正意义上的按劳分配、多劳多得。

百舸争流，奋楫者先；中流击水，勇进者胜。吴仁宝正是凭借这种敢想敢试、敢闯敢干的改革精神，带领华西人艰苦创业，一步一个脚印、数十年如一日的自强不息、创新发展，才造就了华西村的今日辉煌。

生命不息、勤勉不止的奉献者

在为华西砥砺奋斗的几十年里，"早晨一身泥水，白天一身汗水，晚上回家一身臭水"是他留给华西最深刻的历史印记；几十年夙夜在公、勤勉不辍是他留给华西最可贵的精神财富；坚持从书本里，尤其是从报刊、电台、电视中汲取新知识，并以最快速度将其与华西实际相结合，又是他留给华西最宝贵的"工作经"。

他的座右铭是"有福民享，有难官当"，他确实用一生践行了这一点。华西虽然富了，但吴仁宝秉持廉洁，恪守勤俭，把对自己的严苛换作对乡亲们的无私奉献。上世纪70年代他就给自己定下"三不"规矩：一不拿最高工资，二不住最好房子，三不拿最高奖金。后来，华西镇政府给他颁发奖金，他也分文不要，全部捐给了集体。他曾发自肺腑地说："老百姓过上好日子，是我最大的幸福！"当华西村家家户户住上高档别墅时，他和老伴却一直住在20世纪70年代建造的老房子里，一张旧式木床，被褥陈旧，沙发破损，外加一部拨号电话机就是他的家当。与村民生活相比，这里像隔着好几个时代。可为了给邻居建房让地，他愿把自家的房子截去一个大角。为了让华西人不淋雨，还建起了村民共享的"万米长廊"。

他心里装的全是工作，唯独没有自己。常常利用夜里和早上的时间开会，目的是为了争分夺秒。2008年，吴仁宝因为眼睛不好而跌跤，导致卧床不起。尽管坐都坐不住了，眼睛都抬不动了，但吴仁宝依然操心着村里的事务，他把自己的休息室搬到了村会议室隔壁，接通麦克风，像召开远程会议一样，工作照常不误。

交班卸职后，退下来的吴仁宝也没有休息，这位古稀老人仍然不知疲倦地工作着。只要不出差，每天上午10点半，总是雷打不动地准时出现在华西村的民族宫，为前来华西村旅游、参观和学习的人做关于华西村发展历程和他个人思想的报告。他声音洪亮、幽默风趣，吸引了不少慕名前来的参观者，这竟成为华西村最大的旅游亮点。"虽然年纪大了，但各级还在一直鼓励我……要说退，我要到生命息了，才彻底退。因为，作为一名党员干部，职务没有终身制，但为人民服务可以终身制。我一生追求的就是'生命不息，服务不止'！"吴仁宝深情地说。

也许，一个人无法把握生命的长度，但可以把握其高度和宽度。吴仁宝，"中国第一村"的老书记，他把毕生心血奉献给党和人民的事业，延长了生命的长度；他一生心系百姓福祉，提升了生命的高度；他一生为群众办实事，拓宽了生命的宽度。吴仁宝走了，他把85年人生奉献给了"天下第一村"。

3. 袁庚：时间就是金钱，效率就是生命
——改革开放试验田"蛇口模式"的探索创立者

袁庚，少年时期接受进步思想，追求革命真理。青年时期参加抗日游击战，并在情报战线立下了杰出功勋。花甲之年又率先在深圳打响改革开放"第一炮"，被誉为中国改革开放实际运作第一人。2003年，被香港特区政府授予"金紫荆"勋章。同年，被上海市政府授予"中国改革之星"称号。2018年，被党中央、国务院授予"改革先锋"称号。

敢为天下先，打响中国改革开放的"开山炮"

中国的改革开放，发轫于深圳；深圳特区的开发建设，始于蛇口；而蛇口工业区，这个被誉为改革开放的"试管"和特区中的特区，其创立发展首功在于袁庚。

1978年10月，已年过花甲之龄的袁庚受命调任香港招商局常务副董事长，主持全面工作。作为招商局第29代"掌门"，袁庚在赴香港调查招商局经营情况之后，向中央递交了一份《关于充分利用香港招商局问题的请示》报告，阐述他对招商局未来的发展思路。他提出"面向海外、冲破束缚、来料加工、跨国经营、适应国际市场特点、走出门去做买卖"的最早对外开放的建议，这对刚刚走出"文革"之创的中国来说不啻石破天惊。文件中"来料加工""跨国经营""适应国际市场特点""走出门去做买卖"这些早已被屏蔽的词语，透着新鲜，也透着危险，但却契合当时中国正在萌动的打破封闭求发展的愿望，报告很快获得中央高层批准。

招商局要实现发展首先要解决地盘问题，但香港的寸土寸金对于困境中的招商局无疑是一种奢望。于是袁庚抱着要一块地方，搞'面向海外'的工业区"的想法带上地图进京了。时任国务院副总理的李先念在

南头半岛的根部用铅笔画了两条杠,准备把整个南头半岛都给他,但考虑到招商局捉襟见肘的资产,袁庚不敢要,他说只想要一块小地方,搞点试验,探索一下中国未来的经济走向。于是李先念改圈了临港 2.14 平方公里的蛇口。就这样,深圳南头半岛顶尖处的蛇口被套在袁庚的瞄准镜中——在蛇口建立一个工业区。在中央"先走一步试一下"的鼓励下,蛇口工业区开始正式运营。是年 7 月 2 日,工业区基础工程正式破土动工,轰隆隆的炮声炸醒了沉睡的土地,中国改革开放的实际性开山第一炮在中国南方的这个渔村炸开。

尽管这是一块名不见经传的荒凉地,但从创建工业区的第一天起,袁庚就担当起工业区建设的"试验员"。凭着一股"杀出一条血路"的改革气魄,努力推动蛇口工业区成为"一根注入外来经济因素,对传统经济体制进行改革的宝贵试管"。为此,他擘画了"立足港澳、背靠国内、面向海外、多种经营、买卖结合、工商结合"的发展蓝图,开始了大刀阔斧的改革。14 年间,在袁庚的领导下,香港招商局资产从 1.3 亿变为 200 亿,增长近 200 倍。除了开发蛇口工业区,他还率先创办了中国第一家股份制中外合资企业——中国南山开发股份有限公司,创办了中国大陆第一家股份制商业银行——中国招商银行,倡导成立了中国大陆第一家由企业合股兴办的保险公司——中国平安保险公司。

就这样,袁庚和他的伙伴们,通过"摸着石头过河",探索着中国未来经济发展的走向,从蛇口工业区建设的成果起步,深圳特区横空出世,中国改革开放的风云大幕就此拉开。

十二字口号,改革开放精神的时代名言

在打造改革开放前沿试验区的过程中,袁庚还为后人带来了理念性的革新,提出了能够激发人们创造活力的许多新的思想观念,成为推动中国改革开放的重要精神力量。而那句"时间就是金钱，效率就是生命"就是其中最为闪亮的时代名言。

"时间就是金钱，效率就是生命"这句口号并不是袁庚的突发奇想，而是他在长期实践中不断积累、不断思考的结果。最早让袁庚认识到这一简单经济学道理的，是他在与香港企业家打交道中所上的"一堂课"。当时招商局需要在香港购买一栋大楼。袁庚与卖家谈妥后，约定周五下午两点交付定金支票。没想到，老板一接到支票，马上匆匆离去，一杯茶都不肯喝，连停在楼下的汽车都没有熄火。为什么要这样分秒必争？因为，若星期五下午三点之前支票不能存入银行，卖方就要损失几万元的利息。这活生生的一堂课，让袁庚内心震动。

如果说，香港人争分夺秒的工作作风让袁庚初识"时间就是金钱"，那么，蛇口工业区顺岸码头建设工程"四分钱奖励风波"则再一次诠释了这句话的真谛，并且有了新的蕴意，那就是"效率就是生命"。

1978年8月，蛇口工业区启动建造顺岸码头。动工伊始采取的是内地惯用的平均主义奖励办法，即每月在工人中评定一等奖、二等奖、三等奖，按等级分别发给7元、6元、5元奖金，工人们对此兴趣不大、干劲不高。为了加快施工速度，四航局工程处决定实行定额超产奖励制度，办法是规定每人每个工作日劳动定额指标，完成这一定额超者每车奖2分钱；超过定额者每超一车奖4分钱。这在今天是再平常不过的激励方式，在当时却不可以。马上有人指责这是拜金倒退，勒令必须停止，结果施工进度迅速下降。消息传到袁庚耳边，他不禁拍案而起，将这种情况及时上报中央。在胡耀邦等中央领导同志的支持下，超产奖励办法又得到恢复实行。最终，工程提前竣工并交付使用，为国家多创产值130万元。

于是，"时间就是金钱，效率就是生命"十二字口号问世了，它被做成牌子立在了蛇口当眼处，成为蛇口人的精神标志。1984年1月，邓小平视察深圳蛇口，对"时间就是金钱，效率就是生命"的口号给予了首肯。在庆国庆的大型群众游行队伍中，贴有"时间就是金钱"标语的蛇口工业区彩车堂堂正正驶过天安门广场。从此，这一最能体现改革开放精神的口号响彻全国，家喻户晓，成为人们的共识。

跨越人事禁区，不拘一格"选"人才

蛇口建设百业待兴，一切都从头开始。刚起步时蛇口工业区同国内其他地方一样，实行与高度集中的计划经济体制相适应的人事管理制度。这一制度下的人员使用与管理是国家统筹统分，由上级组织部门决定，统一安排，用人单位没有任何自主权。随着工业区发展规模的日益扩大，越来越需要增加劳动员额、需要壮大技术力量、需要扩充干部队伍……，而只从上级主管部门交通部有关单位借调或调来的人员已远远不能满足工业区发展建设的需要。僵化的人事管理模式像一面高墙，把许多真正为改革而努力的人，尤其是愿意奔赴蛇口的年轻人挡在了外边。作为改革试验区的先行者，袁庚看在眼里、急在心里，没有什么比人才的缺乏更令他大伤脑筋的了。

正值1979年11月2日，邓小平在中央党政军机关副部长以上干部会议上发表了重要讲话，他指出："现在我们国家面临的一个严重问题，不是四个现代化的路线、方针对不对，而是缺少一大批实现这个路线、方针的人才。道理很简单，任何事情都是人干的，没有大批的人才，我们的事业就不能成功。"① 他还强调"要破格选拔人才，不能按老规矩办事"。"要破格""不能按老规矩办事"，邓小平讲的这两个关键词给了袁庚深刻的启发，也给了他极大的勇气。于是一项打破传统的选人用人制度——人才公开招

---

① 《邓小平文选》第2卷，人民出版社1994年版，第220-221页。

聘制度，在蛇口应运而生，它成为袁庚冲破束缚、锐意改革的又一重要探索，也是袁庚在改革实践中创造的诸多"全国第一"之一。

要跨越人事禁区，就要在交通系统以外招聘干部，这在当时并非易事，等于是向敏感而僵化的干部人事制度撕开缺口。关键时刻，中央给予大力支持。谷牧在"广东、福建汇报会"的小结讲话中专门谈到用人问题，其中就提到了一个新名词——"择优招雇聘请"，指出："我看，劳动指标和技术力量，可以允许他们登报招考，条件符合要求的录用，不符合的不要，另做其他安排。总之，一定要把蛇口工业区先办好，从中摸索一条经验。"在中央的大力支持下，袁庚开始了广泛收罗人才的行动。他派出人员，奔赴北京、上海、武汉、广州等地，采用组织推荐、自荐、公开登报招贤等方式，经过笔试、口试和组织考察等过程，选拔了一批立志献身特区事业的"小冒险家"。[①] 与此同时，蛇口工业区又申请上级部门，希望允许其在全国直接招聘适用人才。

就这样，一只手堵住了单一闭塞的人员调配渠道，一只手又打开了广揽八方人才的大门。新的人才来源渠道，解决了蛇口工业区的燃眉之急，更重要的是，蛇口选人用人不拘一格、唯才是举，通过各种渠道发现人才、培养人才、重用人才，以及随后探索的企业经营管理者聘任制等，开创了新中国人事制度改革的先河，为我国人事制度改革提供了宝贵经验。

2016年1月31日，袁庚同志病逝。他曾说："向前走，莫回头。"在中国改革开放航船艰难启动的时刻，他甘为马前卒，做第一个敢于吃螃蟹的人。如今斯人已去，对于袁庚同志最好的纪念，就是让改革开放继续深耕向前。

---

① 陈禹山、陈少京著：《蛇口传奇：袁庚开发蛇口的故事》，广东高等教育出版社2008年版，第115页。

青春宣言

王　进——作为一名国家电网人，让人民群众每时每刻都能用上电、用好电，是我们每一名电网人的心愿。我要做的，就是敢想敢干，做到最好！

王　进——我是一名技校毕业的中专生，但我始终认为，创新与学历无关，再高大上的创新，不实用也一样没有价值，再小的发明，只要能解决问题，也是有意义的。

秦文贵——是祖国培养了我，一个人的理想只有深深根植于自己所热爱的大地，才能开出最艳最美的花朵。我所取得的每一点成果和进步，都凝聚着几代石油人的智慧和心血。

王顺友——乡邮员是我的本职工作，再大的苦也要忍，不能给党丢脸。

甘远志——当记者，就要为老百姓说话。

甘远志——记者，应该永远在路上。

李春燕——别人的邀请并不是没考虑过，如果我真的走了，这里乡亲生病就没有人给他们医治了，我舍不得丢下他们，虽然贫穷，但他们的生命同样可贵。

朱　颖——习总书记在讲话中勉励青年在工作中增长才干、练就本领。我理解，就是期望我们在诸如飞船回收这样的实践中摸爬滚打，锤炼成长。

胡福明——一个知识分子的使命就是始终说真话。注意，不仅仅是说实话，是说真话。

胡福明——我是党组织一手培养出来的，这是真心话。因此作为知识分子，我要有骨气和担当，特别是在大是大非面前。

胡福明——天下兴亡，匹夫有责。我是一个共产党员，是一个学马克思主义理论的人，发现错误思想不去批判，我就对不起党，不配做一个马克思主义理论工作者！

吴仁宝——当官没有终身制，为人民服务有终身制。所以，我生命不息，服务不止。不当一把手，我退下来了，退了不是什么都不干，应该要干，干什么？要为党的事业，要为老百姓的事业，生命不息，服务不止。

吴仁宝——一人富了不算富，集体富了才算富；一村富了不算富，全国富了才算富。

袁　庚——向前走，莫回头。

袁　庚——我可以不同意你的观点，但我誓死捍卫你发表不同意见的权利。

第五章

新时代中国青年要练就过硬本领

———

习近平总书记指出:"中国青年是有远大理想抱负的青年!中国青年是有深厚家国情怀的青年!中国青年是有伟大创造力的青年!无论过去、现在还是未来,中国青年始终是实现中华民族伟大复兴的先锋力量!"[①]扛起时代重任,传承五四精神,新时代的青年人应珍惜韶华、不负青春,努力学习掌握科学知识,提高内在素质,锤炼过硬本领,与人民共命运,与时代同步伐,让青春年华在为国家、为人民的奉献中绽放出绚丽的光彩。

---

① 习近平:《在纪念五四运动100周年大会上的讲话》,载《人民日报》2019年5月1日。

第一节

珍惜韶华，不负青春

不同的时代对青年有不同的要求，但青年的责任却始终一脉相承。中华民族伟大复兴的中国梦的实现，需要一代代青年的接力奋斗，只有这样，梦想才能变为现实。作为新时代的中国青年，要担当起神圣的历史使命，珍惜韶华、不负青春，用激昂的旋律唱响青春的乐章，奋力书写无愧于时代的壮阔诗篇。

1. 邓建军：协同创新撑起"中国制造"
——一位了不起的中国工人

邓建军，江苏省常州市人，中共党员，1969年出生，现为江苏黑牡丹（集团）股份有限公司技术总监，是当代中国产业技术工人的突出代表。在中专毕业参加工作后，他依然刻苦学习，累计研读了两百余册专业书籍，先后获得大专学历和本科学历。凭借雄厚的知识积累，他逐渐成为工厂的技术骨干。20多年来，他参与公司的技术创新项目近500个，其中，独立完成150个，给企业创造了数千万元的经济效益。2005年他被授予"全国劳动模范"荣誉称号。2009年9月14日,他被评为100位新中国成立以来感动中国人物之一。

敢于创新,力争解决技术难题

邓建军所在的工厂,是一家牛仔布生产企业。牛仔布生产,需要先把白色棉纱变成蓝、黑,或者其他彩色的纱线。在染色过程中,有一种设备至关重要,那就是染浆联合机。这种机器在生产过程中需要经常更换经轴,每换一次经轴机器就必须停一次车,每停一次车就会产生多达300米的染色不均的废纱,由此造成了极大的浪费。

长期以来,不管是国内还是国外的同行,都对此束手无策。对此,邓建军却决心攻克这道世界难题,他决心把染浆联合机改造成能连续生产不停车的"永动机"。在下定决心时,邓建军不过是一名刚刚工作两年的维修电工。为此,他走访了众多国内相关领域的专家,查阅了大量书籍。在大量研究的基础上,他创造性地提出了一个全新的设想——在原有设备中加入存纱架。为了验证并实现这个设想,邓建国花了一年的时间和工友们一起做电气控制设计,在设计完成后又花费了大量的时间进行调试和完善。功夫不负有心人,邓建国的努力终于收获了成效,染色换轴须停车的传统生产方式在他的手中被打破,连续生产不停车也终于在他的努力下变成了现实!随后,邓建军又和工友们一起,陆续对染浆联合机进行了4次改造,为企业创造了大量经济效益。

从此,邓建军成了企业的宝贝!为了让领导和同事能随时找到邓建军,厂里特地拉了一条专用电话线,直接连接到邓建军的宿舍床头。此后,每当半夜染浆联合机出现问题,邓建军就会被电话叫醒,而他也从不抱怨,总是匆匆跑去车间处理问题。因为工作出色,邓建军被聘任为技术总监,参与新厂区的建设。在新厂的建设过程中,邓建军主要负责设备方面，从设备的引进调试、投入生产到工艺配置、水气配电、厂房建设等，他都需要一一过问。而且，整个搬迁项目内容庞杂，包括四个大车间，分别负责纺纱、前织染色、后织织造、成品后整理，此外还有110千伏变配电设备和工厂配套的污水处理与河水净化设备，这些部分都需要分步逐一实施，这让邓建军更感觉"压力山大"。这其中的整个工艺流程，就如同在搭积木，并不像一个技术工人思考的那么简单。为了让企业加快发展，邓建军一直在努力适应新岗位，为此邓建军学习的领域增加了工艺流程、企业管理等，他自己常说："无论在管理岗位，还是在技术岗位，我都需要更多的知识来支撑。"

勇于进取，敢做国际一流设备

在进行生产技术革新的同时，邓建军还将注意力放在进口设备的改造上。1997年，公司第一次引进了德国进口的纺纱设备，但在生产过程中出现意外，设备的变频器烧坏了，导致整个生产线被迫停工。而当时一台变频器售价高达9万元，即便如此，也需要两个月才能订到货。为了解决这一难题，邓建军和他的科研小组不断查阅资料，尝试用国产的变频器作为替代品，结果只用了两天半就恢复了生产。这一消息令德国制造商感到震惊，外国技术专家还专程赶到黑牡丹公司查看学习这一技术，并称赞："中国工人了不起！"邓建军敢于对进口设备进行改造，而且经过改造后的外国设备，操作程序比较简单，更具操作性，在部分功能上更是超过了同类的进口设备，更加符合我国的生产实际。

2002年，黑牡丹集团接到了一批生产竹节牛仔布的大订单，然而公司原有的8台进口分经机不仅产能有限，而且也无法完全匹配黑牡丹集团的生产工艺，于是订单生产告急，集团上下为此焦虑万分，一筹莫展。

眼看着到手的订单就要丢掉,在这种情况下,邓建国做出了一个震惊所有人的决定——仿照进口设备,设计制造中国人自己的分经机。当时,在分经机生产领域,国内并没有成熟的技术和工厂,所有需要分经机的厂家大多是购买进口设备。所以,邓建军和他的工友们只能自己摸索,在浩如烟海的图纸和资料中,边画边改,边思考边讨论,经过三个月奋战,终于完成了改造版的设备设计图。然而有了设计图,仅仅只是迈向成功的第一步,邓建军和工友们又马不停蹄地投入了设备的生产、安装和调试的工作中。本着科学严谨、分秒必争的工作态度,一连7天,他们每天工作十几个小时,即使是在睡梦中,他们想的依然是如何让设备正常运行。经过奋战,他们终于完成了4台机器的安装和调试。这4台机器的制造成本仅为进口设备的1/8,不仅为公司节省了开支,又保证了按时交货。

邓建军的这一创举,不仅对本公司作用巨大,也对中国分经机生产领域具有重大的开创意义。由此,中国打破了外国在分经机生产领域的垄断地位,中国人终于拥有了自己设计制造的分经机,这一发明解决了制约我国在分经机领域的重大技术难题。

不忘初心,始终牢记工人身份

虽然自己已是业内翘楚,荣誉等身,但是邓建军始终不忘自己的工人身份,始终关心产业工人的利益。他主导研发的自动化料系统,其初衷就是降低工人的劳动强度,改善操作环境。

在牛仔布的染色过程中,化料是非常重要的一环。化料的传统方式是人工投料、放水化料。这种方式不仅费时费力,而且还会造成大量的粉尘污染和染料的浪费,这对于工人的健康和成本的控制都非常不利。于是,2014年,邓建军决心设计一种自动化料系统,在不需要大量人工操作的情况下，通过计算机控制完成集中化料。为了达成目标，邓建军带领他的团队成员做了大量工作，其中实地调研就花费了大半年的时间。在调研过程中，邓建军走访纺织设备、化工设备、染化料生产、电子电气仪表类等大量厂家。在实地调研的基础上，邓建军还进行了大量的理论研究，系统研究了电化学、计算机控制技术、染色技术、电气控制技术等大量技术。经过两年左右的研究，邓建国终于实现了自动化料系统的正常运行。

"以前每天需要9个人化料，现在只需2个人运输染料，每天还能省下约50公斤的染色原料。"邓建军的工友许一辉说。目前这套系统已应用于企业的5条染色生产线，每年节约生产成本1000多万元，并且使工人的劳动强度和危险系数大大降低。

党的十九大报告指出，要建设知识型、技能型、创新型劳动者大军，弘扬劳模精神和工匠精神，营造劳动光荣的社会风尚和精益求精的敬业风气。"怎么理解工匠精神？"有人问邓建军。对此，邓建军用"专、精、创"3个字来概括。专，就是专注；精，就是精益求精；创，就是创新。邓建军是这样说的，也是这样做的。"全国劳动模范""新中国成立以来感动中国人物"……邓建军获得过无数荣誉。谈及这些荣誉，邓建军说："企业和国家培养了我，我希望在我的老本行，也就是设备养护和革新方面，做更多的事。"邓建军长期的努力也得到了各方面的肯定。他先后被评为"江苏省有突出贡献的高级技师"、中国工会十四大代表、新世纪全国首批的七个"能工巧匠"之一，荣获"全国青年岗位能手""全国五一劳动奖章""江苏省优秀共产党员标兵""全国职工职业道德建设十佳标兵"等称号。

2. 黄文秀：青春之花绽放在扶贫路上
——记广西乐业县百坭村第一书记

黄文秀，女，壮族，1989 年 4 月 18 日出生，广西壮族自治区田阳县巴别乡德爱村多柳屯人，2016 届广西定向选调生，北京师范大学法学硕士。2018 年 3 月 26 日，担任广西壮族自治区百色市乐业县新化镇百坭村驻村第一书记。2019 年 6 月 16 日晚，黄文秀在从百色返回乐业途中遭遇山洪，因公殉职，年仅 30 岁。

心怀感恩，励志报效国家

黄文秀出生在广西百色市田阳县郊区的一个小村子。黄文秀的家原来仅有三间破旧的小瓦房，直到前几年才新建了一栋两层的红砖房。那时，刚工作不久的黄文秀给了家里 3 万元钱，这才帮家里建起了这座红砖房，这笔钱是百色市人才引进计划发给她的 5 万元安家费中的一部分。

黄文秀的老家位于大山深处，那里地形闭塞、土地贫瘠、缺水少地、交通困难。在当地党和政府的扶持下，上世纪 90 年代，父亲黄忠杰拖家带口，离开了贫瘠的大山，来到现在居住的地方，开荒种田，从此在这里安家落户。

"感谢党和政府，帮我们协调安排了耕地，对我们家来说这是大恩。"在黄忠杰心里，家人之所以能够告别世代居住的大山，全都是党和政府的功劳，所以这一恩情必须要回报。正是这种想要报答党和政府恩情的想法，在孩子们心中埋下了知恩图报的种子。

黄忠杰非常勤劳，在他的思想中，只要勤劳便能致富。他带着家人辛勤劳作，不仅种植有杧果、甘蔗、木薯等农作物，还养有猪、牛和马。

日子虽然过得不算富裕，但一天比一天好。

在父亲的耳濡目染下，黄文秀意识到，自己的命运掌握在自己手里，要想改变命运，只有通过自己的奋斗拼搏！正是有了这种认识，黄文秀从小学习非常刻苦，成绩也特别好。在成长的过程中，她还养成了自立自强的性格。黄文秀给自己定下目标：一定要走出大山，到外地求学，接受更好的教育。家庭条件虽然不太好，但父亲非常支持她，想尽各种办法，克服各种困难，坚持送兄妹三人上学读书。

生活中的黄文秀有想法、有主见，乐观开朗。她的姑妈黄丽婷记得，早在上中学时，黄文秀就经常和她交流功课和想法，"她高一时就和我讨论如何规划未来了。"

读大学后，黄文秀积极向党组织靠拢，在她的入党申请书中，她这样写道："一个人要活得有意义，生存得有价值，就不能光为自己而活，要用自己的力量为国家、为民族、为社会做出贡献。"2011年6月11日，黄文秀终于如愿以偿，光荣地加入了中国共产党，成为一名中国共产党党员。她非常自豪，决心要像自己在入党申请书中写的那样，成为一个对国家、民族和社会有用的人。

2016年，黄文秀硕士研究生毕业，凭她的能力，在北京找份工作是没有太大问题的，但是她却毅然决定回到家乡去。对于她的选择，父亲表示理解和支持。黄忠杰说："你入了党，就要为党工作。要回到家乡来，做一名干干净净的人民公仆。"

倾情投入，帮助村民脱贫致富

2018年3月，黄文秀刚上任时，百坭村需要为每个贫困户建档立卡，村民分散居住在几个山头，黄文秀对这里的地形环境非常陌生，要在短时间内掌握全村贫困户的详细情况，难度非常大。但黄文秀并没有退缩，她开始挨家挨户了解情况。

然而,在工作之初,黄文秀并不受欢迎,因为,村民们不认识她、不了解她,更不相信她。

"你这个小年轻,我们跟你聊了也没用。""跟你说了你能帮我们解决问题吗?一个女娃娃能行?"这是当时村民最多的回应。

有一次入户,村里的贫困户老黄要求纳入低保。村支书周昌战告诉他没达到纳入低保的条件。老黄却反问:"那我要'贫困户'干什么?"因此拒绝填写扶贫手册,工作一时陷入了僵局。

黄文秀听说后,决心自己去做老黄的工作。可是,老黄连门都不开。但黄文秀并没有气馁,一次不行两次,两次不行三次。精诚所至,金石为开。经过多次努力,黄文秀终于敲开了老黄的家门,但老黄还是黑着脸问:"为什么我不能享受低保?为什么不给我发产业奖补资金、小额信贷?你不给我,我就不签字。"

黄文秀笑着说:"我也姓黄,我叫你哥。哥你这么勤快、聪明,一定能奔小康。"经过交谈,老黄脸上终于露出了笑容。黄文秀趁热打铁说道:"政策有的,我一定给你。你把果园经营好,我帮你申请产业奖补。"工作因此得以顺利展开。

百坭村村民有很多人种植砂糖橘,但是村民种植技术不行,又没销路,因此挣不到钱。黄文秀来了后,立刻联系到了百色一家公司,帮村民建起标准化果园,公司负责传授技术,村民则以土地入股。

可是砂糖橘怎么卖出去,又成为一个伤脑筋的问题。村里路不好,来收砂糖橘的都是本地小摊小贩,销量很差。为此,黄文秀不仅争取资金修好道路,还联系云南、贵州等地的大果商来收购,此外还建立了电商服务站,30多户贫困户由此打开了水果销路。

如今,百坭村种植杉木、砂糖橘、八角等作物,全村种植砂糖橘从

1000 余亩发展到 2000 余亩，杉木从原来的 8000 余亩发展到 2 万余亩，八角从 600 余亩发展到 1800 余亩，另外还种植优质枇杷 500 余亩，这些产业成为脱贫致富的重要支柱。

扶贫工作非常辛苦，但从没人听黄文秀叫过苦。除了发展产业，黄文秀陆续帮村里硬化道路，先后修建了蓄水池和路灯。2018 年 3 月黄文秀刚上任时，百坭村的贫困发生率高达 23%。经过努力，截至 2018 年底，百坭村 103 户贫困户中顺利脱贫 88 户，贫困发生率降至 2.7%。

牢记使命，发挥党员的先进性

在脱贫攻坚中，黄文秀特别注重发挥党支部的战斗堡垒作用。

黄文秀在走访中了解到，村"两委"干部为群众办事不够主动，有时群众办事找不见人，对此群众的意见比较大。为此，黄文秀严抓村干部坐班值班制度，晚上与村干部一起遍访贫困户，白天专人负责在村里接待群众，宣传政策，征求意见。这些做法拉近了干部与群众的距离，使干部在群众中的满意度大幅提升。

黄文秀走访了百坭村所有党员，征求党员对全村发展的意见和建议，然后将他们划分为 3 个党小组开展工作。同时，她还积极将"三会一课"等组织生活融入扶贫工作中，扎实推进抓党建促脱贫工作。

作为一名党员，黄文秀始终牢记初心和使命。黄仕京家因学致贫，黄文秀及时为他家申请"雨露计划"，落实了 5000 元补助，帮他解决了大问题。对此，黄仕京非常感动，执意留黄文秀吃晚饭。在吃饭时，黄仕京突然问她："你是在北京读的研究生，怎么会来我们这么偏远的农村工作？"

黄文秀说："百色是全国贫困区，也是我的家乡。面对这种情况，我哪里还有理由不回来？作为一名党员，我怎么能不响应党的号召，到艰苦偏远地方工作？"黄仕京听后很感动，当场表示也要让家里孩子早日入党，毕业后回来建设家乡。

2019年6月14日，是黄文秀牺牲前的最后一个工作日。当天，村里一个灌溉200多亩农田的渠道被山洪冲断了，黄文秀立即带领村干部到现场查看灾情，当晚组织大家汇总受灾情况，商量如何申请项目、抓紧维修，以便解决群众急需的问题。

黄文秀曾在入党申请书中写道："一个人要活得有意义，生存得有价值，就不能光为自己而活，要用自己的力量为他人、为社会、为民族、为国家做出贡献。"

这份庄严承诺，黄文秀一直践行至生命最后一刻。

2019年7月1日，中宣部向全社会宣传发布黄文秀的先进事迹，追授她"时代楷模"称号。习近平总书记对黄文秀同志先进事迹做出重要批示：黄文秀同志不幸遇难，令人痛惜，向她的家人表示亲切慰问。

习近平总书记强调，黄文秀同志研究生毕业后，主动放弃大城市的工作机会，毅然回到家乡，在脱贫攻坚第一线倾情投入、奉献自我，用美好青春诠释了共产党人的初心使命，谱写了新时代的青春之歌。广大党员干部和青年同志要以黄文秀同志为榜样，不忘初心、牢记使命，勇于担当、甘于奉献，在新时代的长征路上做出新的更大的贡献。

3. 司万平：留守儿童的留守老师
——一位甘于平凡的乡村教师

司万平，1967年出生于江苏省阜宁县，是江苏省阜宁县芦蒲初级中学的一名教师。作为一名基层教师，她像妈妈一样关心爱护着每一名孩子。

柔弱肩头挑起重担

1983年，16岁的司万平高中毕业。从小，司万平就对课堂情有独钟。当时芦蒲初中正好缺英语教师，而司万平英语成绩优秀，于是学校领导就聘请她代教英语。从那时起，司万平开始了自己的教书生涯。当时很多家长对司万平并不放心，因为当时她年纪小，还是个小丫头，这样的人怎么能教学？但过了一个星期，就有学生回去告诉家长，说这个老师课讲得清晰，为人也很好。

教学中，司万平深知自己知识储备不足，于是便奋发苦读，先后通过自学取得了中师、大专和本科文凭。在做好本职工作的同时，她还积极参与教育科研，总结自己在教育教学方面的经验教训，她发表的论文曾多次获奖。司万平觉得，如果自己不能好好学习，就教不好学生，心里就会感到愧疚。所以，司万平总是在不断地努力提升自己，而她所教的班级中考英语成绩始终稳居全县上游。

由于司万平业务素质过硬，有着良好的组织能力，她除担任一个班的初三英语老师兼班主任外，还是学校的女生宿舍管理员，并且还负责学校的妇女工作以及初三年级的英语教研工作，在全校所有的教师中，她的工作量是最大的。"宿管员几乎每天24小时都要待在学校，要和学生同吃同住，并且宿舍楼里人声嘈杂，很多人都受不了。"司万平的同事介绍，"以前是班主任轮流干宿管工作，后来很多人请司老师代班，结果时间长了就成司老师一个人的事了，做宿管工作就如同坐大牢，即使给钱也没人愿意干。"

作为宿舍管理员，司万平要每天5点30起床，叫醒所有女生。到了晚上查房两三次后，就到了将近12点，这时她才能放心休息。为了方便学生有事可以随时找她，她值班室的门从来不关。有的女生刚住校半夜睡不着，司万平就陪她入睡；有的半夜生病，司万平就背着她去医院。

她就是这样关心着每一个人。

出于对工作的热爱,司万平从来舍不得放下工作。2007年10月8日早上,司万平骑摩托车上班时不慎摔倒,但是她顾不得自己的伤势,就急忙扶起车子向学校赶去。在坚持把所有事情都安排好后,她才去了医院。当时,医生建议她卧床休息,可司万平却执意把腿翘在板凳上硬撑着讲课。就这样,司万平一坚持就是三个月,其间没有请一天假,没缺一堂课。

让留守儿童感受到家的温暖

司万平所在的学校有很多留守儿童,在全校650名学生中,留守儿童有大约430名。除去日常的教学工作,司万平还长期负责学校留守儿童工作。在工作中,司万平深得学生们的喜欢和认可,无论是性格孤僻的孤儿,还是不服管教的"刺儿头",都能够在她面前敞开心扉。

有些家庭条件不好的学生,想穿一件新衣服,司万平就带她去买一件新衣服。有时候天下雨了,有的学生回不了家,没法吃午饭,司万平就提前煮上一大锅饭,然后喊她们来宿舍一起吃。有的孩子因为父母离异,从小是爷爷奶奶带大的,如果听说他们的爷爷奶奶生病了,司万平都会去看望。

无论走到哪儿,司万平的包里始终揣着一个本子,里面记录着所有孩子的生日,以及他们父母的电话号码、年龄、打工地点,孩子在家里和谁一起住,以及他们家存在的问题等,一共有多达26项内容,非常认真详细。对此,司万平说:"我们这儿的孩子,家庭情况一般都比较特殊,也比较复杂,所以我就把他们的情况都记在本子上,随身携带。一旦有学生出现情况,我能够及时了解,然后有针对性地做好学生的思想工作。"

在司万平看来，教育学生并没有什么秘诀，自己只是在尽可能地事事都站在学生角度帮他们考虑问题，然后尽可能地满足他们的愿望。司万平说，在她的学生时代，曾经遇到的老师都非常和善，在学业和生活上，都给予她非常大的帮助，所以在自己高中毕业以后，也立志成为一名老师。而在司万平做老师的三十多年中，她始终在践行着自己的初心，做留守儿童的留守教师。

司万平一直把学生当作自己的孩子，且教育有方。有一名叫青青的学生经常迟到，并且对于老师的批评毫不在意。她在进入司万平的班级后，有一次连续两天迟到，司万平不但没有批评她，还特意买了早饭给她吃。这种"以柔克刚"的方法，让青青感动不已，暗自发誓要改掉迟到的毛病。司万平说："多理解学生，经常关爱学生，要让他们觉得如果自己做得不好，那么就对不起老师的心意。"

家是自己永远的牵挂

对司万平而言，家就是自己的能量来源。父亲对她的影响很大。父亲年轻的时候家里穷，没钱读书，所以他就把当一名好教师的心愿寄托在了司万平的身上。2012年中考之前，父亲得了病重，但他坚决不同意司万平请假照顾他，不想因为自己的病耽误了孩子。后来父亲去世，司万平利用了周末两天时间，回家料理完丧事，又将患有老年痴呆的母亲安顿好，然后就匆匆赶回学校上课了。司万平想用自己的工作实绩来告慰父亲的在天之灵。

司万平的丈夫远在青海工作，每年只能回家两次。丈夫是家中的独生子，所以司万平需要承担起照顾年迈体弱的婆婆的重任。每天早晨，司万平早早地照顾母亲吃完早饭，再利用上课的间隙回家照顾婆婆吃饭，在中午和晚上都如此。因为来去匆忙，这些年司万平几乎没吃过一顿完整的饭。

起初，婆婆不肯来司万平家，觉得她忙，没时间照顾她。现在一住就是十几年，婆婆一直觉得很好，因为司万平每天都能在做好工作的同时，利用上课间隙回家陪她。对于司万平，婆婆自豪地说："我的儿媳妇，比闺女还贴心呢。"

说起妈妈的往事，司万平的女儿戴希超总是会有些哽咽。其实小的时候戴希超也会埋怨自己的妈妈，因为妈妈从小到大似乎永远在忙学生的事情，戴希超总是一个人在宿舍里，晚上睡觉也没有人陪，为此自己暗地里哭过很多次。司万平说："平时既要忙于工作，又要照顾婆婆，所以很多时候忽略了女儿，陪伴她的时间太少。"司万平下了晚自习回到宿舍，经常看到女儿从睡梦中醒来，因为找不到妈妈而哇哇大哭。很多次女儿生病的时候，司万平却不能及时送女儿去医院。对于自己的女儿，司万平心中一直抱有歉疚，但每次遇见自己的学生需要帮助，她又总是一次又一次地放下女儿，先去帮助学生解决难题。

逢年过节，以前的学生们都会给司万平发短信、寄贺卡，他们回老家时，也都会回学校来看望司万平。有一些司万平资助过的学生，现在有了出息，会主动帮助司万平一起资助需要帮助的学生。在司万平看来，这些都是对自己最大的回报，也激励她要继续为学生们服务下去。

36年来，司万平把自己的青春奉献给了三尺讲台，奉献给了她教过的学生和她最为热爱的教育事业。

第二节

提高内在素质，锤炼过硬本领

青年是苦练本领、增长才干的黄金时期。当今时代，知识更新不断加快，新技术新模式新业态层出不穷。这既为青年施展才华、竞展风采提供了广阔舞台，也对青年能力素质提出了新的更高要求。这就要求广大青年努力学习掌握科学知识，提高内在素质，锤炼过硬本领，只有这样，才能以真才实学服务人民，以创新创造贡献国家。

1. 吴大观：给国产战机装上"中国心"
——中国航空发动机之父

吴大观，江苏省镇江市人，中共党员，1916年11月出生，2009年3月逝世，曾任航空工业部科技委员会常委，是著名航空发动机专家。吴大观于1942年毕业于西南联大，后到美国留学，在莱康明发动机厂和普惠公司学习深造。1947年3月，为了报效祖国，他毅然拒绝了美国有关单位的高薪聘请，回到中国。新中国成立后，他任重工业部航空筹备组组长，参与了新中国航空工业的筹建，是我国航空发动机事业的奠基人。

矢志报国，让国家真正强大起来

"被洋人欺辱的日子，我是亲身经历过的，那是多么难受。一个民族落后了就要受人侮辱。"回忆起往昔国家的苦难，吴大观总是充满感慨。在吴大观年轻时，曾经亲身经历了日本飞机的狂轰滥炸，为此他卧薪尝胆、忍辱负重，把切肤之痛化作报国之志。从此以后，航空救国、航空报国、航空强国，成为贯穿吴大观一生的三部曲。

在美国留学期间，他揭露日本侵略军蹂躏、残杀中国人民的罪行，宣传中国人民抗日的斗争精神。当时的美国人看不起中国人，这极大地刺痛了吴大观的民族自尊心。1947年3月，他拒绝美国有关单位的高薪聘任，毅然回到祖国。回国之时，吴大观没有带回贵重物品，仅有装满书籍和技术资料的两个箱子。吴大观唯一的愿望是，用美国学到的航空技术发展祖国。吴大观回国后被安排到贵州大定航空发动机厂广州分厂做筹建工作。吴大观目睹了南京国民政府的腐败无能，因此愤然离职。

1948年冬，在地下党的安排下，吴大观及家人来到解放区石家庄。在这里，吴大观认识到，唯有依靠中国共产党，才能发展航空工业，他说："我们现在到了我向往的世界，祖国的航空事业，祖国的繁荣昌盛全靠共产党的领导，我要为它而献身。"后来，聂荣臻亲切接见了吴大观，鼓励他为祖国的航空事业贡献力量。从此，他走上了新的航空救国之路。

吴大观把自己的人生与国家的前途、民族的命运牢牢绑定在一起，为祖国的航空工业披肝沥胆、殚精竭虑。在吴大观的日记中，我们能够感受到什么叫作字字千钧、力透纸背，在那字字句句中，我们可以看到他的血荐轩辕、肝脑涂地之心，看到他的鞠躬尽瘁、尽忠报国之志！

吴大观毕生的目标，就是要让中国的飞机拥有一颗良好的"中国心"。其实，在吴大观胸中跳动的也正是一颗红色的"中国心"。他把自己的命运与祖国的命运紧紧相连，把祖国的需要作为自己的需要，用毕生的精力来试图改变中国航空事业的落后局面。为了这个目标，看到敌机肆虐的炮火，他立志学习航空；在国外的优厚待遇和回归建设祖国的选择中，他坚定地回来报效祖国；在几乎一无所有的空白之下，他毅然迎难而上，成为中国航空事业的奠基人。

吴大观亲手规划了新中国航空发动机研究的基础构架，培养了一批中国航空事业的中坚人才，为我国航空发动机事业的发展做出了重要贡献。吴大观始终站在时代的潮头，在国家建设中彰显才华，他的奉献已经汇入民族复兴的洪流。

九十三年风雨路，矢志不渝报国心。吴大观用自己的一生，诠释了什么叫作爱国爱党，无私奉献。为了我国航空发动机事业，吴大观贡献了毕生的精力和才华，是中国优秀知识分子的光辉代表。

艰苦耕耘，为中国航空事业奉献终生

1956 年，吴大观调到沈阳 410 厂，负责组建我国第一个喷气发动机设计室。当时的 410 厂，设备落后，人员缺乏，研制发动机困难重重。在这种情况下，吴大观系统分析研究工厂现有的条件和困难后，决定利用 410 厂刚生产定型的涡喷 5 发动机为原准机，用相似定律进行缩型设计歼教 1 飞机的动力喷发 1A 发动机。此方案可利用现有的工装设备、锻铸毛坯，不需要采购新的材料，就可以开始新发动机的研制工作。吴大观以勇于创新、敢于拼搏的精神，与广大工人日夜奋战了半年多，最终首批 4 台发动机研制成功。这是吴大观在发动机研发领域取得的第一个重大成果。

吴大观并不是院士，甚至他根本就从来没有申报过院士，不过他在业内的地位比院士更高，因为他有多位学生成为院士。在业内，吴大观有着众多称号，他被誉为"奠基人""创始人""开拓者""新中国航空动力之父"。之所以会有如此多的称号，是因为他曾经是新中国第一任航空工业筹备组组长，在他的名下，有着多项"新中国第一"。

领导组建我国第一个航空发动机设计机构；领导研制中国第一个喷气发动机型号；建设了中国航空史上第一个发动机试验基地；主持设计了航空发动机研制第一套有效的规章制度；领导建立起中国第一支航空动力设计研制队伍；领导编纂中国第一部航空发动机研制通用规范……

吴大观率共和国年轻的军工人员，以"一万年太久，只争朝夕"的紧迫感，拼搏奋斗。最终，装备第一型国产喷气式发动机的战鹰振翅而起，飞上祖国的蓝天。吴大观也因此被誉为"中国航空发动机之父"。

吴大观不仅有着实干精神，更有着深谋远虑的战略眼光。他认为，如果想打破西方的技术封锁，我国航空发动机事业必须走"引进、消化、吸收、自主"的发展战略，这就要求从业人员必须"嘴里吃一个、手里拿一个、眼里看一个"，必须始终站在国际前沿。即使退居二线，他仍然积极建言献策，为中国航空发动机事业贡献自己的力量。他一生从不懈怠、笔耕不辍，66 岁以后还发表专业论文 60 多篇。直到去世前的 30 天，这位 93 岁高龄、左眼失明、右眼视力仅为 0.3 的耄耋老人才搁下手中的笔。

忠于事业，一生刻苦、勤学不辍

吴大观一辈子淡泊名利，却十分注重学习。

他曾多次说自己的脑力不好，智力平平，无论是在扬州中学还是在西南联大，都不是高才生，但他坚信"笨鸟先飞""勤能补拙"，因此，勤奋好学成了他一生的习惯。在西南联大读航空系的时候，他的老师金希武曾对他说过一句话："一定要注意阅读一些科学技术方面有影响的杂志、刊物，随时了解和掌握国外科学技术的发展情况。"这句话吴大观记了一辈子，也坚持了一辈子。在他的书房里，靠窗放着一张折叠方桌，就是在这里，吴老日复一日、年复一年地读书学习，单单是读书笔记就写了20多本。

在美国莱可敏航空发动机厂深造期间，他如饥似渴地学习知识、钻研技能，仅用了半年时间，就掌握了活塞式发动机设计的全过程。除此之外，他还掌握了工装夹具、齿轮工艺、刀具设计及其加工技术。在普惠航空发动机公司，他见到车间在加工喷气发动机离心压气机叶轮和涡轮部件，这引起他的极大兴趣，因为在当时，研制喷气式飞机的航空涡轮发动机在美国尚处于起步阶段。虽然只是业余爱好者，但他也开始认真研究起喷气技术，为了获得更多研究资料，他广泛结交工程师、技术人员、车间工人，向他们学习，这为他以后从事航空发动机设计奠定了坚实基础。

吴大观不仅自己热爱学习，还要求他身边的职工也这样做。在沈阳410厂，他要求大家白天生产，晚上坚持学习，学习外语，学习国外的技术资料。在吴大观的带领下，工人们学习热情高涨，每天晚饭后办公楼里灯火通明，大家都在学习。正是这种进取精神，帮助我国羸弱的航空动力事业走过了最艰难的创业历程。

即使在"退居二线"以后，吴大观还是保持着"勤奋好学"的习惯，他每天坚持读《人民日报》和《求是》杂志，而《中国航空报》上有关集团战略的文章他更是一字不落地阅读。因为，国家经济发展的进程、党和国家的政策走势、航空工业发展的每一个脚步，都一直牵动着他的心，他仍然想建言献策，为中国航空发动机事业贡献自己最后的力量。

炽热的爱国情怀，铸就了吴大观的精神高度；艰苦耕耘的实干精神，促成了吴大观的事业高度；坚持不懈的学习态度，造就了吴大观的学识高度。新时代中国青年应该像吴大观那样：热爱祖国，热爱党和人民；艰苦耕耘，练就过硬本领；勤学不辍，忠于党的事业。只有这样才能让我们拥有更有价值更有高度的人生。

2. 李登海：一生只做一件事

——中国紧凑型杂交玉米之父

李登海，山东省莱州市人，中共党员，1949年出生，现任国家玉米工程技术研究中心（山东）主任、山东登海种业股份有限公司董事长。自从事农业科研工作以来，李登海专注于高产栽培研究和玉米育种，为此他在海南育种基地连续度过30多个春秋，开创了我国紧凑型玉米育种先河。他研究的玉米品种7次刷新我国夏玉米高产纪录，被誉为"紧凑型杂交玉米之父"。

心系祖国，让国家拥有真正的"铁饭碗"

李登海，与共和国同龄，他始终把报效祖国的坚定信念怀揣心中，为中国的紧凑型玉米高产道路而艰苦耕耘。每天天刚破晓，李登海便一头扎进玉米地，直到朝霞满天，才直起疲惫的脊背走上回家的路。

作为共和国的同龄人，李登海小时候真正经历过忍饥挨饿的日子，这样的经历让他对土地充满期待：中国地狭人稠，只有努力提高土地单产，才能把真正的铁饭碗牢牢地端在自己手里，才能让中国真正渡过粮食危机。1966年，李登海初中毕业回乡务农。在那个年月里，他所在的后邓村小麦亩产仅230多斤，玉米亩产二百七八十斤，在全公社排倒数第二。即使是在收成好的年景，也不过刚刚可以填饱肚子。这个不大的村庄因此非常贫困。

说起开始探寻粮食高产之路，还要回溯到1972年。当时担任山东莱州后邓村农科队队长的李登海看到一份材料，得知美国玉米最高亩产纪录已达2500斤，而在同一时期，中国的玉米亩产只有二三百斤。这种反差令李登海的内心受到了极大的震撼，他不停地扪心自问，外国人能办到的事儿，咱中国人难道就办不到吗？

彼时的李登海，内心开始升腾起强烈的求知欲望。当时只有初中学历的他四处寻找阅读相关书籍和材料，疯狂补习各种专业知识，终于在1974年获得机会到莱阳农学院深造。从此，在恩师刘恩训的帮助下，他走上了探索中国玉米高产技术的道路。在来到莱阳农学院之后，李登海便开始自学栽培学、遗传学的大学课程，仅用一年的时间就学完了四年的课程；他还跟老农学习农用技巧，学习如何耕地。为了学习，他有一次甚至骑着自行车跑了150多公里，只为去看人家如何种地的。"我虽然没有大学的文凭，但有决心和吃苦的精神，边学边想边干。我们一生奋斗的事业符合国家的利益，符合党的利益，符合人民的利益。"

在走上玉米高产之路后，李登海便一头扎进玉米地。一个新品种，从最初选育到品种稳定，成功概率极低。但对李登海而言，哪怕只有一丝成功的希望，他也要付出百倍的心血。此后的40多年间，李登海的足迹，从莱州走向全国各地，从夏玉米领域扩展到春玉米领域，从一亩、十亩的小面积高产攻关，向百亩、千亩的大面积高产大踏步前进。

专注玉米高产，专心做庄稼汉

玉米最大的习性特点是喜温，属于典型的短日照植物，在北方基本上一年只能种一季，但是在高温多雨的海南地区，则可以达到一年种三季。为加快育种速度，在1978年秋天，李登海带领几个同伴，带着简单的粮食和补给，来到海南陵水的一个小村庄试验育种。当地是一个偏僻的乡村，食宿条件非常简陋。为了应对这一局面，他们便自己上山砍树枝，搭建窝棚作为住处，吃饭的时候，他们就用三块石头架起一口铁锅，然后煮面疙瘩作为简单的饭食。经过长期的艰苦努力，一种新的玉米杂交品种"掖单2号"诞生了。1979年，他们在实验田里试验种植

"掖单2号",创下了亩产776.9公斤的高产量,刷新了我国玉米的亩产纪录。

此前,李登海和他的同伴们已先后进行100多个平展型玉米杂交种的种植,但是没有一个突破700公斤。这次的成功,让他认识到平展型玉米的局限性,从而更加坚定了培育紧凑型玉米杂交种的想法。之后,他带领他的科研团队疯狂地奔波在育种基地,以每年至少三代的最快速度搞起了加代育种。不仅如此,李登海还坚持不向集体要钱,不向国家伸手。从一开始,李登海就打定自负盈亏搞科研的决心。"胸怀祖国,放眼世界",是他的座右铭。

1985年4月,李登海用自己多年以来积攒下的两万块钱创办了掖县后邓实验站,试验站将集生产、科研、经营、推广于一体,是全国第一家类似的企业。结果效果良好,于是李登海的产业化之路,一发而不可收。1987年,实验站改为掖县玉米研究所,六年后又发展为莱州市农科院。1998年,李登海成立莱州市登海种业集团有限公司。培育高产新品种,挣了钱再投入研发,这就是李登海的科研良性循环。

由于长期奔劳,李登海身患疾病,为了治病,他先后动过五次手术。2015年,李登海因腰椎疾病加剧,被迫再次进行手术。手术中,他先后安装了两节合金椎间盘和六根钢钉。但即使是在这种情况下,他依然坚持回到了心爱的玉米育种田。此外,李登海还辞去了自己的行政职务,只为能专心致力于杂交玉米品种研发和技术攻关。

辛勤的付出终于让希望的种子不断涌现。多年来,李登海先后两次创造世界夏玉米单产最高纪录,七次创造我国夏玉米单产最高纪录,开创了我国紧凑型玉米育种先河,被誉为"中国紧凑型杂交玉米之父"。

成果丰硕，朴素作风却从未改变

2005年，李登海研发的玉米新品种，创下了亩产1402.86公斤的世界夏玉米高产纪录。他先后培育出的通过国家和有关省市审定的紧凑型玉米杂交品种就有52个，获得10项专利和44项植物新品种权。自国家实施"九五"计划以来，他承担的国家、省部级课题共有41项，其中"高产玉米掖单13号的选育和推广"项目获国家科技进步一等奖。

在紧凑型玉米杂交种方面，他们自主培育的品种已达110多个，拥有品种权125个。此外，在玉米育种方面，李登海还实现了每月都有授粉、每月都有播种、每月都有收获，从而大大加快了育种速度。

为加快科研成果转化，李登海建成国内最大的玉米育种科研平台，并且在全国各玉米生产区都设立了育种中心和试验站。目前，他培育的玉米高产品种在全国已实现经济效益1000多亿元，累计推广面积达10亿亩，为保证国家粮食安全做出了重要贡献。李登海也由此被评为中国十大杰出青年，被授予全国新长征突击手、全国先进工作者等荣誉称号。

但是，在荣誉光环之下，李登海始终是一个朴实无华、作风朴素的人。科研上的巨大投入，他毫不含糊，一掷千金；而不该花的钱，他却始终"一毛不拔"。在个人生活中，李登海也是如此。为出席党的十九大，李登海到市百货大楼想买双稍微好一点的皮鞋，结果一问价格最低800元，李登海嫌贵扭头就走。在李登海的心目中一双鞋两三百差不多，价格再高他就觉得有些奢侈了。饮食更是如此，每天的饭菜都差不多，都是些农家饭，比如玉米棒、花生、地瓜，还有他最喜欢吃的大葱蘸酱、玉米面粥……

近观李登海，衣着普通，肤色黝黑，操着一口浓重的家乡口音，透着一股子"土气"。他对自己的评价很简单："从根本上说，我就是个农民。"因为"掖单2号"的成功，1984年，李登海被破格提拔为县科委副主任，吃上了"公家饭"。可虽然有了舒适的办公室，他却怎么也坐不安稳，结果他才待了6天，就把自己给"罢免"了。他的心思，还是在玉米高产育种上。

在聆听了习近平同志在庆祝改革开放40周年大会上的重要讲话后，李登海说出了心中的又一个梦想："余生，我要选育出更好的超级玉米新品种。"他的这个梦想像冬日的暖阳喷薄而出，阳光铺洒在他心中那片金色的玉米海洋上，这其中蕴含着无尽的生机和希望。

3. 李万君：一把焊枪铸就中国速度
——焊接高铁的"工人院士"

李万君，1968年出生，高级工人技师，中车长客股份公司首席操作师，1987年8月在原长春客车厂参加工作。李万君苦练技术、攻克难关，始终坚守在轨道客车转向架焊接岗位，迅速成长为公司焊接领域的技术专家，先后于1997年、2003年、2007年三次在长春市焊工技能大赛荣获第一名，并在2005年全国焊工技能大赛中荣获焊接试样外观第一名，2008年荣获全国技术能手，2011年荣获中华技能大奖，先后获得"工人院士"、"五一劳动奖章"、高铁焊接大师、全国劳模、2016年度"感动中国"十大人物、全国技术能手等荣誉和称号。

不忘初心，坚持做一名合格的焊接工人

2018年，李万君一共发表5篇论文，带队解决11项车间技术难题，获4项国家专利……单是看到这一连串数字，就可以感受到这位一线焊工的不凡才能。

不过在刚开始从事这项事业的时候，一切并没有这么顺利。1987年职高毕业后，当时19岁的李万君进入长春客车厂参加工作，成了中车长春轨道客车股份有限公司焊接车间一名水箱工段的电焊工。当时的工作环境十分恶劣：夏天，工作间如同蒸笼，焊枪烤得人无处躲藏；冬天，寒冷彻骨，在水池子里作业，身上挂着一层冰霜。在焊接车间里，焊花飞溅、声音刺耳、味道刺鼻，笨重的工装上总是沾满油和土，显得污秽不堪。当时的焊接工人自编了几句顺口溜自嘲："远看像逃难的，近看像要饭的，仔细一看是水箱工段干电焊的。"由此可见，电焊在大家眼中当时是个什么样的活。在仅仅一年之后，28个和李万君一起进车间的工友中，有25个选择调走。当时李万君也动了心思，所以他想让父亲找找人，给自己换个干净体面的工作。

当时李万君的父亲李世忠可是长春客车厂的名人，不仅是长春客车厂的第一代工人，还连续7年当选厂里劳模，被长春市授予过"五一劳动奖章"。面对儿子的决定，身为工厂劳模的父亲却语重心长地说："啥活都得有人干，啥活干精了都会有出息！"

"那就在烟熏火燎中干出个样儿来！"在父亲的鼓励下，李万君安心地留在了水箱工段，立志做一名合格的电焊工人。为此，李万君拜遍厂内名师，在空闲时间四处寻找边角废料练习，每天至少要焊掉300根焊条；厂里要求每个月焊100个水箱，李万君总会完成120个，并且保质保量；他总喜欢黏着老师傅们，问题问个没完。有一次，在焊接过程中出现意外，焊渣进入左眼，他赶到医院处置后，继续回到工厂改用右眼接着练。一年后，在公司的焊接比赛中，李万君一举摘金。1997年，李万君首次代表长春客车厂参加长春市焊接大赛。作为最年轻选手的李万君，取得了多项第一。

坚持创新，助力高铁实现"中国梦"

2007年，时速250公里动车组在长春客车公司试制生产，该型动车组将会作为全国铁路第六次大提速的主力车型。承载动车组整车约50吨重量的关键受力点，是动车组列车转向架横梁与侧梁间的接触环口。这个接触环口，如果按常规焊法，不仅焊接段数多，而且接头容易出现不熔合的问题，从而导致质量无法保证。这一难题一时间成为阻碍动车组列车生产的拦路虎。

面对这一难题，李万君提出一个想法："能否一枪把这个环口焊下来呢？"对此，来自阿尔斯通公司的法国专家纷纷认为这不可能。但是李万君不信这个邪，经过反复钻研摸索，李万君总结出"构架环口焊接七步操作法"，成功地用一枪焊完整个环口，这在当时是连世界上最先进的焊接机械手也无法完成的操作。面对这一现实，高傲的法国专家也不得不对中国工人竖起了大拇指。

高速度更要有高质量做保证，只有这样中国高铁才能搭载着中国梦提速。"原来我们生产的列车时速80公里，只要焊结实就行，外面的焊碴都不用清理。"李万君说。为了保证动车组列车的安全运行，所有焊件都必须表里如一、没有瑕疵，现在时速300公里的高铁，如果掉一个焊渣都可能造成重大事故，这就要求每一个焊件都得是艺术品。

为了保证质量，李万君制定了《转向架铆焊工标准操作手册》，编辑了图文并茂的《焊接典型质量问题汇编》，修订了《焊接艺术化标准》，让严谨的制造态度成为焊工标准的操作习惯。在日常生产过程中，李万君会随时注意生产上的问题，他所创新的工艺填补了我国氩弧焊焊接转向架环口等方面的空白，为我国的大国制造事业做出了自己的贡献。

2011年以来，李万君带头完成21项国家发明专利，10多项重大技术创新，70多项革新，获奖104项。在打造中国高铁白金名片的道路上，李万君在坚定前行。在中车长客，不管李万君走到哪儿，总会有工友向他问一声"李师傅好"，这一声"师傅"既是对李万君工匠情怀的钦佩，又是对他技术上的认可。在 2005 年，李万君高超的焊接技术被新加坡的专家发现，对方为了邀请他去新加坡工作，开出了每月一万元的高薪，并承诺将他的家人都带到新加坡。面对这样优厚的待遇，李万君却婉言谢绝，要知道当时他在长客的月薪才 3000 元。面对别人的惊诧，李万君的回答是："我的技术是企业培养出来的，我必须和长客一起成长。"

星火燎原，培养出更多优秀的焊接人才

2007 年，长客希望李万君能够承担培训任务，从而解决当时高级焊接人才严重短缺的问题。那时候中国高铁事业刚刚起步，当时根本就没有中文的高铁焊接教材，为了解决这一问题，李万君就在工作之余自己编制教材。他以 PPT 的形式，把自己 20 多年的焊接经验和操作方法整理出来，内容非常翔实细致，就连蹲姿、呼吸节奏和频率、焊枪的角度都写了进去。

虽然李万君只是职高毕业，但是他站在培训讲台上，讲授起技术来却是半点不含糊，面对提问，他对答如流。经过他的努力，参加培训的400 多名员工提前半年全部考取国际焊工资质证书，投入动车组生产的各个环节，从而使高级焊接人才严重短缺的局面大为缓解。

在日常工作中，李万君总是在现场指导生产，然后召集几位徒弟开始研究日常的工作流程和方法。他极看重的一项工作，就是"传授绝技绝活，传承工匠精神，培养超一流团队"。"电焊弧光四面散射，为看清我的操作手法，教我焊好试验片，他整个晚上都没戴护具，眼睛被弄得直淌眼泪、又红又肿。"提起李万君的悉心教导，青年员工孙维鹏至今仍然十分感动。

李万君最高兴的一件事是，在 2013 年长春市焊工比赛中，获得前三名的工人全部出自他的门下。这些年来，李万君门下，在各类大赛上摘金夺银的徒弟越来越多，其中有的还成长为中车资深专家，他们也成为接力传承工匠精神的新"火种"。

李万君总是这样说："我的技能传给企业和社会才更有价值。"他还成立了"李万君国家技能大师工作室"，这里既是解决企业生产难题的攻关站，也是传承技术的培训站。不仅培训企业内部以及吉林省内其他企业的焊工，李万君还远赴新疆阿勒泰地区，对 400 多名技术工人进行培训，从而把自己的技能变成社会财富。

32 年如一日在焊工岗位上的坚守，李万君不仅掌握了一整套过硬的焊接本领，还积极参与几十种铁路客车、高速车、城铁车转向架焊接规范及操作方法的制定，填补了大量的技术空白，先后进行过 100 多项技术攻关，其中获国家专利的有 31 项。2018 年 12 月，我国工业领域最高奖项——第五届中国工业大奖在北京揭晓，"复兴号"中国标准动车组获得最高奖项。听闻这个好消息，李万君自豪地说："我们要想尽一切办法创新和突破，这是中国高铁工人义不容辞的责任。"他始终感恩时代，让他可以凭借自己的技术回报企业、报效国家。李万君也用自己的行动和成就，让技术工人成为时代的楷模，成为祖国的骄傲！

第三节

以真才实学服务人民，以创新创造贡献国家

广大青年应当满怀激情地投入工作，努力在各个领域不断取得新突破，回报伟大时代伟大祖国。只有不断给自己挑战，以真才实学服务人民，以创新创造贡献国家，奋斗的道路才能越走越宽。"新时代中国青年要继续发扬五四精神，以实现中华民族伟大复兴为己任，不辜负党的期望、人民期待、民族重托，不辜负我们这个伟大时代。"①

1. 许崇德：把一生献给新中国的宪法和民主法治事业
——中国特色社会主义法律体系建设的积极推动者

许崇德，1929年1月出生，上海青浦人，2014年3月去世，曾任中国宪法学研究会名誉会长，中国人民大学宪法学与行政法学学科带头人。许崇德是新中国宪法学奠基人之一，曾经参与了1954年宪法起草工作，1982年宪法修改工作他全程参与。1985年、1988年先后参加《香港特

---

① 习近平：《在纪念五四运动100周年大会上的讲话》，载《人民日报》2019年5月1日。

别行政区基本法》和《澳门特别行政区基本法》起草工作，为"一国两制"伟大构想的落实和香港、澳门回归起到积极推动作用。此后许崇德还参加了1988年、1993年、1999年、2003年4次宪法的修改及制定修改其他众多重要法律的工作，为推动全面依法治国和我国社会主义法律体系的形成做出了突出贡献。许崇德曾荣获第五届吴玉章人文社会科学特等奖。

许崇德一生共计发表论文300余篇，他集毕生学术积累撰写的多达70万字的专著《中华人民共和国宪法史》，是为新中国宪法史研究的集大成之作。

投身法学，宪法结缘

作为新中国第一代宪法学者之一，许崇德见证了我国第一部宪法诞生，见证了新中国宪法从无到有、不断发展的整个历程，但是很少有人知道，许崇德和宪法的缘分，早在60多年前就已经注定了。

1929年1月，许崇德出生于上海青浦，8岁那年，日军入侵，上海沦陷。冬夜，母亲带着幼小的许崇德逃难，经过淞沪战场时，当时战争的惨状在许崇德幼小的心灵中刻下了不可磨灭的印记。那个时候，忧患意识和家国情怀在他心中萌芽，"因为战争原因，当时我讨厌侵略中国的日本人，就想着怎么'整'他们"。看到远东军事的法庭审判战犯用的武器是法律，于是许崇德决定学习法律。"二战"后，远东国际军事法庭展开对日本战犯的审理，许崇德非常关注报纸杂志关于此事的报道。远东国际军事法庭中国法官梅汝璈，语言慷慨激昂，雄辩无懈可击，用极具说服力的表现，最终说服其他几位持不同意见的外籍法官，将东条英机等7名日本首要战犯判处绞刑。对此，许崇德高兴地拍案而起，他第一次感受到了法律那无与伦比的威力，所以当1947年许崇德考入复旦大学后,他毫不犹豫地报考了法律专业。1951年从复旦大学毕业后,许崇德来到中国人民大学读研究生,成为新中国的第一批红色法学教授。后来,他被分配到国家法研究室,在这里,他如饥似渴,博览群书,学习了大量苏联等国家的宪法学理论。

1953年,当时正在担任中国人民大学教师的许崇德,被借调到"宪法起草委员会"资料组,负责给宪法起草委员会整理材料,还整理了来自社会各界的意见。许崇德也就此正式与宪法结缘。1954年宪法是中国开天辟地的第一部宪法,是新中国法律体系基本框架的奠基之作。1954年9月20日,在中南海怀仁堂,1226名全国人大代表在新中国第一次全国人民代表大会上正式表决通过了1954年宪法,许崇德后来回忆说这是自己一生中最激动的时刻!

对于此事,许崇德日后评价道:"1954年宪法是中国开天辟地的第一部宪法,奠定了新中国宪法的基本框架。五四宪法是中国化的宪法,我们虽然参考了苏联宪法,但充分考虑了我国的具体国情,特别是1949年以来我国革命和建设的经验,可以说是完全符合中国国情的中华人民共和国宪法。"

再定宪法,为中国法治事业而奋斗

1980年9月,在五届全国人大第三次会议上,正式做出了修改宪法的决定,成立了宪法修改委员会,由叶剑英担任主任委员。许崇德当时在宪法修改委员会秘书处工作,全程参与了我国现行宪法的修改工作,主要负责《国家机构》部分的起草,是宪法修改草案主要起草人之一。在两年多的时间里,他与其他专家一起,起草了上百个宪法条文,夜以继日,历时27个月,数易其稿,征求了大量的意见和建议,最终使"八二宪法"在全国人大获得通过并颁布。此后四次宪法的修改,许崇德均参与其中。

在"八二宪法"的修订过程中,许崇德提出的最为重要的一个建议,就是关于恢复设立国家主席一职。当年的宪法修改委员会秘书处《简报》第二十二期专门刊载了《许崇德同志对改善我国元首制度的建议》一文。在文章中,许崇德提出,建议参照"五四宪法",重新设立国家主席一职。在向具体负责主持修宪的彭真同志建言的过程中,许崇德说:"应在宪法草案中,设一个条文写明'中华人民共和国主席是国家元首'。"为了深入、全面地阐述国家主席这一国家机构的重要性,许崇德从完整而健全的宪法体系的立场反复论述,并撰写了多篇论文,还写了一本《国家元首》的专著来支持自己的观点。许崇德关于设立国家主席的建言最终进入中华人民共和国宪法的文本。

许崇德还致力于普法宣传工作。在宪法制定过程中,许崇德跑了上海、天津等16个大城市对宪法草案进行宣讲,让群众更多地参与立法的讨论。1982年12月4日,经过全民大讨论的宪法草案高票通过。许崇德以最快的速度发表了一批宣传新宪法内容、重大意义、基本精神的文章,并编写了《中国宪法》等多种教材及教学大纲。1998年6月,许崇德为全国人大常委会法制讲座开讲第一课宪法。2002年12月,许崇德就宪法精神与宪法实施、宪法发展历程等问题,为新当选的中央政治局领导做了讲解。

严谨治学,把法治理念传天下

在很多人的印象里,许崇德喜欢看书、练字、写诗,生活简朴,为人随和。他的客厅堆满了书,在弥漫的书香中,这位著名法学家静静地翻阅宪法类书籍,这就是许崇德日常生活的真实写照。尽管荣誉、头衔众多,但许崇德总是谦逊地说:"我不过就是个教书的。"许崇德从教近

60年，培养了一大批优秀的法律实务专家和宪法学者，这其中很多人已成为当今中国法学界的骨干力量。

许崇德常常告诫他的学生：研究法学一定要多研究中国的实际问题，立足于中国的现实；做学问必须要下苦功，"要有为了报答党和人民的赤诚之心和甘愿吃苦的奉献精神"。

1985年，许崇德开始参加香港基本法的起草工作。1988年，许崇德又加入刚刚成立的澳门基本法起草委员会，又投入澳门基本法的起草工作中。许崇德前后一共花费了长达八年的时间参与基本法的起草工作。

在《香港特别行政区基本法》制定过程中，许崇德专程来到香港，和当地的金融、工商、文化、教育、宗教等各界人士座谈，旁听立法局会议，拜访总督府，并且深入探访棚户区。通过一系列活动，许崇德所率领的访港团给香港市民留下了良好印象，为基本法的制定创造了条件。许崇德除关心政治方面外，还格外关注文化领域。他特别发表了在香港教育领域的看法，香港的教育基本法最终确定，香港特别行政区在原有教育制度的基础上，自行制定有关教育的发展和改进的政策。

《香港特别行政区基本法》的成功制定，也获得了邓小平的高度评价。在起草委员会最后一次会议结束后，邓小平赞扬他们"写出了一部具有历史意义和国际意义的法律"。

此外，许崇德还先后担任了香港特区筹委会委员和澳门特区筹委会委员，为港澳回归和回归后的法治建设贡献了自己的智慧和力量。1997年7月1日零点，许崇德作为观礼团成员，参加了中英对香港政权交接仪式。目睹五星红旗冉冉升起，许崇德热泪盈眶。

许崇德既是德高望重的宪法教育家，又是新中国宪法学的奠基人之一，还是宪法理念的普及者。"大学之大不在乎有大楼，首先要有大师、有人才。"他一生培养了众多优秀宪法学者和法律实务专家,为中国法学和法治事业的人才培养做出了卓越贡献。

2. 南仁东:矢志不渝筑大国重器
——"天眼之父"、中国天眼首席设计师

南仁东,天文学家,吉林人,中科院国家天文台研究员,FAST工程首席科学家兼总工程师。1963年进入清华大学无线电系就读,1978年9月至1987年7月就读于中国科学院研究生院。1994年南仁东首次提出"中国天眼"的工程构想,并以总工程师的身份负责该项目。2016年,"中国天眼"工程正式完工并启用,成为目前全世界最灵敏、最大的单口径射电望远镜。2017年9月15日晚,南仁东因病逝世,享年72岁。

2017年11月17日,中央宣传部向全社会公开发布南仁东的先进事迹,追授他"时代楷模"荣誉称号。2018年12月18日,中共中央、国务院授予南仁东"改革先锋"称号,并颁发改革先锋奖章。

启动"天眼"工程,让它成为一个国家的骄傲

从外观上看,"天眼"看似一口"大锅",但是它可远远没有这么简单。"天眼"是世界上最灵敏、最大的单口径射电望远镜,可以将百亿光年外的电磁信号收入囊中。

"天眼"有着超高的巡天速度和灵敏度。与美国寻找地外文明研究所的"凤凰"计划相比,"天眼"可将类太阳星巡视目标扩大至少5倍。随着"天眼"落成,越来越多的国际天文学专家加入中国主导的科研项目,中国射电天文学的"黄金期"正在开启。

但是回溯到20多年前,"天眼"工程却是一个异常大胆的计划。要知道在上世纪90年代初,中国最大的射电望远镜口径不到30米。1993年国际无线电科学联盟大会在日本东京召开。到会的部分科学家提出,现在很有必要建造新一代射电望远镜,以应对继续恶化的全球电波环境,从而保证能够接收到更多来自外太空的信息。

会后,南仁东极力主张中国启动"天眼"项目。

"天眼"工程是一个巨大的工程,在"天眼"馈源支撑系统高级工程师杨清阁的印象里,这个工程大到漫山遍野。"天眼"工程又是一个细小的工程,因为在600多米尺度的结构中,馈源接收机在天空中跟踪反射面焦点的位置度误差不能超过10毫米。南仁东所要做的,就是用漫山遍野的设备和零件,带领科研人员建起这口精密的"大锅"。

南仁东曾享受世界级别的科研条件和薪水,并在日本国立天文台担任客座教授,可他说:"我得回国。"为了"天眼"工程,他扛起这个责任,他要做世界独一无二的"天眼"项目。这个当初几乎没有人看好的梦想,在他的努力下,最终成为一个国家的骄傲。

"南仁东总跟我说,国家投入十多亿元搞这个望远镜,如果因为工程延期或者质量问题导致停工,每天损失将达五十万元。花了这么多钱,如果搞不好,就对不起国家。"72岁的"天眼"工程高级工程师斯可克回忆道。

"欠了国家的、乡亲的,那么多科研院所和大专院校,我有退路吗?每一次做的例行实验,我都要在现场,大家一起,把这个问题解决了,这才算是成功了。"南仁东曾充满感慨地说。跟随南仁东的学生和工作人员常说,FAST选址的时候南仁东的头发和胡子还是黑的,为了这项工程,他把青丝熬成白发。

执着向前，为"天眼"燃烧余生岁月

1994年，南仁东提出了利用喀斯特洼地作为望远镜台址，建设巨型球面望远镜作为国际SKA的单元，并开始启动贵州选址工作。在中国，建设"天眼"最佳的地理位置，就在中国西南地区的大山中，当地几百米的山谷被四面的山体围绕，形成挡住外面电磁波的天然防线。

从1994年到2005年，在十年的时间里，南仁东跋涉在中国西南的大山深处，走遍了贵州大山里的上千个洼地。喀斯特石山里乱石密布，没有路，只能从石头缝间的灌木丛中，深一脚、浅一脚地艰难挪过去。有一次，南仁东下窝凼时，突然瓢泼大雨从天而降。如果窝凼里发生泥石流，那么山洪裹着砂石，连人带树都能一起冲走。面对这一险境，南仁东赶忙往嘴里塞了一颗救心丸，连滚带爬回到垭口。

负责"天眼"工程台址与观测基地系统的总工程师朱博勤后来回忆道："有的大山里没有路，我们走的次数多了，才成了路。"经过十几年的艰苦跋涉，综合电磁波环境、尺度规模、工程地质环境、生态环境等因素，南仁东最终在391个备选洼地里选中了条件最适宜的大窝凼。论证、立项、选址、建设，"天眼"工程的哪一步都走得不容易。许多工人都记得，即使在炎热的夏天，南仁东也会丢下饭碗就往工地上跑，只为亲自测量工程项目的误差。

"发文章和研发科学重器比较，哪个对科技的实质进步更重要，我选择后者。"南仁东总是这样说。国家天文台台长严俊说："20多年来他只做这一件事。""天眼"项目就像为南仁东而生，也燃烧了他最后20多年的人生。

2016年9月25日，"中国天眼"正式落成并投入使用。已经罹患肺癌的南仁东在之前的手术中伤及声带，然而他依然不顾身体，带病重返贵州大窝凼，指导"天眼"的调试，亲眼见证了自己耗费22年心血的大科学工程落成,见证"天眼"的"开眼"。他把自己的全部生命都用在天眼事业,至死无悔,在这一过程中,南仁东不停地叮嘱着那些扎根深山的年轻天文工作者,你们"要沉下心,不能急功近利"。

追寻梦想,科学之路永无止境

同事印象中的南仁东,是这个样子的:嗓音浑厚,八字胡,个儿不高,但总是气场十足。在同事们看来,南仁东"在人群中一眼就能认出来"。生活中的南仁东也常有率性幽默的一面。一次出国访问,在禁烟区犯了烟瘾,他开玩笑将"No smoking(禁止吸烟)"改成"Now smoking(现在吸烟)"。

但对待科学研究,南仁东却始终心怀无比的严肃和严谨。"天眼"没有哪个环节能"忽悠"他,任何瑕疵都逃不过他的眼睛。工程伊始,施工方送来需要建设的一个水窖的设计图纸,他迅速标出几处错误,然后将设计图纸打了回去。施工方纷纷惊叹:"这个搞天文的科学家怎么还懂土工建设?"

南仁东的学生甘恒谦说:"南老师对自己的要求太高,他要吃透工程建设的每个环节。如果再给他一次机会,是选择'天眼'还是多活十年,他肯定还是会选择'天眼'。"南仁东一心想让"天眼"尽快建成,然后投入使用。FAST是他为"天眼"取的英文名字,正是"快"的意思。

在南仁东看来,"天眼"就是自己的孩子,他亲手缔造、亲眼看着它一点一点长大。这一点也得到了南仁东亲属的印证。在致国家天文台南仁东先生治丧委员会的信中,南仁东夫人携子女说,"天眼"成就了南仁东,并成为"他生命的一部分"。媒体形容,南仁东最后20多年的生命只专注做了一件事:将"天眼"变为现实,为后人建造了一代超级望远镜。

在南仁东看来,"天眼"建设不由经济利益驱动,而是源自人类的探索欲望和创造冲动。"如果将地球生命36亿年的历史压缩为一年，那么在这一年中的最后一分钟诞生了地球文明，而在最后一秒钟人类才摆脱地球的束缚进入太空无垠的广袤。"这些诗意的构想，总是藏在南仁东的心中。"让美丽的夜空带我们踏过平庸。"这是南仁东留给世界的自己最后的思考。

南仁东是勇担民族复兴大任的"天眼"巨匠，新时代科技工作者的杰出代表和光辉典范。他用无私奉献的精神谱写了精彩的科学人生，为科学事业奋斗到生命的最后一刻，坚毅执着、敢为人先的科学精神，鲜明体现了服务人民、胸怀祖国的爱国情怀，精益求精、真诚质朴的杰出品格，忘我奉献、淡泊名利的高尚情操，不愧为广大科技工作者的优秀代表，不愧为新时代中国青年学习的榜样。

3. 屠呦呦：青蒿素是中医药献给世界的一份礼物
——为更多人带来福音的诺贝尔医学奖获得者

屠呦呦，药学家，1930年12月30日生于浙江宁波。1951年考入北京大学，在医学院药学系专业进行学习。1955年，毕业于北京医学院（今北京大学医学部）。毕业后曾接受了两年半的中医培训，此后一直在中国中医研究院工作，现为中国中医科学院的首席科学家，中国中医研究院终身研究员兼首席研究员，青蒿素研究开发中心主任，博士生导师。2015年10月，屠呦呦因发现青蒿素而获得诺贝尔生理学或医学奖，她也就此成为首获科学类诺贝尔奖的中国人。

2017年1月9日，屠呦呦获得2016年度国家最高科学技术奖。2018年12月18日，党中央、国务院授予屠呦呦同志改革先锋称号，并颁授改革先锋奖章，2019年5月，屠呦呦入选福布斯中国科技50女性的榜单。

屠呦呦，是所有中国人的骄傲。

勇担重任，用行动践行科学精神

疟疾被世界卫生组织列为世界三大死亡疾病之一。在19世纪，法国化学家在金鸡纳树皮中成功发现并分离出抗疟成分，命名为奎宁，一度成为治疗疟疾的特效药。但是到了20世纪60年代，随着奎宁使用的日渐增多，引发疟疾的疟原虫开始表现出越来越强大的抗药性并在我国国内爆发两次大规模疟疾，给广大群众带来了深重的灾难。1967年5月23日，国家正式确立了研制疟疾特效药的专项任务，并以开会时间命名为"523"任务。当时39岁的屠呦呦被任命为科研课题攻关组组长。为此，屠呦呦不得不狠心离开年幼的女儿，全身心投入科研工作中。长期的分离，曾一度造成亲情的疏离，"大女儿接回来的时候都不愿意叫爸妈"，时至今日，屠呦呦依然觉得对女儿有所亏欠。但是痴迷科学，执着不休是屠呦呦的性情，也是她有此成就的必然。

她广泛收集整理历代中医药典籍，在东晋葛洪所著的《肘后备急方》中发现一段关于青蒿的描述："青蒿一握，以水二升渍，绞取汁，尽服之。"于是屠呦呦开始重点关注青蒿。1971年实验结果显示，青蒿乙醚中性提取物样品对疟原虫的抑制率达到100%。欢欣鼓舞过后，屠呦呦的研究事业却陷入了困境。如果要想深入临床研究，必须大量制备青蒿素乙醚提取物，但这在"文革"期间几乎无法实现。于是课题组不得不"土法上马"，尝试着在极其简陋、缺乏安全保护的条件下制备青蒿素乙醚提取物。由于通风条件不好，加之每天需要接触大量化学溶剂，屠呦呦经常感觉头晕眼花、鼻子出血、皮肤过敏，屠呦呦还为此得了中毒性肝炎，对此她毫无怨言。功夫不负有心人，屠呦呦终于制备出足够的青蒿乙醚中性提取物。但由于在动物实验中出现疑似毒副作用，药物不能直接用于临床使用。屠呦呦主动请缨，愿意自身试服。1972年7月，屠呦呦等3名研究员以身试药，未发现明显毒副作用。实验过后，屠呦呦立即携药赶赴疫区，寻找病人进行临床实验。在海南，屠呦呦完成21例临床抗疟疗效观察，结果发现疟原虫全部转阴，从青蒿中获得的单一化合物具有抗疟活性这一事实首次得以证实。1981年，世界卫生组织致函中国卫生部，抗疟新药青蒿素得到世界认可。也正是在这一年，屠呦呦如愿以偿加入中国共产党。

青蒿济世，这项荣誉属于所有人

2011年，屠呦呦被授予拉斯克临床医学奖。获奖之后的屠呦呦淡定而平静，她说："这不是我一个人的荣誉，是中国全体科学家的荣誉。"在屠呦呦看来，青蒿素的研发是国家力量创造的奇迹，既饱含着大量科研工作者的付出，也离不开全国人民的支持。作为一名共产党员，屠呦呦从来不曾独占这份功劳，她在各个场合多次表示："荣誉属于集体。"而且她一直强调，青蒿素的发现是整个集体的力量，是合作智慧的结晶。在面对电视媒体的镜头时，她也多次说："青蒿素获奖是中国科学家集体的荣誉，这是中国的骄傲，也是中国科学家的骄傲。"

尽管如此，屠呦呦和青蒿素却逐渐享誉世界。青蒿素作为一个具有"高效、速效、低毒"特点的新结构类型抗疟药，对各个类型的疟疾特别是抗性疟有特效。1986年"青蒿素"获得了一类新药证书（86卫药证字X-01号），1979年获"国家发明奖"。青蒿素的发明和普及也为全球患者带来福音，在青蒿素问世和推广之前，全世界每年感染疟疾的病例约有4亿人之多，其中死亡人数超过100万。如果买不起昂贵抗疟药，那么疟疾患者基本只能听天由命，这种情况在撒哈拉以南非洲地区尤其严重，而青蒿素的诞生改变了这一状况。据统计，撒哈拉以南非洲地区约有 2.4 亿人受益于青蒿素，其中约有 150 万人因青蒿素得以存活。世界卫生组织也发出声明，青蒿素联合疗法是目前治疗疟疾效果最好的手段，也是目前为止抵抗疟疾的耐药性效果最好的药物。诺贝尔评审委员会会员扬·安德森评价道："得益于屠呦呦对于青蒿素的发现和研究，过去十年全球的疟疾死亡率下降了近 50%，感染率也降低了 40%。"

2015 年 10 月，屠呦呦获得诺贝尔生理学或医学奖，她成为首获科学类诺贝尔奖的中国人。这一奖项也是中国医学界迄今为止获得的最高奖项。在获颁诺贝尔生理学或医学奖的演讲中，屠呦呦讲道："我再次衷心感谢当年从事'523'抗疟研究的中医科学院团队全体成员，铭记他们在青蒿素研究、发现与应用中的积极投入与突出贡献。没有大家无私合作的团队精神，我们不可能在短期内将青蒿素贡献给世界。"

科学无国界，但科学家有祖国

屠呦呦与传统中医一道，为全球抗击疟疾做出重大贡献的同时，也将中医甚至中国文化带向世界。而她也将对祖国的感情，呈现在了诺贝尔奖的舞台上。在领奖过程中，屠呦呦始终不遗余力地推介中国有着数千年历史的中医药："中医药从神农尝百草开始，在几千年的发展中累积了大量的临床经验，对于自然资源的药用价值已经有所整理归纳。通过继承发扬，发掘提高，一定会有所发现、有所创新，从而造福于人类。"有记者统计，在她此次演讲中，光"中医药"就提到了 9 次之多，还有"中国医药学"等类似提法。瑞典针灸协会主席伊娃玛丽·简内楼说："我们在瑞典听到屠呦呦得奖后真是太高兴了。她的获奖为中医提升了在欧洲以及北美洲的认可度。"BBC"20 世纪最具标志性人物"评选分为包括科学家在内的 7 个板块，总计入围有 28 名候选人。最值得骄傲的是，屠呦呦是科学家领域唯一在世的候选人，也是 28 名候选人中唯一的亚洲人。其入选理由为:"在艰难时刻仍然秉持科学理想;砥砺前行亦不忘回望过去;她的成就跨越东西。"

尽管年事已高,身体不好,屠呦呦还是决定亲自去瑞典领奖,她说:"因为到底还是代表咱们中国","如果我获奖,能够作为新的激励方式,激励更多的年轻人多做工作,我会很满足。"屠呦呦唯一的博士生王满元也证实了这一点:"尽管看起来她是在挑战自己,但她心中所想的,还是去为国争光。我觉得,这就是她身上所具有的老一辈人的家国情怀。"在演讲最后,屠呦呦分享了唐代诗人王之涣的名篇《登鹳雀楼》:"白日依山尽,黄河入海流。欲穷千里目,更上一层楼。""请各位有机会时更上一层楼,去领略中国文化的魅力,发现蕴含于传统中医药中的宝藏。"

无论是国内接受采访,还是在瑞典获奖台上发表的演讲,屠呦呦都提出,中医中药是一个伟大的宝库,在继承、创新和发展中才能更好地提高,它的精华才能更好地被世人认识,才能为世界医学做出更大的贡献。由此可见,她所考虑的,是我们中国所有的科学家,甚至中国未来科学研究的发展。2015年7月1日,中共中央授予屠呦呦"全国优秀共产党员"称号。当时85岁的屠呦呦说:"我要按照共产党员的标准严格要求自己,多考虑党和国家的需求。"

青春宣言

邓建军——无论在管理岗位，还是在技术岗位，我都需要更多的知识来支撑。

邓建军——作为新时代的劳动者，我们的工作只有岗位不同，没有贵贱之分；人人皆可成才，实现自我价值，人人也都能创新，为社会创造价值。

黄文秀——一个人要活得有意义，生存得有价值，就不能光为自己而活，要用自己的力量为国家、为民族、为社会做出贡献。

司万平——其实也没有什么秘诀，我只是尽可能地事事都站在学生角度帮他们考虑问题，尽可能满足他们的愿望。

吴大观——我是把有效的时间花在为航空事业而努力求知、出点微薄之力上。

吴大观——我们现在到了我向往的世界，祖国的航空事业，祖国的繁荣昌盛全靠共产党的领导，我要为它而献身。

李登海——搞玉米育种很难，光靠吃苦和撞大运是不行的。如果你不甘心做一个庄稼汉，像养护自己的孩子一样年年月月地侍弄它，机遇随时可能从你身边溜走。

李万君——我的技术是企业培养出来的,我必须和长客一起成长。

李万君——我希望能培养出更多知识型、技能型、创新型工人,使他们通过劳动过上美好生活。我想带领他们用工匠精神保证中国高铁跑得又快又稳,助力中国梦不断提速。

许崇德——我这一生似乎都是与宪法结缘为伴,历史已经证明,重视了宪法,国家就兴旺发达,忽视了宪法,就会停滞不前。

南仁东——发文章和研发科学重器比较,哪个对科技的实质进步更重要,我选择后者。

南仁东——在我眼里,知识没有国界,但国家要有知识。

屠呦呦——我希望年轻人多考虑党和国家的需求,把中国的优势、把自己传统的东西跟现代科学结合起来,多做创新性贡献。这是我最大的愿望。

屠呦呦——一个科研的成功不会很轻易,要做艰苦的努力,要坚持不懈,反复实践,关键是要有信心、有决心来把这个任务完成。

屠呦呦——科学研究不是为了争名争利,科研工作者要去掉浮躁,脚踏实地。

第六章

新时代中国青年要锤炼品德修为

"人无德不立,品德是为人之本。"①在修身立德的路上,不分贵贱、无畏大小、不论高低。你可以是普通的家庭主妇,也可以是体弱的耄耋老人;可以是基层的公职人员,也可以是寻常的退役士兵;可以是平凡的一线工人,也可以是伟大的科学家。所有的不同都不能阻止我们每一个中华儿女追求始终不变的"止于至善"的人格境界。精神的富有,是我们内心深处最深沉、最持久、最坚定的力量。新时代的青年更应该在面对复杂的世界大变局、面对外部诱惑、面对美好岁月的人生征程中,把正确的道德认知、自觉的道德养成、积极的道德实践紧密结合起来,不断修身立德,打牢道德根基,在人生道路上走得更正、走得更远。

---

① 习近平:《在纪念五四运动100周年大会上的讲话》,载《人民日报》2019年5月1日。

第一节

品德是为人之本

古人常说,"罪莫大于无道,怨莫大于无德"。道德无论是对一个社会而言,还是对社会的个体人而言,都有着十分重要的作用。一个社会的思想道德建设要最终形成向上的力量、向善的力量,需要不断激发人们自觉形成道德意愿和道德情感,需要引导人们不断讲道德、尊道德、守道德。

1. 田琴:用孝心为家庭撑起一片蓝天
——家庭美德的楷模

作为北京市密云区新城子镇太古石村一名普通的家庭妇女,田琴十几年来为了照顾夫家和娘家的七位老人,放弃了去城市工作挣钱的机会,无怨无悔地承担起了照顾七位老人的重任。七位老人分别是丈夫的爷爷和丈夫的父母,田琴的爷爷、奶奶和她的父母。丈夫在外打工挣钱,家里所有负担全压在田琴一个人身上。平时,田琴既要处理错综复杂的家庭关系,又要伺候病情严重的老人,还要照顾年幼的孩子。生活的艰辛程度异乎寻常。朴实勤劳的她没有退缩,而是勇敢地面对,默默地承担这一切。十几年来,她用耐心、诚心、爱心、孝心,书写了赡养七位老人的佳话,得到了邻里街坊的好评。

生活厄运接二连三

为了照顾七位老人,作为一个80后,她放弃了大多数同龄人的生活方式,没有到城里工作,享受现代生活,依然留在山沟里,没有离开家门。

田琴家里有姐妹两人。当初,她也想和大家一样,到城里找工作,享受城市生活。姐姐出嫁后,她成了家里的顶梁柱,爷爷、奶奶、父亲、母亲年岁渐长,也需要有人在身边照顾。于是田琴打消了去城里的念头。2003年,25岁的田琴与青年周文军结婚,丈夫是河北省承德市宽城县人,丈夫是"倒插门",所以婚后田琴一直居住在太古石村,2004年5月儿子出生。丈夫在外面打工,她在家里干活,尽管经济上紧张,但总体上生活无风无浪,较为平静。

这样平静的日子没过多久,就起了风浪,2004年,丈夫的弟弟在一次车祸中去世。他们挑起了照顾周家三位老人的重担。夫妇二人去宽城周家干农活,每次都要持续三天。从太古石去宽城要一天,第二天扎实干一天农活,第三天再回来照顾家里的几位老人。

2006年,田琴的母亲,突患脑血栓,紧急送县医院住院治疗。经过二十多天治疗,医生说脑血栓很严重,活不了多长时间,建议回家休养。田琴便把母亲接回家里伺候。母亲生病后,精神上不再正常,脾气暴躁,经常犯病吵闹,吵得一家人不得安宁。有时正吃着饭就犯病了,每次遇到母亲犯病,田琴只有含着眼泪,慢慢安抚,使之平静。这样的日子持续了十多年。

2013年的一天，田琴突然接到婆婆的电话，公公病倒了。夫妇俩急忙回到宽城，把公公接到密云脑血管医院治疗。公公患的是重度脑血栓，治疗一个月后，又接回家里疗养。公公卧病在床，生活不能自理。考虑到婆婆年岁也大了，丈夫的爷爷也需要伺候，田琴夫妇决定把爷爷、婆婆都接到家里一起照顾。就这样，两个家庭的重担落在了夫妇二人身上。2014年，厄运再一次降临。八十多岁的爷爷突然感到胃部不舒服，经检查，已经是胃癌晚期。同年，丈夫的爷爷也得了脑血栓。

生活就是这样无情，接二连三的家庭变故，让这位80后的女性面临常人难以想象的困境。面对困难，田琴十几年来坚持到底、无私奉献的家庭美德值得年轻人点赞和学习。

护理七位老人，勇扛生活重担

七位老人，三位脑血栓病人，一位身患癌症。家里老的老、小的小，生活的重压，让人感觉天都要塌下来了。有时，刚伺候好这个老人，又要照顾那个老人，家里一团乱，想着以后沉重的日子，简直没法活下去，田琴常常躲在没人的地方偷偷地哭，有时甚至想一死了之。但想想活泼的儿子，憨厚的丈夫，七位老人，一家十口人，不能没有她。田琴只有鼓起生活的勇气，擦干眼泪，勇敢地面对，承担起照顾老人的重任。

每天清晨，田琴帮老人们洗脸、梳头、整衣服，还要定期拆洗被褥，始终保持洁净。寒冷的冬季，她把锅炉烧热，以防老人受凉；炎炎夏季，她勤开窗通风，为老人擦拭身体，以防生疮。她还常常为老人按摩，做辅助治疗。老人想吃什么，她尽量满足。一有时间她就给老人们讲社会上的新鲜事儿，让老人们每天都有好心情。

爷爷患胃癌后，考虑到自己年岁已高，家境一般，癌症又是绝症，老人不想花冤枉钱，说什么也不住院治疗。田琴认为，只要有一分希望，就要治疗。为了治好爷爷的病，田琴把爷爷送到地坛医院住院治疗，她在医院日夜陪护，为老人端屎端尿。田琴无微不至的照顾，让爷爷非常感动。爷爷是奶奶二婚招到家里的，并不是田琴的亲爷爷。在爷爷病重的那段时间，田琴每天细心照顾爷爷，对母亲有所疏忽。她对爷爷比亲的还亲，却引起了亲妈的不满。有一次，一家人正准备吃饭，母亲突然发作，把炒好的一盘菜往地上一扔，大嚷大叫，说田琴不顾亲妈。照顾老人的负担本来就异常繁重，还要处理好老人之间的复杂关系，要照顾到每个人的心理，田琴真是心力交瘁，无可奈何，只有含着泪水，跟母亲说好话，稳定母亲的情绪。

丈夫的爷爷得了脑血栓后，医生考虑到爷爷的年龄，建议回家保守治疗。田琴的处境真是雪上加霜，难上加难。好在婆婆和奶奶身体较好，但年事已高，也帮不上什么忙。丈夫在外挣钱养家，家庭的重任全部落在了田琴一个人肩上。

田琴在新城子小学食堂找了一份工作，主要是为了照顾老人，多挣些钱，改善生活条件。每天早晨，她先去学校上班。忙完工作，再匆匆赶回家给老人做饭。从早到晚，忙个不停，一天下来累得浑身酸疼。由于劳累过度，田琴得了脊椎病、腰椎间盘突出。犯病时，腰痛、腿麻、眩晕呕吐。但照顾老人的事儿一刻也不能停歇。

平凡的孝德之星

2015年，爷爷和丈夫的爷爷相继去世。在弥留之际，爷爷拉着田琴的手说："孩子，是我们拖累了你。"两位老人离世了，田琴内心酸楚难过，五味杂陈。田琴的辛苦付出对得起两位老人，老人走时没有什么遗憾，这让她内心无比欣慰。如今，家里还有五位老人需要伺候，田琴还将继续面临更新的挑战，但田琴不后悔自己的选择，她觉得，老人生活快乐，就是全家的幸福。

田琴不愧为这个时代家庭美德的模范。十几年来，她任劳任怨照顾家里的老人，用自己柔弱的身躯支撑起了一个命途多舛的家庭。她虽然也是80后，却有着与同龄人不一样的青春。她用孝心为七位老人撑起一片蓝天，即便在最困难的时候，始终坚守初心毫不动摇。她平凡普通却闪耀着人性的光芒，用自己朴实的行动为当代青年上了一堂生动的道德课。

田琴以平凡的身份和平凡的庸常，做了并不平凡的事。长期照顾一个老人很难，照顾生病的老人更难，照顾七位老人更是难上加难！长期处于紧张、繁忙而重复的劳动中，每天都处在身心俱疲和崩溃的边缘，任何人都会觉得生活难以维持下去。这种生不如死的状况，不是所有人都能坚持下来的，没有坚定的信念与顽强的意志是做不到的。日常的重复与平淡的坚守，看起来轻描淡写实则刻骨铭心，其中滋味如何，只有置身其中才真正体会得到。

十年如一日地照顾老人，她身上有太多别人所不具有的优良品质，她没有标榜自己的伟大，更没有放大自身的付出，而是将照顾老人视为自身天然的责任与义务，将高尚的孝道全部浸润于日常，这种植根于心的信念坚守与行动坚持，这种默默无闻的真心付出，正是平凡者最珍贵、最动人之处。都说久病床前无孝子，田琴用自己的行动诠释了新时代的孝心，田琴这颗平凡的孝德之星闪耀着夺目的光彩，堪称新时代青年的楷模！

2. 张黎明：停不下来的假期
——职业道德的楷模

张黎明，男，汉族，1969年8月生，河北沧县人，国家电网天津市电力公司滨海供电分公司运维检修部第四党支部副书记、配电抢修一班班长。他以"工匠精神"自勉,不忘"初心",30多年扎根配电抢修一线,被誉为抢修"活地图"和"急先锋";作为"蓝领创客",他精益求精,坚持创新,带领团队累计为公司创造直接经济效益近10亿元,曾经荣获全国五一劳动奖章、全国劳动模范、全国岗位学雷锋标兵等多项荣誉。2018年5月28日,中宣部授予他"时代楷模"称号,12月18日党中央、国务院授予他改革先锋称号,颁授改革先锋奖章。

扎根一线,不忘初心

张黎明从18岁电力技校毕业后,在电力检修一线一干就是30多年。他扎根电力抢修一线,从一名基层电力工人,逐步成长为新时期"学习型、知识型、创新型"的产业工人代表,多年来,张黎明始终不忘初心,服务百姓,一心为民。

张黎明每天的第一项工作就是骑车巡线,观察记录线路变化。干电力抢修这行时间长了,他形成了一种"职业病",有事没事就喜欢遛一遛,尤其是看见有电线杆子的地方。电网规划的终极目标,是不让百姓感受到停电的存在。这就对电力抢修的速度、流程、安全性都提出极高的要求。而平时的巡线工作就是电力抢修工作的基础。张黎明一直把简单的事情重复做,重复的事情用心做。巡线时,每一个细节都不放过,因为每一个缺陷都有可能造成隐患。工作以来,他巡线8万多公里,绘制线路图1500多张,被同事们称作抢修活地图。

2012年,天津遭遇了60年难遇的暴雨袭击,由于降雨时间长,强度大,市区出现严重内涝,对电力设施安全运行产生了严重影响。此时张黎明正在医院陪伴重病的父亲,父亲特别怕因为他个人的事情耽误张黎明的工作,正准备劝说儿子去抢修一线,此时传来消息,新港四号路一带连续出现供电故障,导致大范围停电,而且因为大雨冲刷,寻找电力设施难度极大。这时张黎明再也坐不住了。他迅速赶到现场，给了大家极大的精神动力，他平常积累的设备检修知识和设备地理位置知识，此时发挥了重要作用。大雨之中，连续 12 小时，张黎明带队完成抢修任务 81 件。张黎明就是靠平时练就的一手事故诊断的绝活，能迅速在各种紧急场合，完成电力抢修任务，被同事们称为"急先锋"，成为大家赞誉的点亮万家的蓝领工匠。

立足工作，坚持创新

张黎明有一个梦想："让 60 多万企业用户和 260 万居民想用电时就有电。"为实现这个梦想，张黎明始终如一地执着于技术创新。抢修工作，对"速度"要求严格。为了缩短抢修时间，爱琢磨的张黎明将工作中遇到的问题不断梳理，钻研琢磨，改革创新。安全空开拉合杆、黎明急修 BOOK 箱、可摘取式低压刀闸，张黎明的发明创造一个个诞生。他和清华大学机器人项目团队合作研发的"创享 1 号"带电作业机器人，实现了机器替代人工，可以进行高风险、高强度、高空带电作业，在第二届世界智能大会上备受关注。张黎明颠覆了这些年轻精英对工人的想象，在他们看来，发明创造是科学家们在实验室里的壮举，可张黎明的发明创造更像是田野调查的结果，他立足工作的观察、发现与发明，像一朵朵充满异香的花朵，汇成了这位蓝领科技创新的"大观园"。

一花引来百花开。如今，滨海供电公司在"张黎明创新工作室"引领下，累计开展技术革新 400 多项，获得国家专利 140 多个，填补了智能电网建设 20 多项成果的空白。形成了创新孵化基地、创新工作室和班组创新工作坊"三级联动"机制，先后孵化出"金种子""静默""蒲公英"等 8 个班组创新工作坊，"创客"队伍发展到 150 多人，9 人获得天津市劳动模范称号，200 多人提高了技能等级。"张黎明创新工作室"先后被授予"天津市十大示范劳模创新工作室""全国示范性劳模和工匠人才创新工作室"等称号。张黎明也被誉为"滨海工匠""天津工匠"和"国网工匠"。

张黎明爱学习、善钻研，坚信"服务没有最好，创新就能更好"。张黎明不仅重视技术创新，还积极钻研管理创新。他带领团队制定了《抢修服务一日标准化工作流程》，优化了抢修服务流程，提高抢修工作效率。为了提高工作效率和服务质量，张黎明还提炼出"六化"工作法：服务态度主动化、服务手段现代化、程序标准规范化、管理方式军事化、延伸服务人性化、特殊对象亲情化。这使得电力服务和客户满意度不断提升。

立足工作，坚持创新的张黎明，坚守电力工人的初心，将责任落到为民服务的实处。

"黎明"出发，点亮万家

作为一名共产党员，张黎明始终把服务好百姓放在首要位置。2007年，以张黎明名字命名的"滨海黎明共产党员服务队"成立了。十多年来，张黎明和他的200余名队员走进企业、下到乡村，来到校园，进入医院，深入社区，安全检查，线路检修，增加电力设备，宣传安全用电常识，推行节约用电小窍门，开展"节能互助，照亮邻里"等服务项目。基于"你用电，我用心"的服务理念，他们开展"三式一约"差异化服务：为重点企业实施"伙伴式"服务，为重点项目打造"订单式"服务，主动为政府提供"参谋式"服务，针对百姓民生履行"公益之约"。

张黎明在大家心里是代表党和政府给百姓送温暖的"光明使者"，是人民群众的"电管家"。从安装节能灯泡，到解决老旧楼房黑楼道问题，从成立爱心基金，到帮扶孤老病残，"黎明共产党员服务队"24小时快速响应,随叫随到。他们力求做到对待百姓有求必应、有难必帮。他带领"黎明共产党员服务队"先后与十几个社区150余户老弱孤残住户确立帮扶关系,他们走访慰问军烈属、残疾人、空巢老人,结对帮扶失学儿童、急送伤病员就医等,服务队每年累计出勤1100余次。

福星里社区孙兆梁是服务队对口帮扶的孤残对象。张黎明的队员们到大爷家进行安全用电检查,发现孙兆梁大爷家里使用的还是最老式的漏电保护器。他们自发出钱成立的"黎明·善小"微基金,为孙大爷购买了新型智能空气安全开关。张黎明耐心为老人讲解安全用电常识,重新检查大爷家中的电路,最终将空气开关更换上去。

走出孙大爷家,张黎明又来到了福星里社区居委会,为几个楼道维护楼内照明。该社区与黎明共产党员服务队签署了"节能互助、照亮邻里"合作协议。服务队为该社区近20个楼栋安装了节能照明灯。

张黎明和其团队的事迹在天津传为佳话,2016年,天津市委在全市掀起学习张黎明先进事迹的高潮,产生了广泛的社会影响,传递了巨大的"正能量"。

黎明出发,点亮万家。张黎明用他的每一次坚守,点亮了万家,让光明温暖人心。

3. 白方礼:靠蹬三轮车捐助了 35 万元
——社会公德的楷模

天津市憩园公墓沉睡着一位老人。他的铜像,面容清癯,静静地看着远方,铜像基座上镌刻着:白方礼(1913—2005)。在这位老人生命的最后十几年里,他凭借"蹬三轮"捐款35万元,资助了300多名贫困学生。2012年,在"感动中国"的颁奖典礼上,白方礼老人作为草根助学的代表获得特别奖。他的无私大爱，感动着中国，感召着更多人伸出援助之手，为贫困学生献爱心。他的捐助，激励贫困学生发奋学习并将爱心传递下去。他的事迹引起了强烈的社会反响，传递了巨大的正能量，这位老人无愧为当今社会公德的楷模。

早年"蹬三轮"糊口，暮年"蹬三轮"助学

白方礼，1913年出生，祖籍河北省沧州市沧县白贾村。他家境贫寒，从小没念过书，13岁起就给人打短工。1944年，逃难到天津，过了几年流浪的生活，后来做了三轮车夫，靠起早贪黑蹬三轮车糊口度日，微薄的收入，加上苛捐杂税，白方礼终日食不果腹。车夫的社会地位非常低下，经常挨打挨骂，受人欺负。中华人民共和国成立后，白方礼靠自己的辛勤劳动将四个孩子抚养成人，培养三个上了大学。他的姐姐20岁就守寡，一直由他供养，他还帮助侄子上了大学。一个不识字的老人，用三轮车碾出一条异乎寻常的艰辛之路。生活的艰苦教育了他，改变苦难，必须依靠知识。老人的儿子白国富说，父亲非常重视教育，特别喜欢有知识的人，教导孩子要好好学习，谁要学习不好，他就不高兴。

1974年，白方礼从天津市河北运输场退休，之后到一家油漆厂工作。1982年，他干起了个体三轮客运。每天日晒雨淋、辛苦奔波，终于积攒下了一些养老钱。可是一次回乡探亲，彻底改变了他的余生。

1987年，七旬老人白方礼回河北沧县老家探亲，看到一群孩子整天乱跑，玩玩闹闹不上学。一问才知，他们大多是因为家里穷，没钱上学。这对白方礼触动很大，当时中国改革开放都进行九年了，社会发生了巨大的变化，农村还有这么多失学儿童，令人触目惊心。想起自己当年逃难到天津的穷困生活，白方礼辗转难眠，难道这些孩子还要像祖辈一样当文盲受穷？白方礼决定帮助他们。从老家回天津后，他将之前积攒的

5000元"养老钱"毅然捐给家乡,帮助贫困儿童上学。并且决定做一件大事,那就是靠蹬三轮帮助贫困的孩子实现上学的梦想。74岁,已是古稀之年,普通人一般颐养天年,平静地等待生命的结束。就是不服老、爱折腾的人,也大都为自己的小家忙忙碌碌。而他的人生,为了别人,却选择重新开始。子女劝他在家享福,他却说:"我还干得动,蹬车给学生们挣点钱,我心里挺高兴。"这一蹬就是十多年,直到他快90岁。

蹬车助学,慈善在劳动中闪光

为了求学的贫困学子,白方礼总是清晨出门,半夜回家,风雨无阻,全年无休,真正实践着"007式"的生活。他不舍得买一件新衣服,省吃俭用把积攒下来的钱全部用于捐资助学。白家并不富裕,祖孙三代挤在一间不到40平方米的房子里。老人的钱完全可以用来改善自己的居住条件,但他没有,甚至为了多挣钱,白方礼索性在天津站附近搭了个简易塑料棚子住下,恨不得24小时干活,吃干馒头蘸酱油,穿捡来的衣服和鞋子。他将钱一分一分攒下来,每攒到几百元,就用皮筋扎起来,送到学校去,天津多所学校的特困生都获得过白方礼的帮助。红光中学教师孙玉英还记得,老人是那么慈祥,他跟我说:"我不吃肉、不吃鱼虾,也不买新衣服,省下钱来给贫困学生,以后,我还要资助他们上大学。"①2000年,年近九十的白方礼在一次蹬车时摔伤了手臂导致骨折,再也没办法蹬车,为了继续赚钱,他在车站上给人看车,把一角两角零钱装在饭盒里,存够500元捐了出去,那是他最后一笔捐款。2004年4月,白方礼因营养不良再次住院。12月,他入选"感动中国年度人物评选",而他已经病得坐不起来、不能说话了。2005年9月23日,白方礼

---

① 朱虹:《"蹬车给学生们挣点钱,我心里挺高兴"》,载《人民日报》2018年12月10日。

辞世，遗物只有一辆破旧的三轮车，个人存款为零。

在有些人看来，白方礼太傻了。在当今中国的大城市，一个有稳定退休金的老人，不在家安享晚年、爱心助人的事可以理解，但是自己过着极端贫困的生活，却把自己蹬三轮挣来的苦力钱全部捐出去，令人匪夷所思。他极端清贫朴素的生活，与他捐出的35万善款形成了巨大的反差。在人们心中，白方礼的35万元，远胜过任何一个富豪捐出的巨款。拳拳之心，大爱无言。白方礼老人用行动证明，不管你从事任何职业，只要你竭尽全力去爱，去奉献，都会受人爱戴，变得高贵。

无私感动中国，大爱接力传承

白方礼逝世，成千上万的市民自发地去送老人最后一程。每年的清明节，都会有人默默去为老人扫墓，每逢清明、老人的忌日，纪念白方礼老人的文章就会刷爆朋友圈，流淌在微博上，是什么力量让一个辞世十几年的老人仍然被千万人记住？是一种无私的大爱，感动着无数中国人。

为纪念白方礼，他最初资助的沧县白贾村小学更名为白方礼小学，每年的农历五月十三和阳历9月23日，是白方礼小学最为重要的日子，因为一个是白方礼的生日，一个是他的祭日。每年这两天，学校都会举行庄严肃穆的纪念活动：面对老人的遗像，全校师生用最朴实和最真挚的语言表达对老人的怀念和认真工作、努力学习的决心。仪式并不长，也不隆重，但却一次次浇灌着白爷爷种在孩子们心里那颗善良的种子。这所乡村小学的校训是"学习雷锋，感恩方礼，日行一善，月捐一元"。

爱心会生根发芽，开花结果。老人的行动和精神，传递着温暖，感染和激励更多的人学好人，当好人，做好事，成为爱心接力的传承者，努力做到奉献社会，助人为乐。

受白方礼的感召,社会上出现了一群爱心传递者:湖南大学收到神秘校友的捐款,但捐款人并不愿透露自己的姓名,却让大家记住白方礼的名字;离任乡村小学校长白西骞,四处游说,坚持要为老人建立纪念馆;电影制片人李佳伦几近倾家荡产为老人拍摄纪念电影;天津退休法官陈秋英资助6名孩子至高中毕业;湖北律师刘丽燕结对资助两名贫困学生……

现在,白方礼已经成为一个道德符号,他的无私大爱感召着无数人践行社会公德。2012年,画家杨林川画了一幅油画,素材取自白方礼蹬三轮的著名照片,定名为《中国首善》,画面上,他低着头一边艰难地蹬三轮,一边掀起衣角擦汗。有人在纪念白方礼老人的专题网页上如此评论:"一个馒头,一碗白水,他曾如此简单生活;三百学子,35万捐款,他就这样感动中国。"

第二节

明大德、守公德、严私德

修德,既要立意高远,又要立足平实。立政德,就要明大德、守公德、严私德。养大德者方可成大业,大德就是要立志报效祖国、服务人民。同时,还得做好身边小事、管好小节,见善则迁,有过则改,踏踏实实修好公德、私德。一个人只有学会劳动、学会勤俭,学会感恩、学会助人,学会谦让、学会宽容,学会自省、学会自律,才能真正做到明大德、守公德、严私德,其才方能用得其所。

1. 郭明义:与时代同行,诠释"雷锋精神"生命力
——"雷锋精神"的优秀传承者

郭明义,1958年12月出生,辽宁鞍山人,1980年6月加入中国共产党,1977年1月参加工作,中央党校大学学历,全国五一劳动奖章获得者,辽宁省特级劳动模范。现任中国共产党第十九届中央委员会候补委员,鞍钢集团矿业公司齐大山铁矿生产技术室采场公路管理业务主管,中华全国总工会副主席。郭明义坚持立足本职、奉献岗位,在"爱一

行、钻一行、精一行"中收获幸福。双休日、节假日从不休息。别人说他"越干越基层、越干越辛苦",但他越干越起劲,越干越快乐。郭明义从小立志做雷锋传人,多年来,他积极投入希望工程、无偿献血、捐献造血干细胞、捐献遗体器官等活动,被称为"当代雷锋"。2018年12月18日,中共中央、国务院授予郭明义改革先锋称号,颁发改革先锋奖章,并获评"雷锋精神"的优秀传承者。

人民军队锻造"学雷锋"标兵

1977年1月11日,郭明义被老红军余新元送上运兵的专列;1960年1月,余新元曾在辽阳火车站把雷锋送上过军列。余新元肯定不曾想到,这俩小伙竟然一前一后都成长为感动中国的人物。正是人民军队这座大熔炉,锻造出郭明义这位新时期的雷锋传人。

从鞍山登上军列后,郭明义就开始帮助列车员打扫卫生、送开水。当兵五年,郭明义做的好事数不清。郭明义所在的"钢铁英雄连",位于黑龙江省牡丹江市海林县(现为海林市)的山沟里。冬天异常寒冷。每天早上,郭明义总是天不亮就起床挑水、砍柴、生炉子、烧水,就为了能让战友们起床后用上热水。自己班里忙完了,他又到别的班接着干,常常是全排的活儿让他一个人包了。1979年云南发生大地震,他将100元钱寄往灾区。当时,郭明义的月津贴只有六七元钱。

郭明义所在的部队,前身是粟裕将军的警卫营。无论在战争年代,还是在和平时期,这支部队一直英模辈出,涌现出"爱民模范金遗华""人民的好儿子刘英俊"等一批先进典型。郭明义的老连长蔺传芳,12次荣立三等功。郭明义当兵那五年,天天接受这些身边典型的熏陶,从一个青涩小伙成长为一个好兵。他种菜、喂猪、做饭,脏活苦活全干过,每一样都干得非常出色,综合素质提高得很快。入伍第二年就被评为师"学雷锋标兵"。在同年兵里,他第一个入党。先后 5 次获得嘉奖。平时一有时间就看书学习,参加驾驶培训后,一举夺得理论和实际操作两项第一。由于专业技能突出,汽训结束后,郭明义被分到师汽车连。那时候,部队条件特别艰苦。1979 年,部队拉到边防常年执行紧急战备任务,半个月吃不上米饭、一个月吃不到菜是常有的事。在这样的环境中,郭明义从来没有叫过苦。

1981 年,郭明义退伍,这位学雷锋标兵,带着老连长蔺传芳的嘱托,把部队高标准严要求的作风带到地方,在平凡岗位尽职尽责,继续奉献。

爱岗敬业,平凡岗位创辉煌

1981 年,郭明义从部队退伍回到鞍钢,先后从事过 6 个不同的工作,无论在什么岗位上,他都以"要做就做得最好"的标准要求自己,履行着当初的承诺。

他始终"干一行、爱一行、钻一行"。当鞍钢矿山的大型卡车司机,郭明义创造了单车产量的新纪录;任车间团支部书记期间,郭明义所在的支部成为全矿的标杆;在宣传部任理论教育干事时,郭明义撰写的党课教案在矿业公司评比中获得一等奖;在车间做统计员兼人事员期间,郭明义参加了统计员资格全国统考,是当时矿业公司唯一获得资质证书的人;接到安装进口电动轮的重点工程,郭明义苦学英语,一年就成为外方专家的合格翻译。

他担任露天矿采场公路管理员时,一般每天提前 2 小时上班,步行距离超过 5 次长征路。采场公路管理员是个技术干部岗位,负责全矿采场公路的规划设计、检查验收和管理考核,一般人坐在办公室里打个电话就可以完成工作,隔些天去现场考察督察就可以了。但郭明义不给自己找轻松。采场公路由碎矿石铺成,雨雪天泥浆绊脚,刮风天飞沙走石。

采场里的气温，冬天比外面低 5 摄氏度左右，夏天比外面高 10 摄氏度左右。就是在这样恶劣的环境中，郭明义每天工作 10 小时以上。整整 15 年，他抢着最累最脏最危险的活儿干，制定出在国内领先的养路技术标准、考核办法等。

离开部队近 40 年，郭明义爱岗敬业，在平凡的岗位上创造了一个又一个辉煌，他获得的荣誉数不胜数：鞍钢先进生产者、精神文明建设标兵、优秀共产党员、鞍钢劳动模范、鞍山市道德模范、特等劳动模范、辽宁省道德模范提名奖、辽宁省五一劳动奖章、中央企业优秀共产党员、全国五一劳动奖章……

与时俱进，诠释新时代"雷锋精神"

在 2018 年 12 月 18 日举行的庆祝改革开放 40 周年大会上，"当代雷锋"郭明义全程搀扶着 88 岁的屠呦呦同台接受表彰，在现场又当了一次雷锋。

这就是郭明义，无论在什么场合，都自然而然流露出对身边人的关爱。不论时空如何变换，他始终向人们传递着"雷锋精神"的不朽魅力。

上世纪八九十年代，人们价值观变化很大，郭明义一度被身边人视作"异类"和"傻子"。但他仍不放弃，投身希望工程，他每月拿出工资收入的一半，累计资助了超过 300 名贫困学子；他累计无偿献血、捐献血小板折合总量超过 6 万毫升，并签字献出身后的眼角膜、遗体……

"德不孤，必有邻。"这样的纯粹和坚守，引人思索。如今，人们"跟着郭明义学雷锋"。郭明义爱心团队遍布大江南北，累计达到 1000 多支，拥有志愿者超过 180 万人，学习雷锋的动人故事每天都在发生。

最近，郭明义又有新的义举感动着人们。2019 年 5 月 29 日，12：55，列车在鞍山市台安站停车，"当代雷锋"、全国劳模、中华全国总工会副主席郭明义上车刚落座，看到一位乘客有困难，便起身让出了座位，去了 3 号车厢。碰上了一位坐着轮椅、患有脑瘤的乘客小红（化名），郭明义看见小红病得不轻，赶紧上来帮忙。没想到，一刻钟后，小红突然昏迷！郭明义急忙找到列车长，立即通知广播找医生！两名医生赶到后，对小红针灸，小红逐渐苏醒。郭明义又拨通全国总工会办公厅电话，积极协调 999 急救中心派救护车进站接患者。怕救护车费用加重这个家庭的困难，郭明义跳上救护车，付了救护车的费用。到达 301 医院，郭明义和全国总工会办公厅的干部李康，一起帮助小红家人在神经外科挂号。郭明义和李康轮流背着小红上下楼梯，直到晚上 9 点，小红住进重症病房才离开。

在新时代，面对拜金主义、利己主义等思潮的挑战，郭明义始终坚持大爱和奉献精神，正确诠释着新时代的雷锋精神。他以亲身实践证明，在市场经济条件下，"雷锋精神"依然具有强大生命力、示范力和感召力！正如他本人常说的，心怀善念相互搀扶、相互激励，人人都可以做雷锋！

2. 任长霞：活着是一面旗帜，倒下是一座丰碑
——惩恶扬善、献身警营的公安英模

任长霞，1964 年 2 月 8 日出生，河南商丘市睢县人，曾任河南省登封市公安局局长。工作期间始终把人民群众的疾苦和安危放在心上，解决了多年积累的控申积案，先后被评为全国"五一劳动奖章"获得者、

中国十大女杰、全国青年岗位能手、全国优秀人民警察。2004年4月14日晚8时40分,在侦破案件途中不幸遭遇车祸,因公牺牲,年仅40岁。12月,任长霞被评为感动中国十大年度人物。

巾帼英雄,一身正气赴登封

"郑州没人啦?咋派个娘们儿来?""她肯定是某位大人物的女儿,有靠山。""这样一个文弱的女人,能干什么?""瞧吧,好戏在后头呢"……在人们的议论声中,2001年4月,郑州市公安局技侦支队支队长任长霞被调任到登封市公安局担任局长职务,成为河南省公安系统有史以来的第一位女公安局长。面对着各种不信任、怀疑、打趣、看笑话等"舆论旋涡";面对着从城市转战到农村,身边没有一张熟悉的面孔,没有一个曾经并肩作战过的战友的新局面;面对着民警队伍涣散、积案堆积如山、群众怨声不断,行风评议年年倒数第一的工作形势,任长霞心绪万千,夜不能寝。她在心里不断地默默问自己:"到底该怎么干?你能干好吗?"她不怕吃苦,怕的是把工作干砸了,无法向党和组织交代,无法向登封63万父老乡亲交差。但不服输的劲头,凡事不做则已,要做就要做到最好的性格,让任长霞下定决心,一定要把工作干好。

为了能够快速进入状态,她把自己关在办公室里,苦思冥想,思路渐趋清晰。任长霞意识到要想开创新局面,首先必须了解相关情况。上任伊始,任长霞没有进行就职演说,而是轻车简从,到基层调查研究。她深入基层了解民意,和干警谈心,跑遍了登封17个乡镇区派出所,得到了第一手翔实的资料。很快,她就找到了队伍存在问题的症结所在,决定"从严治警"。她为了维护公安队伍的纯洁,维护人民群众的根本利益,不畏某些人背后的所谓背景来头,将"新官上任三把火"烧在了嗜赌成性的民警贾某、好色如命的民警华某、嗜财如命的民警钱某身上，果断将三人清除出公安队伍。随后，一些长期不上班、旷工、迟到以及参与违法违纪行为的民警被开除和辞退。此举之后，民警的精神面貌焕然一新。与此同时，任长霞还意识到，没有一支思想和业务素质都过硬的队伍，登封市公安局就不可能真正成为一支充满正气的警察队伍。任长霞一方面对警员队伍加强学习教育，另一方面全面推行"公安人事改革"，中层干部竞争上岗，民警优化组合双向选择。一大批年轻有为的青年民警经过严格的资格审查，书面测试，民主测评，演讲答辩和组织考察，走上了领导岗位，真正做到了"能者上、平者让、庸者下、劣者汰"，充分地调动了民警的积极性，民警的工作热情空前高涨。

不仅如此，任长霞清楚地意识到只有事事、处处、时时以个人的人格力量去教育大家、感化大家、激励大家，才能真正带好一支队伍。她始终铭记着升任局长后，父老乡亲对她交代的一句话："咱当官可要当清官，别当贪官。不要放过一个坏人，冤枉一个好人！别给你祖宗挣骂名。"面对着钱、权、法的考验，任长霞始终保持着一名党员干部的清醒和定力。火车跑得快，全靠车头带，正是在她一身正气的引领下，登封公安局拥有了一支思想和业务素质都过硬的警员队伍；正是在她一身正气的带领下，面对形形色色的重特大案件，登封公安打响了一场又一场攻坚战。

赤诚之心，绿色警营创辉煌

2天时间胜利告破"4·15"东金店强奸焚尸案；追踪数千里，缉拿归案"4·18"大冶镇火石岭村绑架案犯罪嫌疑人；转战6省市，一举破获"5·18"特大盗枪案；"5·28"石道杀人案、"6·9"强奸轮奸女教师案；"7·2"唐庄杀妻杀子案等一系列大要案纷纷告捷……"咱登封来了个女神警，案发一起就破一起"。群众在辉煌的战绩面前，彻底地服了，公安民警的斗志也越发昂扬。但是任长霞却没有一丝一毫的松懈，因为在她心中始终牢记着自己进入警营时的初心和立下的誓言。

早在1983年，刚刚警校毕业的任长霞就怀着青春的梦想来到郑州市公安局中原分局预审科当上一名民警，也正是从那个时候开始，她就立下了将自己一生献给公安事业的誓言，一定要成为一名打击犯罪、保护人民的人民警察。因为始终不忘初心，任长霞在21个春秋里，把一颗赤诚之心全部奉献给了绿色警营。为了能够在工作上做得更好，她刻苦学习公安业务，潜心探索侦破技术，先后在1992年郑州市公安系统和政法系统岗位练兵大比武中夺冠；1994年全省预审岗位练兵大比武中，夺得第一名。在办案实践中，任长霞更注重探索和积累办案经验，亲手审理了各类刑事案件1072起，追捕逃犯950人，在平凡的岗位上干出了不平凡的业绩。因其出色的成绩和精明的才干，任长霞1998年被提拔为郑州市公安局技侦支队支队长。她在短短两年的时间里，带领支队民警跑遍了全国20多个省、市，破获了300余起抢劫、杀人等重特大案件，抓获了350多名犯罪嫌疑人。2001年4月，任长霞调任登封市公安局局长后，更是身先士卒，每逢局长接待群众日，无论工作多忙，她都坚持有访必接，对来访群众反映的问题，哪怕是一点小事，她都要求有关单位查个水落石出，并强调查处结果必须及时向来访群众反馈。面对黑恶势力、控申积案，任长霞带领登封公安局全体干警连破数起大案要案，登封群众振臂欢呼。一块块"打黑除恶逞英豪，巾帼英雄万民颂"的镜匾、一面面"警界女英，不让须眉"的锦旗，群众的唢呐声、鞭炮的噼啪声，既是庆祝登封市公安局干警取得的辉煌成果，也是老百姓发自内心地表达对任长霞的感激和爱戴之情。

侠骨柔情，剑胆琴心显大爱

自古忠孝难两全，任长霞也有儿女亲情。孝敬父母，但不能床前尽孝。父亲病了。任长霞白天忙得不露面，半夜12点，她抽空跑来了，给父亲揉背捏脚。一次难得的家庭聚会，任长霞坐在父母身边，给爸爸夹点菜，再给妈妈夹点菜……夹着夹着，她就开始掉眼泪。她累，她委屈，她愧疚，这时眼泪是唯一的表达方式。爱丈夫、爱儿子，但不能享受天伦之乐。一次，14岁的儿子考完试，想给妈妈一个惊喜，偷偷跑来见她，孩子只身一人从郑州家中骑自行车到登封找她，一路艰辛，车摔坏了，胳膊、腿、肚子也被擦伤。当任长霞看到儿子的时候，儿子的整个脸上浮着一层厚厚的煤灰，再看看儿子全身，裤裆、运动鞋都破了。她一把搂住泪流满面的儿子，心里一阵难过，她欠儿子的太多太多了……哪有母亲不爱儿？作为一名公安局长，她把对亲人、家庭的爱深深埋在心底，舍小家为大家，为了头顶这枚国徽，她无怨无悔把全部心血献给了她所为之奋斗不息的事业。作为一名党员干部，任长霞集刑警的威严和女性的温柔于一身，不仅爱自己的家人，更是推己及人、大爱无边，对妇女、儿童等弱势群体的事件，更是事必躬亲、关怀备至。她先后组织开通了"110"反家庭暴力服务台、设立了妇女维权示范中队、成立了多警种联动协作、共同作战的快速反应机制，最大限度地保护妇女儿童的合法权益，在一件件的维权工作中，谱写了一曲大爱的赞歌。

任长霞以她的信念、才干、忠诚、精神，诠释了"立党为公、执政为民""立警为公、执法为民"思想的精髓。

3. 张富清：在部队，保家卫国；到地方，为民造福
——一辈子坚守初心、不改本色的老英雄

张富清，1924年出生于陕西汉中洋县，1948年参加解放军西北野战军，1955年转业到恩施来凤县。中国建设银行湖北省来凤支行离休干部。张富清曾是多次立功受奖的战斗英雄，却深藏多年不为人知。2018年11月，来凤县退役军人事务局进行退役军人信息采集工作。张富清配合信息采集，才揭开了张富清不为人知、一生坚守了共产党员的初心本色的红色经历。2019年6月17日，中宣部授予张富清"时代楷模"称号。6月27日，中共中央决定授予张富清同志"全国优秀共产党员"称号。

深藏多年的战斗英雄

2018年12月3日，张富清的儿子张健全来到来凤县人力资源和社会保障局，咨询退役军人信息采集的具体要求。回到家中，张健全告诉父亲，国家成立退役军人事务部，采集退役军人信息，需要退役军人如实上报个人信息，包括何时参军入伍、立功受奖等情况。

张富清把一只古铜色的皮箱交给儿子，箱子里有一个布包。在县人社局，布包一打开，在场的人都震惊了：军一等功一次，师一等功、二等功各一次，团一等功一次，两次获"战斗英雄"称号；一份由彭德怀、甘泗淇、张德生联名签署的报功书；一枚西北军政委员会颁发的奖章，镌刻着"人民功臣"四个大字……

在某次战役中，张富清所在的连是突击连。他主动请缨当突击队员，带领另外两名战士组成突击小组，凌晨摸向敌军碉堡。那夜，他炸掉敌人两座碉堡，一块头皮被子弹掀起。另外两名突击队员下落不明，突击

连一夜换了八个连长……张富清在惨烈的战役中幸运地活了下来，留下浑身伤疤，腋下被灼伤，牙齿被震松、手关节变形。他一年四季戴帽子，因为头部创伤留下后遗症，变天就痛。可是多年来，连家人都不知道他是战斗英雄。为什么老人要如此"低调"？

面对追问，这位饱经世事的老人哽咽了。他想的是，和他并肩作战的战友，亲如父兄，却阴阳永隔。所以，张富清把对战友的深深思念，对英雄的伤感缅怀，寄托在那些军功章上。每到清明时节，张富清都要把箱子里面的布包取出，一个人打开、捧着、端详半天。家里人都不知道，他珍藏的宝贝是个啥。

投身偏远异乡，哪里需要去哪里

新中国后，百废待兴，国家需要大量建设人才。组织上对连职军官张富清说：湖北省恩施地区条件艰苦，急需干部支援。张富清有过犹豫，想离家近些，可是，面对组织的召唤，他好像又回到军令如山的战场，毅然来到了偏远的恩施。

这一去，便是一辈子。

从武昌乘汽车，上轮船，到了巴东，再坐货车……一路颠簸，张富清最终坐车到了更加偏远的来凤。

这是恩施最落后的山区。当他打开宿舍房门，发现屋里竟连床板都没有。

军校时用过的一只皮箱、一床铺盖，半路上买的一个脸盆，还有那只人民代表团慰问的搪瓷缸，就是他所有的家当。

张富清不怕苦，无论在什么岗位，他总是往最贫困的地方跑得最多。但他受不得老百姓吃苦，为困难群众想得最多。

三胡区的粮食生产严重短缺。他来到那里与群众同吃同住同劳动，大家的士气很快上去了，当年三胡区就转亏为盈，既为国家供了粮，又为百姓存了粮。

到卯洞公社任职，张富清又一头扎进不通电不通水不通路的、公社最偏远的管理区。几十里地，山连着山，村民与外界完全隔绝。

申请报批、借钱筹款、规划勘测……，张富清四处奔走，就是为了给老百姓修进入高洞的路。其间，有一段5公里长的路，至少3公里在悬崖上，只能炸开打通。张富清身先士卒，带领群众开山放炮、肩挑背扛，两年左右的时间，就完成了第一条能走马车、拖拉机的公路。

将心比心，张富清把老百姓对党和国家的期望，都化作默默洒下的汗水。

从转业到离休，张富清在每个岗位上，数十年如一日地坚守着。他就像一块砖，哪里需要就往哪里搬。人民公仆任劳任怨的足迹永远地留在了来凤这片穷乡僻壤。

不忘初心，不改本色

现在张富清老两口的家，潮湿老旧，房子是上世纪80年代单位分配的。走进客厅，一张磨损破皮的沙发、一个缺了角的茶几和几个不成套的柜子拼凑在一起。进了厨房，几只小碗盛着咸菜、米粥和馒头，十分素淡。有人说这里条件不好，比起过去，老两口特别知足。

在卯洞公社时，他们住在一座年久失修的庙里，一家人除了几个木头做的盒子和几床棉被外，什么家当也没有。

张富清家的餐桌上常常只有青菜、萝卜、油茶汤，比大多数社员的伙食都差。可是，他毫不在意。

上世纪60年代，国家困难，全面精简人员。那些年，张富清每月的工资，很难维持一家人的生计。但是，为了响应国家的号召，担任三胡区副区长的张富清动员妻子从供销社"下岗"。

张富清四个子女，患病的大女儿至今未婚，与两老相依为命；子女们没有一个依靠父亲的关系找过工作。小女儿是卫生院普通职工；两个儿子从基层教师干起，一步步成长为县里的干部。孙子辈现在大多在做临时工，一个孙媳妇刚刚入职距县城几十公里的农村学校。

一辈子，"党和人民的要求"就是他的准则，分管机关，他没有给家庭改善过住宿条件；分管财贸，他没有为孩子多搞一点营养伙食；分管街道，他没有把一个矛盾问题随意上交……

战场上雷厉风行，工作中铁面无私。

张富清的一生，从没有一刻躺在功劳簿上。面对这样一位不忘初心、不改本色的英雄，我们除了致敬，更应懂得他的选择。

他的心很大，满满写着党和国家；他的心又很小，几乎装不下自己。

他去做白内障手术，医生建议用7000元的晶体，效果好一些。可张富清听说同病房的群众用的晶体只有3000元，他也坚持换成了便宜的。

衣服实在穿不得了，他就做成拖把；用旧了的假肢不匹配了，他塞上皮子垫了又垫，生生把早已愈合的伤口磨出了血。

考虑到张富清生活不便，单位上想把他的房子改善一下，他说不用；想安排人帮忙照料，他依旧执拗，只有一句："不能给组织添麻烦。"

来凤县委巡察办主任邱克权听说张富清的事迹后，主动查阅大量资料，自愿承担起挖掘梳理张富清事迹的工作。在这个过程中，邱克权感到，越是走进老英雄平淡的生活，越能感受到一名共产党员强烈的炽热。什么是坚定信仰？什么是初心本色？张富清用一生给出了答案。不论张富清的岗位、身份怎样改变，始终不变的，是他对党和国家的无限忠诚，对人民群众的赤子之心。

莫道无名,人心是名。

精神富足、生活清淡、追求纯粹——他的名字"富清",正是他一生的写照。

第三节

追求更有高度、更有境界、更有品位的人生

法国文学家托马斯·布朗说,你无法延长生命的长度,却可以把握它的宽度;无法预知生命的外延,却可以丰富它的内涵;无法把握生命的量,却可以提升它的质。作为新时代青年,我们要深入学习先进典型的先进事迹,以新时代先进典型为引领、为榜样、为旗帜,把有限的生命投入追求更有高度、更有境界、更有品位的人生中去。

1. 陈景润:永攀科学高峰
——攻克"哥德巴赫猜想"的第一人

陈景润,现代著名数学家,无党派人士,福建福州人,1933 年 5 月出生,1996 年 3 月逝世。中国科学院原数学研究所研究员,中国科学院原学部委员。1973 年在《中国科学》发表了"1+2"详细证明,引起世界巨大轰动,被公认是对哥德巴赫猜想研究的重大贡献,国际数学界称之为"陈氏定理",至今仍在"哥德巴赫猜想"研究中保持世界领先水平。曾荣获国家自然科学奖一等奖、华罗庚数学奖等。2009 年 9 月,被

评为"100位新中国成立以来感动中国人物"之一。2018年12月18日,党中央、国务院授予陈景润同志改革先锋称号,并获评激励青年勇攀科学高峰的典范。

志之所趋,奉献祖国,贡献人类

他创造了一个举世震惊的奇迹,攻克了200多年全世界悬而未决的著名数学难题"哥德巴赫猜想"中的"1+2";他开拓了数学理论研究领域中一个崭新的时代,改进了高斯圆内格点、球内格点、塔里问题、华林问题等问题研究;他凝聚了全世界所有数学家倾慕艳羡的目光,被世界数学界誉为"陈式定理";他是我们中华民族永远的自豪和骄傲,两次收到在国际数学大会上做45分钟报告的邀请。他就是陈景润,一个矢志攻克"哥德巴赫猜想"、永攀科学高峰、为祖国科学事业不懈奋斗、为人类历史发展不断奋进的科学家。

陈景润小时候是有名的"小书呆子",他酷爱学习,对算术有着异乎寻常的痴迷。他经常会在哥哥放学后向哥哥学习,并将所学到的知识牢牢记在心里,在照顾弟弟妹妹的同时也从来没有忘记过读书、做算术。学习的道路并不是一帆风顺,由于陈景润性格内向,衣服最破、吃得最差、成绩最好,时常受到同学欺负。但对数学的热爱,让他无论何时都保持着刻苦学习的习惯。初中得到老师报效祖国的启发,高中得遇恩师沈元老师提出"哥德巴赫猜想"问题,这都激起了陈景润一定要解答世界难题奉献祖国的初心。

可以说陈景润是民族英雄,因为他为我们国家争取了荣光,为人类社会的发展做出了巨大贡献,为世界数学领域的发展开辟了新的通道。但除去陈景润为国家做出的巨大贡献,他的精神更像是一个"英雄"。曾有记者问陈景润:"人生的目的是什么?""是奉献,不是索取。"[①] 一个6平方米的小屋,没有桌子,没有凳子,没有灯,一张床,一支笔,两麻袋纸张,艰苦的环境让他经常咳嗽,患上了肺结核,但就是在这样恶劣的环境下,陈景润写出了令世人震惊的成果。1973年他依然住在自己的小屋,窗台上、地上放着几个破饭碗、药瓶子,碗里还有干了的酱油。同行的中科院同志说,为了节省,陈景润平时不吃菜,用酱油泡水就饭吃。很长一段时间,因患病发低烧,他只拿80%的工资,而他房间的灯却夜夜亮着。他没有索取任何东西,尽管他给国家做了很大的贡献,却依旧保持着那个年代独有的奉献精神。

在最后住院的日子里,陈景润经常给前来看望的同行和领导唱"小草"这支歌,他说他要像小草一样奉献给春天,献出生命,用生命诠释春天的美丽。"经北京医院建议,全家商量,就让他实现最后的愿望——遗体解剖,为科学事业做最后一次奉献吧。"[②] 这是陈景润的妻子由昆为他做的最后一件事情,相信这个决定也是陈景润最希望的决定,他深刻地诠释了何为奉献,何为忠诚祖国、报效祖国。

行之所往,刻苦钻研,顽强拼搏

陈景润高中遇到"哥德巴赫猜想",暗暗立志要去解答这道世界数学难题;大学将自己的目标定为攻克"哥德巴赫猜想";1954年在厦门大学图书馆工作时他依旧坚持着自己高中和大学的梦想,把自己大部分精力都投入坚持不懈的攻克"哥德巴赫猜想"上。1956年《塔内问题》写成,受到华罗庚的赏识,使陈景润这个数学天才迈出了人生关键的一步。

---

① 完颜亮:《共和国脊梁之陈景润:醉心于摘取数学皇冠上明珠的人》,载《党史博采》2012年第5期。

② 温宏彦:《陈景润精神魅力永存》,载《人民日报》1996年3月21日。

1973年"1+2"详细证明发表，引起世界轰动。从高中认知"哥德巴赫猜想"到1996年逝世，40多年的时间陈景润始终奋斗在攻克"哥德巴赫猜想"的路上，刻苦钻研，坚定信念，无论世界如何变化，他的坚守始终如一。

每一个坚持都不如我们表面上看到的那么简单，每个坚持背后付出的努力和痛苦都是我们为之感动的因素。陈景润从小身体就不好，1953年毕业分配到中学任教的时候已经开始经常生病。阴暗的小屋，破旧的煤油灯，加上药瓶子，就是他每天演算到深夜的陪伴。世事总是难料，当陈景润一心扑在科学研究上时，1958年科研机构被认定是"白旗"集中的地方，当时的他虽然没有受到批判，但他依旧痛苦于自己的恩师受到批判。痛苦或许不只是一时，他可能在下一个痛苦等着你。1966年，陈景润被扣上"白专"的帽子而受到了批判，他想到过自杀，是的，他也是这么干的。当时是承受了多大的心理压力、多大的痛苦让他带着未能实现的梦想从三楼"一跃而下"。或许也是上苍垂怜世间丧失一名伟大的科学家是多大的损失，他刚好被树枝挡了一下活了下来。他被辞退过教师岗位，摆过地摊，洗过瓶子，经历过病痛的折磨、心理的重压，但所有的挫折都没有阻碍他终其一生永攀科学的高峰去解答世界难题。

正当陈景润向"哥德巴赫猜想"的顶峰（1+1）发起强有力冲击的时候，1984年4月27日，陈景润被一辆横冲而来的自行车撞倒，得了严重的脑震荡。1985年在挤公交时，被拥挤的人们挤到车身下，当场摔晕过去。不久，他被检查出患上帕金森综合征。长期病房生活成为他的日常，但这依旧没有动摇他永攀科学高峰的决心，他仍不停地进行研究。坚守多少日夜、忍受多少痛苦，顶住多少压力，吃光多少药片才换来了最后的结果。

1996年3月19日，陈景润永远地离开了我们。但就像陈景润所说：

"攀登科学高峰,就像登山运动员攀登珠穆朗玛峰一样,要克服无数艰难险阻,懦夫和懒汉是不可能享受到胜利的喜悦和幸福的。"陈景润不是懦夫也不是懒汉,他是真正的思想上的强者,是科学钻研精神的强者,是遭遇挫折顽强拼搏的强者,是永攀科学高峰的强者,他刻苦钻研、顽强拼搏的精神永远激励着我们在科学的道路上,在为祖国贡献自己的力量,实现人生价值的过程中不断前行。

心之所向,不忘过往,懂得感恩

陈景润是民族英雄、是"怪人"科学家,但他又何尝不是一个普通的平凡人?他身上有我们每一个普通人的缩影,有我们每一个普通人拥有的美好感情,有我们每一个普通人拥有的真善美,不忘过往,懂得感恩。

华罗庚是陈景润的伯乐。华罗庚在看到陈景润《塔内问题》的文章后,以自己的名义邀请陈景润参加当年的全国数学讨论会,随后更是多次派人到厦门大学协调陈景润调入中国科学院数学研究所事宜。可以说,没有华罗庚的赏识和帮助,陈景润就不会如此快速地进入科学领域。

陈景润一直谨记华罗庚的知遇之恩,"文化大革命"后期,华罗庚被"搬"到数学所接受批判,有人试图说服陈景润揭发华罗庚的"罪状",但陈景润拒绝为他们做证,还为恩师说了很多好话。直到陈景润逐渐成名,当上人大代表,他依旧在多种场合说,华罗庚是国际上有名的数学家,如果没有他的提携,我绝对不可能有今天。这就是陈景润,虽不善言辞却懂得感恩,虽面临困境却不忘过往,坚持自我,坚持善良人生。

1985年6月21日,华罗庚骨灰安放仪式上,长期患病的陈景润不顾医生劝阻一定要去见华罗庚最后一面。他被人背下楼去,但40分钟的仪式中,他始终在三个人的搀扶下站立到最后。泪水带着他对恩师最好的感恩飘向远方，但感恩之情永远地留在了他的心中，留在了每一个普通人的生命里，永世难忘！

陈景润是不幸的，一生经历起起伏伏、沟沟坎坎，但陈景润也是幸运的，他一生有"哥德巴赫猜想"陪伴，有坚定信念相扶。新时代的青年应该有信念、有信仰，信仰每一个我们心中的梦想，并为之顽强拼搏、刻苦钻研，相信我们终能和陈景润一样攀登至梦想的高峰！

2. 钟扬：立心天地厚
——把生命献给高原的植物学家

钟扬，湖南邵阳人，著名植物学家，生于1964年5月，1991年6月加入中国共产党，2017年9月25日在赶往内蒙古城川民族干部学院授课途中遭遇车祸身亡，年仅53岁。生前任复旦大学研究生院院长、生命科学学院教授、博士生导师，是中央组织部选派的第六、七、八批援藏干部。2018年3月29日中央宣传部追授"时代楷模"称号，2018年6月获得"全国优秀共产党员"称号，2019年2月获得"感动中国2018年度人物"荣誉。

他是高山砺石间的藏波罗花，忠于祖国，只为未来

钟扬，终其一生，走在保护国家生态安全、拯救人类美好未来的路上，不畏艰难、不惧前行、不辞辛劳，跋涉50多万公里的雪域高原，攀登至6000多米的高山，16年如一日，扬其梦想、放其光芒、成其希望，收集4000多万颗上千种植物种子，为国家储存下丰富的基因宝藏，为人类留存住充满希望的美好未来。

希望在悼词上写下：钟扬是优秀共产党员。这是钟扬父亲对治丧小组提出的家属的"唯一"要求。还沉浸在丧子、丧夫、丧父的悲痛中的钟扬的家属们,却毅然决然将138万元车祸赔偿金和利息全部用来成立"复旦大学钟扬教授基金",支持西部少数民族地区人才培养,他们如同钟扬一样,不为名、不为利,只为践行作为一名优秀共产党员的初心。

什么是共产党员?怎样才是一名优秀的共产党员?钟扬说:"先锋者为成功者奠定了基础,它们在生命的高度上应该是一致的。奔赴祖国和人类最需要的地方,是生长于珠穆朗玛峰的高山植物给我的人生启示。"这是钟扬从他钟爱的植物身上领悟到共产党员的先锋模范作用。作为一名共产党员,他身先士卒,长年奔赴在西藏采集种子的路上。有人问,为什么要花那么多时间,在那么苦的地方奔波采集种子?是啊,为什么一个15岁就考入中国科技大学少年班的"天才",二十几岁就成为国内植物学领域的青年领军人物,33岁已是副厅级干部,完全可以坐在办公室里指导他人干活,事业蒸蒸日上、轻松自在,生活衣食无忧、阖家欢乐的钟扬要放弃世人眼中的"大好前程"到雪域高原上,面对茫茫高原、历经生死劫难,在如此艰苦的环境下只是为了采集种子呢?钟扬说:"眼前看,的确没有经济效益,但国家需要、人类需要这些种子。"一句"国家需要、人类需要"道出了多少共产党员的初心,多少共产党员的理想。

钟扬,作为一名共产党员,时刻坚守政治本色,严格要求自己,恪尽职守,清正廉洁。他穿29元的牛仔裤,他的妻子还穿着30年前的外套,他的儿子一个月100元零花钱,吃碗凉皮是他对儿子的生活改善。他吃和学生一样的饭菜,在带头上山采集的路上,一瓶矿泉水、两个面包、一袋榨菜就是他们的食粮。有时在荒原迷路,没有食物,没有水,没有宾馆,没有人,或许还会遇到冰雹大雪,足够绝望的是恶心、呕吐、头晕的高原反应。然而,不管多少次和死神擦肩而过,多少次游离在生死边缘,都不会动摇一个共产党员的决心,不会摧毁一个共产党员的底线。钟扬，用生命诠释了对党的热爱，用大爱表达了对祖国的忠诚。

他是茫茫大地上的拟南芥，播撒希望，传播力量

钟扬说，我生来是做老师的。2000年他辞去中科院武汉植物研究所副所长的职位，到复旦大学做一名普通教授。2012年担任复旦大学研究生院院长，他把教育作为他最在意的事情，不断推动高端知识人才发展，不断推动交叉学科发展。在任期间，创建了"问题驱动式"研究生监督和保障模式，促进研究生高质量发展。

钟扬说，每个学生都是一颗宝贵的种子。他招收了脊肌萎缩症患者、基础薄弱学生，并为他们量身定做学习规划；他个人出资组织80多名学生参与"西藏大学学生走出雪域看内地"活动到上海学习，自费补助每个藏大老师2000元帮助申报项目。2002年，钟扬插着氧气管修改申请报告，最终帮助藏大教师琼次仁成功申报西藏大学首个国家自然科学基金项目。他招收复旦的学生越来越少，西藏学生越来越多，尽管培养过程艰难而又缓慢，但他如同培养种子一样培养学生，如今，钟扬培养的学生遍布西藏、新疆、青海、甘肃、宁夏、内蒙古、云南等西部省份，很多已成长为科研带头人。

钟扬带领学生翻越一座座高山，只为寻找最优的种子。海拔6000米的珠峰北坡，海拔5500米的高峰，海拔4000米的高峰……16年来，钟扬和他的学生攀爬高峰，走过雪域，历经生死。每走50公里，才采一个样；至少相隔20米，才取一个地方的两棵植物；5000个优质种子，才是一个物种，终累计收集了近西藏植物的1/5。如今，这些种子被精心保存在零下20摄氏度、湿度15%的冷库中，终有一天，它们将穿越时空，为80～120年后的人们绽放生机。

钟扬带领学生把论文写到高原。拟南芥的崭新生态型是钟扬和学生追踪整整 10 年，终于在海拔 4150 米处的"生命禁区"发现的。他正如拟南芥一样在科学的大地上顽强地生长，不断寻找旁人未曾涉足的角落。他说："任何生命都有其结束的一天，但我毫不畏惧，因为我的学生会将科学探索之路延续，而我们采集的种子，也许会在几百年后的某一天生根发芽，到那时，不知会完成多少人的梦想。"如今，他播撒的种子已经生根发芽，传播希望，传递力量，带来期许。

他是美丽高原上的格桑花，永远绽放，永留芬芳

钟扬说他戒得了酒，唯独戒不了去西藏。他带领西藏师生在一无所有的境况下，披荆斩棘，2011 年获批学校首个生物学一级学科硕士点，2013 年获批首个生态学博士点。他创建的"西藏生物多样性可持续利用"科研创新团队，2012 年成为西藏第一个生物学教育部创新团队。2017 年生态学入选国家"双一流"建设学科，建立了西藏自己的资源库，培养了一大批藏族科研人才，培养的第一个藏族植物学博士已经成为教授。

投身西藏的过程又哪有那么顺利。2015 年 5 月 2 日，钟扬突发脑出血住进了医院。他的血压飙升至 200，右手不听使唤，说话已不清楚，经过医生全力抢救，不幸中的万幸，钟扬重新睁开了自己那坚毅的双眼。然后，在 ICU 的第四天，他口述了一封给上级党组织的信，内容是："西藏是我国重要的国家安全和生态安全屏障，怎样才能建立一个长效机制来筑建屏障？关键还是要靠队伍。为此，我建议开展'天路计划'，让更多有才华、有志向的科学工作者，为建设社会主义新西藏而奋斗……就我个人而言，我将矢志不渝地把余生献给西藏建设事业。"经历生死一劫，在医生严令规定，不准喝酒、不准进藏，按时吃药的情况下，半年之后，这个铁一般的汉子重新踏上了援藏的征途。

2016 年的一晚，钟扬像平常一样吞下一把药物，打开电脑写道，我自愿申请转入中组部第八批援藏工作组……从第六批到第八批，这已经是钟扬第三次申请援藏了。究竟是一种怎样的热爱，又是一种什么力量支撑着钟扬始终从事着对人类挑战的科学研究？

穿藏袍，喝酥油茶，吃糌粑，学藏语，连长相也越来越接近藏族同胞，被藏族同胞深深喜爱的钟扬，他的生命永远地定格在了2017年9月25日。殡仪馆内来自祖国各地的亲朋好友，700多个花圈淹没了广场和纪念大厅。如今他的骨灰被他的学生庄严地撒向永不停息的雅鲁藏布江。相信他的骨灰会穿过青藏高原，如同高山砾石间的格桑花儿，永远孤傲地绽放在高原大地上，播撒着希望的种子，留下永久的芳香。

钟扬的一生是奉献的一生，是为国家、为民族、为人类奉献的一生，他矢志不渝用生命书写忠诚，坚持不懈用专业呵护未来，他的奉献精神，永远激励着我们新时代青年拼搏奋斗。

3. 廖俊波：生命的厚度与长度
——全国优秀县委书记廖俊波

廖俊波，男，福建省蒲城县人，生于1968年8月，因公殉职于2017年3月18日。曾任拿口镇镇长、党委书记，邵武市副市长，政和县委书记，南平市副市长等职务。生前系福建省南平市委常委、副市长、武夷新区党工委书记。2015年6月，中央组织部授予廖俊波"全国优秀县委书记"称号。2017年6月，中共中央追授廖俊波"全国优秀共产党员"称号。

信念坚定，对党忠诚

廖俊波时常说，组织把我放在哪里都是信任，让我做更多的事就是重用。一路走来，他始终坚守共产党员本色，坚定共产党员理想信念，紧紧团结在以习近平同志为核心的党中央周围，时刻做到心中有党、心中有民、心中有责、心中有戒。充分发挥共产党员先锋模范作用，把党的方针政策原原本本、真真实实地落实到基层和群众中去，切实做到了对党忠诚、对党负责。

2011年，廖俊波任荣华山产业组团管理委员会主任，在新一届领导班子换届考察中，由于廖俊波在任期间的出色表现，被很多同志推荐为南平市副市长人选。但组织结合各方面的考虑，从大局着手，决定让廖俊波到政和县担任县委书记。接到通知后，廖俊波没有任何抱怨、犹豫，坚决服从组织决定，听从组织安排，马上到政和上任。

从邵武市政府办公室科员到办公室副主任，从拿口镇党委副书记、镇长到党委书记，从邵武市政府副市长到南平市政府副秘书长，从荣华山产业组团管理委员会主任到政和县委书记，从南平市政府副市长兼任武夷新区党工委书记到南平市委常委、市政府副市长、党组副书记、武夷新区党工委书记，职位一直在改变、地方一直在变换、环境一直在变化，唯一不变的是廖俊波奉行的从政心语——恪守肝胆、干净干事，在实践中积累，在担当中锤炼，在奉献中提升，用发展的实际成效来诠释对党的忠诚、对事业的执着、对百姓的热爱。

作为一名共产党员，廖俊波始终坚守着共产党员的底线。"谁要是打着我的旗号搞工程，你们要马上拒绝，我没有这样的亲戚。"是廖俊波在武夷新区会议上的表态发言。工作二十多年，廖俊波始终恪尽职守、廉洁奉公，在工作中树立清正廉洁的良好形象，和企业保持"亲""清"政商关系。一个客商来看望廖俊波时，他追到楼梯口将礼品退回给客商时说:"你来找我,我把你当成朋友;现在你提着东西来看我,我要是收下,我们就不是朋友关系而是利益关系,你这么做是把我们的关系看轻了,这么做不仅是侮辱你自己也是侮辱了我。"正如武夷新区管委会副主任吴永忠说,他用生命诠释了一名共产党员的忠诚与清白。

生活上,廖俊波时常叮嘱家人,要多奉献、多付出,要严格要求自己、踏实做事、干净做人,不能搞特殊。他把自己生命的大部分精力都用在了为人民服务的事业建设中去,但还是会抽时间关心家人。他经常对妻子说:"莉子,我工作忙,家里就交给你了,逢年过节,别忘了给两边老人买买东西、打打电话。"每有机会回老家,他都会陪父亲杀盘棋,陪母亲说说话。在廖俊波追悼会上,妻子的"那一诺,我无悔",无不让在场的每个人为之感动,为之震撼。那是家人对他最好的支持,是他无私奉献最真的回馈,是他廉洁奉公最美的期许。

不忘初心,心系群众

廖俊波常说,帮老百姓干活,保障群众利益,怎么干都不过分。回顾廖俊波二十几年的工作历程,他始终心装百姓事,胸怀为民情,无论在什么岗位,都把自己深深扎根在群众中,永远铭记自己从哪里来,要到哪里去,明白自己为什么要始终把人民群众的利益作为自己的根本遵循,怎么样为人民群众谋福祉、提升群众幸福感。

1998年11月,廖俊波在邵武市遭遇特大洪灾后不久,出任拿口镇党委副书记、镇长。面临房屋倒塌、民众惶恐、人心不齐等多种困境,为了使受灾群众尽快搬进新居,他不分昼夜勘探灾情,亲力亲为,遍访500多户受灾倒房户,针对受灾群众不同情况,提出一户一策的具体帮扶方案,使受灾群众在春节前全部搬进新居。为了更快恢复生产生活,促进经济发展,使人民生活有质的提升,廖俊波带领全镇群众,规划建成了千亩工业园区，从外引进先进养鳗场 3 家，对 2 家原有镇办企业进行升级改造，扩大全镇烟叶种植面积至 7000 亩，使拿口镇发生了翻天覆地的变化。

2011 年 6 月，担任政和县委书记的廖俊波经过实地考察，深入分析石圳村过去和现实特点，做出将远近闻名的"垃圾村"开发为特色农村旅游区的大胆设想。他为村民想点子、谋法子，甚至自己做起导游向外介绍古村落特点。为了消除村民们顾虑，他提出赚钱的事你们干，不赚钱的事党委政府来干，完善了村里的路灯、通水、通电、建桥等各项基础设施，为旅游开发提供了完备的基础条件。如今，石圳村从原先人人厌弃的"垃圾村"成为人人喜欢、人人称道的"美丽乡村"，随着村里旅游业的发展，很多村民返乡创业，人均收入翻了几番，生活发生了意想不到的变化。

上联，当官能为民着想；下联，凝聚民心国家强；横批，俊波您好。这是 71 岁的张承富老人为感谢廖俊波为村民修建 280 米栈道，在自家大门口贴上的对联。

短短 3 个月征迁涉及祖坟土地 3600 亩，无一例上访，是廖俊波连续每天晚上访问群众、和群众代表长谈数小时得到认可的最好见证。

"爱人者，人恒爱之"[①]，廖俊波出殡当天，来自不同地方、不同职业、不同岗位的人们到现场吊唁守灵，同时有 40 多万人次在微信公众号上为他送行。这就是廖俊波，始终把人民的利益放在心上，尽心尽力为百姓办实事、办好事，得到百姓认可的廖俊波。

披肝沥胆，忘我工作

---

① 姜洁：《爱人者，人恒爱之——廖俊波的大爱人生》，载《人民日报》2017 年 4 月 16 日。

廖俊波秉着确确实实想为一个地方的百姓干活,确确实实想为更多的人做点事的信念,甘当樵夫扎根基层、挑最重的担子、啃最难啃的骨头、跨最难跨的坎儿,在他生命的最后45天,有22个晚上在开会,14个晚上在赶路或在外招商。他曾经用3天时间跑4座城市,会见6批客商,创造了无数"俊波速度""政和速度""政和模式"。他干一行、爱一行,所到之处、所在之地,无不留下忘我印记、树立为民口碑。

"洗澡洗到黄河,当官当到政和",这是政和县民间流传的一句话,"省尾"是当地对政和县的戏称。上任政和,面对难题、窘境,廖俊波没有退缩、没有犹豫,一头扎进政和改头换面的进程中,不曾停息,不曾止步。一上任,亲自开展两个月的基层调研,紧接着整整召开3天务虚会,做出在政和创办工业园区的决定,这对当时的政和简直就是"天方夜谭"。然而廖俊波带领大家不停奔赴在沿海发达地区招商的路上,半年时间跑了40多趟,挨家挨户上门介绍优惠政策,成了"名副其实的推销员",推进园区实行全天候保姆式服务,硬是在一个传统的农业县建起了省级工业园区,掀起一场改写农业历史的"工业革命"。他不断创新,开创出服务"三农"的小额贷款服务平台的"政和模式",借力"互联网+"建成电商产业孵化园。短短四年,山乡巨变,财政总收入从1.6亿元增加到4.9亿元,GDP、固投、规模工业总产值翻番,2012年县域经济发展指数在全省提升35位,2013年首次进入全省县域经济发展"十佳"。

廖俊波任荣华山产业组团管委会主任期间,组团式推动园区开发建设,签约项目50余个,建成首期工业平台,总投资达28亿元。在武夷新区兼任党工委书记期间,发动"新区建设攻坚战",工作协调会开了一场又一场,晚上加班熬了一夜又一夜,项目现场跑了一趟又一趟,用69天拿下别的城市1年多没拿下的项目,航天体验馆项目从签约到建成仅用80天,智谷软件园项目建设仅用100多天,创造了令人瞩目的"新区速度"。2016年固投增幅跃居全市第二。他一直奋斗在为群众创造幸福的路上，直到生命停止的那一刻。

廖俊波的生命永远地定格在了武夷山脉的春天，但他对党忠诚、心系群众、忘我工作、无私奉献的精神如同春天美好的呼唤，唤醒了我们新时代青年的灵魂，温暖了我们新时代青年的内心，为我们树立了榜样，告诉我们生命长度之外更重要的生命厚度。希望我们新时代的青年，能不忘初心、奋力前行，努力开创我们美好的新时代！

青春宣言

张黎明——只有敢想、敢干、不怕失败，创新、创造、不断突破，才能为这个时代贡献"工人智慧"。

张黎明——不忘初心，就要不畏艰难，始终保持永不懈怠的精神状态和一往无前的奋斗姿态。

白方礼——我帮助别人，就是我的快乐。

郭明义——作为一名共产党员，我的信念一直很明确——为党、国家和人民的事业奉献自己的一切。

任长霞——凡事要做就做到最好。

任长霞——"公安""公安"，心中只有"公"，人民才能"安"；"警察""警察"，前面为什么加上"人民"两字呢，就是让你时刻牢记自己是人民警察，要为人民办实事、办好事。

任长霞——人民群众的理解和支持就是取之不尽、用之不竭的工作动力。

张富清——党的干部，哪里需要就去哪里。

陈景润——人生的目的是奉献，不是索取。

陈景润——攀登科学高峰，就像登山运动员攀登珠穆朗玛峰一样，要克服无数艰难险阻，懦夫和懒汉是不可能享受到胜利的喜悦和幸福的。

陈景润——在科学的道路上我只是翻过了一个小山包,真正高峰还没有攀上去,还要继续努力。

钟　扬——我曾经有过很多梦想,那些梦想都在遥远的地方,我独自远航,为了那些梦想,我坚信,一个基因可以拯救一个国家,一粒种子可以造福万千苍生。

钟　扬——任何生命都有其结束的一天,但我毫不畏惧,因为我的学生会将科学探索之路延续,而我们采集的种子,也许会在几百年后的某一天生根发芽,到那时,不知会完成多少人的梦想。

钟　扬——不是杰出者才善梦,而是善梦者才杰出。

廖俊波——我始终觉得人还是要有一点信念,虽然说这个很容易被人说成是唱高调,如果你的信念确确实实就是想为一个地方的百姓干活,确确实实想为更多的人做点事,你所有的工作就会觉得是值得的。

后　记

青年是国家的未来，是民族的希望，青年兴则国家兴，青年强则民族强。今年是五四运动100周年，习近平总书记深情寄语当代青年：新时代中国青年要不辜负党的期望、人民期待、民族重托，不辜负我们这个伟大时代，就必须继承发扬五四精神，切实树立远大理想，热爱伟大祖国，担当时代责任，勇于砥砺奋斗，练就过硬本领，锤炼品德修为。为帮助广大青年进一步加深对总书记重要讲话精神的理解，自觉践行六项要求，我们组织编写了《新时代中国青年的榜样》，力求为青年朋友找到学习的榜样、前进的方向，进而激发出为实现"两个一百年"奋斗目标和中华民族伟大复兴的中国梦而奋斗的蓬勃力量。

本书由孙运德、刘平、唐音担任主编，并负责对全书进行统稿和校对。各部分的撰稿人依次为：第一章，孙运德、王广飞、樊梦洁；第二章，姜曙、刘晓婉、王瑞杰；第三章，唐音；第四章，刘平、马婷；第五章，金忠严、李晨；第六章，杨小兰、尚选彩。

本书在撰写过程中，我们参考借鉴了众多媒体的新闻稿件和专家学者的研究成果，在此一并表示感谢。由于时间仓促、水平有限，本书难免有疏漏不足之处，敬请读者朋友批评指正。